高等职业教育"十二五"规划教材

全国高职高专道路与桥梁工程技术专业系列规划教材

道路工程测量技术

高占云　刘求龙　主编

夏　辉　陈湘青　贾　军　副主编

科学出版社

北　京

内 容 简 介

本书是高职高专工学结合、课程改革规划教材,以道路工程测量技术为主线,共设置了十二个项目,主要内容包括工程测量仪器的技术操作与应用,工程测量的基本工作,小区域控制测量,大比例尺地形图测绘,道路中线测量,道路纵、横断面测量,道路施工测量,以及桥涵、隧道施工测量等。

本书主要供高等职业院校道路桥梁工程技术专业学生使用,也可作为路桥类工程技术人员培训教材。

图书在版编目(CIP)数据

道路工程测量技术/高占云,刘求龙主编. —北京:科学出版社,2011
(高等职业教育"十二五"规划教材·全国高职高专道路与桥梁工程技术专业系列规划教材)
ISBN 978-7-03-031427-7

Ⅰ.①道… Ⅱ.①高… ②刘… Ⅲ.①道路测量-高等职业教育-教材
Ⅳ.①U412.24

中国版本图书馆 CIP 数据核字(2011)第 106535 号

责任编辑:彭明兰 张雪梅 / 责任校对:刘玉靖
责任印制:吕春珉 / 封面设计:曹 来

科 学 出 版 社 出版
北京东黄城根北街 16 号
邮政编码:100717
http://www.sciencep.com

铭浩彩色印装有限公司 印刷
科学出版社发行 各地新华书店经销

*

2011 年 6 月第 一 版 开本:787×1092 1/16
2020 年 1 月第六次印刷 印张:16
字数:363 000
定价:36.00 元
(如有印装质量问题,我社负责调换〈铭浩〉)
销售部电话 010-62134988 编辑部电话 010-62132124 (VA03)

前　言

为贯彻教育部"关于全面提高高等职业教育教学质量的若干意见"中"加大课程建设与改革的力度，增强学生的职业能力"的精神，根据 2009 年 5 月 16 日在福建交通职业技术学院召开的"全国高职高专道路桥梁工程技术专业系列规划教材编写工作会议"的要求编写了本教材。在编写过程中，针对"道路工程测量技术"课程在道路桥梁工程建设中的重要性，力求提升高职学生在工程测量技术方面的操作能力、应用能力及实战能力。

本书内容的选取紧紧抓住高技能人才所要求的"以能力培养为目标，工学结合"一条主线，构建了道路桥梁工程技术专业对于道路工程测量技术实际应用需要的教学内容和体系，包含工程测量技术的基本内容、先进测量仪器、测量误差基本知识、大比例地形图测绘、道路中线测量、道路纵横断面测量、道路桥涵施工测量等，其间融入工程测量单项能力训练与综合能力训练，使"道路工程测量技术"课程充分体现出教、学、做一体化的教学模式。本书侧重实用，注重工程测量概念的理解、工程测量技术的学习和应用等，可供道路桥梁及相关专业的工程项目管理、施工、监理等技术人员参考。

本书包含十二个项目，分别为水准测量，角度测量，距离测量与直线定向，全站仪的使用与测量技术，GPS 测量技术，测量数据误差分析与成果评价，小区域控制测量，大比例尺地形图测绘及应用，道路中线测量，路线的纵、横断面测量，道路施工测量，以及桥涵、隧道施工测量等。

本书由高占云、刘求龙任主编，夏辉、陈湘青、贾军任副主编，全书由高占云统稿。参加本书编写工作的有：呼和浩特职业学院高占云（课程导入、项目 4），南京交通职业技术学院刘求龙（项目 7、项目 9），黄冈职业技术学院夏辉（项目 10、项目 11），青海交通职业技术学院陈湘青（项目 6、项目 12），山西交通职业技术学院贾军（项目 5、项目 8），呼和浩特职业学院梁俊华（项目 1），呼和浩特职业学院刘铭（项目 3），呼和浩特职业学院杨继新（项目 2）。

为方便教学，作者结合多年教学经验和课改探索实践，提出如下学时分配建议，供各位同仁参考：

学时分配建议

项目	课程内容	学时数			备注
		总学时	课堂讲授	实训	
课程导入	道路工程测量技术概述	2	2		
项目 1	水准测量	12	6	6	重点内容
项目 2	角度测量	12	4	8	重点内容

项目	课程内容	学时数			备注
		总学时	课堂讲授	实训	
项目 3	距离测量与直线定向	2	2		重点内容
项目 4	全站仪的使用与测量技术	6	2	4	重点、难点内容
项目 5	GPS 测量技术	2	2		
项目 6	测量数据误差分析与成果评价	2	2		
项目 7	小区域控制测量	8	8		重点、难点内容
项目 8	大比例尺地形图测绘及应用	6	6		重点、难点内容
项目 9	道路中线测量	10	6	4	重点内容
项目 10	路线的纵、横断面测量	4	4		重点内容
项目 11	道路施工测量	4	4		重点、难点内容
项目 12	桥涵、隧道施工测量	2	2		
合　计		72	50	22	

本书编写过程中参考了许多有关书籍及文献，在此向相关作者表示衷心感谢。

限于编者的水平和能力，书中难免有疏漏之处，恳请广大读者批评指正。

目　录

道路工程测量技术概述

教学目标

1. 知道道路工程测量技术的作用和地位。
2. 明确道路工程测量应具备的能力。
3. 能正确使用定位体系表示地面点。

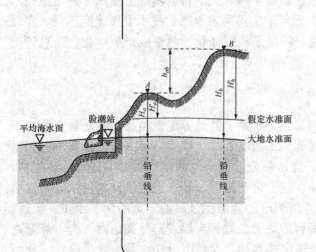

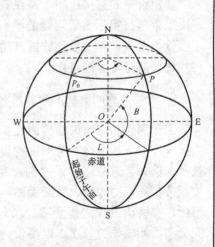

导入 1　道路工程测量技术的作用和地位

一、道路工程测量应具备的能力

根据道路桥梁工程的特点，结合我国交通事业的发展，道路桥梁工程技术专业及相关专业的学生在学习完"道路工程测量技术"课程以后应具备如下能力：

1）具有团结协作、吃苦耐劳的工作作风。

2）掌握工程测量的基本理论和基本方法。

3）学会工程测量常规仪器的使用，学会应用先进测量仪器解决道路工程测量技术问题。

4）能采用不同的仪器、利用多种方法正确地进行小区域大比例尺的地形测绘。

5）在公路勘测、设计和施工中，具有正确应用地形图和有关测量资料的能力，如根据图纸进行地形分析、施工前的放样分析等。

6）能解决道路桥梁工程的测量专项内容，即公路中线测量，基平测量，中平测量，纵横断面测量及绘制，施工放样，路基边桩、边坡、竖曲线以及涵洞的放样，测定桥梁中线、桥梁墩台的中心位置和隧道的施工测量。

二、道路工程测量技术的作用和地位

1. 工程测量的一般概念

测量学是测定地面点的空间位置，将地球表面地形和其他地理信息测绘成图，研究并确定地球形状和大小的科学。

工程测量是研究工程建设项目在地形测绘、勘测设计、施工测量、工程管理等方面的各种测量工作，主要内容有控制测量、地形测绘、施工放样、质量检测、设备安装测量、竣工测量、变形观测和维修养护测量等。工程测量是测量学在国民经济和国家工程建设中的直接应用，是在数学、物理学等有关学科的基础上应用各种测量技术解决工程项目实际测量问题的学科。近年来，我国工程测量技术发展速度迅猛，实现了测量作业一体化、信息数据自动化、测量系统智能化、测量成果数字化、信息管理可视化及测量资源网络化。

2. 道路工程测量技术的作用和地位

工程测量和材料试验检测是控制道路、桥梁、隧道等建设项目工程质量命脉的两大技术环节。从道路桥梁的勘测设计到施工放样、竣工检测，每一阶段都离不开测量技术。例如，道路在建设之前，为了确定一条经济合理的路线，必须进行路线勘测，绘制带状地形图和纵、横断面图，并在图上进行路线设计；当路线跨越河流时要建造桥梁，在桥梁设计之前要测绘桥址河流两岸的地形图，测量河床断面、水位、流速、流量和桥梁轴线的长度，以便设计桥台桥墩的位置；当路线跨越高山时，为了降低路线的坡度，减少路线的长度，采用隧道穿越高山，在隧道设计之前应测绘隧址大比例尺地形图，为隧道设计提供必要的数据，确定隧道轴线、洞口、竖井等的位置。

设计完成后，为保证工程施工的进度和质量，施工前要将图纸上已设计好的路线、桥涵和隧道的各点按规定的精度准确无误地测设于实地，即施工前必须进行施工放样。施工过程中要经常通过测量来检查工程的进度和质量，在隧道施工过程中还要不断地进行贯通测量，以保证隧道构造物的平面位置和高程正确。道路、桥梁、隧道工程竣工后，还要测量检查竣工情况，即进行竣工验收，并通过必要的测量编制竣工图，以满足工程的验收、维护、加固以至扩建的需要。

在工程项目投入使用后的营运阶段，还要应用测量技术进行一些常规检查和定期进行变形观测，进行必要的养护和维修，以确保道路、桥梁和隧道等构造物的安全。

凡此种种，均体现出道路工程测量技术在道路、桥梁、隧道的勘测、设计、施工、竣工及养护维修等各个阶段的重要性。因此，作为一位道路桥梁专业的技术人员，必须具备工程测量的基本知识和技能，且道路工程测量要满足精确、可靠、快速、简便、连续、动态、实时、遥测等要求。

导入 2　地面点的定位体系

道路工程测量本质就是测定点的位置。我们知道，地面点是相对于地球定位的，如果选择一个能代表地球形状和大小且相对固定的理想曲面作为测量的基准面，就可以用地面点在基准面上的投影位置和高度来确定地面点的空间位置。

测量工作是在地球的自然表面上进行的，而地球自然表面是很不规则的，有高山、丘陵、平原和海洋，其中最高的珠穆朗玛峰高出海平面达 8848.13m，最低的位于太平洋西部的马里亚纳海沟低于海水面达 11 022m，但是这样的高低起伏相对于地球近似半径 6371km 来说还是很小的。又由于海洋约占整个地球表面的 71%，因此可以把海平面所包围的地球形体看作地球的形状，即设想一个静止的海水面向陆地延伸而形成一个闭合曲面，这个曲面称为水准面，如图 0.1 （a）所示。水准面作为流体的水面是受地球重力影响而形成的重力等势面，是一个处处与重力方向垂直的连续曲面。由于水面可高可低，因此水准面有无数多个，我们将其中与平均的海水面吻合的一个水准面称为大地水准面，如图 0.1 （b）所示。

一、点的高程系统

地面点到大地水准面的铅垂距离称为该点的绝对高程或海拔，简称高程，它与地面点的坐标共同确定地面点的空间位置。在图 0.2 中，地面点 A、B 的高程分别为 H_a、H_b。我国采用的大地水准面是唯一的，因此地面点的绝对高程也是唯一的。我们将大地水准面作为高程的基准面。

国家高程系统的建立通常是在海边设立验潮站，经过长期观测推算出平均海水面的高度，并以此为基准在陆地上设立稳定的国家水准原点。我国在青岛黄海设立了验潮站，长期观测和记录黄海海水面的高低变化，取其平均值作为我国的大地水准面的位置，作为高程的基准面（其高程为零），并在青岛建立了国家水准原点。目前，我国

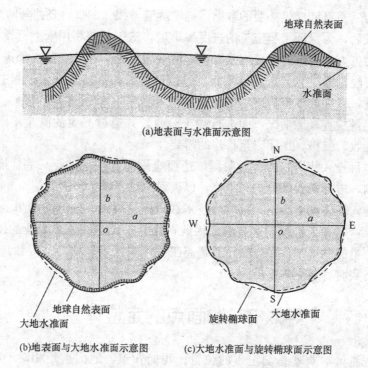

(a)地表面与水准面示意图

(b)地表面与大地水准面示意图　　(c)大地水准面与旋转椭球面示意图

图 0.1　地球的自然表面、大地水准面和旋转椭球面

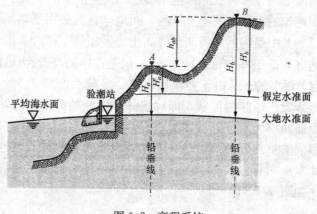

图 0.2　高程系统

采用"1985 年国家高程基准"为基准，水准原点的高程为 72.2604m，全国各地的高程都以它为基准进行测算。

当在局部地区引用绝对高程有困难时，可采用假定高程系统，即采用任意假定的一个水准面作为高程起算的基准面。地面点到假定水准面的铅垂距离称为假定高程或相对高程。在图 0.2 中，A、B 两点的相对高程为 $H_a' - H_b'$。

地面上两点高程之差称为这两点的高差，如图 0.2 中 A、B 两点间的高差为

$$h_{ab} = H_b - H_a = H_b' - H_a'$$

(0.1)

由此可见，两点间的高差与高程起算面无关。

二、地面点的坐标系统

大地水准面所包围的地球形体称为大地体。我们将重力的方向线称为铅垂线，铅垂线是测量工作的基准线。地球内部质量分布不均匀，导致地面上各点的重力方向即铅垂线方向产生不规则的变化，因而大地水准面实际上是一个有微小起伏的不规则曲面。如果将地面上的图形投影到这个不规则的曲面上，将无法进行测量计算和绘图，为此必须用一个与大地水准面的形状非常接近、并可用数学公式表达的几何形体来代替地球的形状。测量上选用椭圆绕其短轴旋转而成的旋转椭球体，其表面为旋转椭球面，这样测量计算的基准面为旋转椭球面，如图 0.1（c）所示。

目前，我国所采用的旋转椭球体的形状和大小可由其长半轴 a（或短半轴 b）和扁率 α 确定，其参考椭球体元素为

$$
\left.
\begin{array}{lll}
\text{长半轴} & a = 6\,378\,140\text{m} \\
\text{短半轴} & b = 6\,356\,755.3\text{m} \\
\text{扁率} & \alpha = \dfrac{a-b}{a} = \dfrac{1}{298.257}
\end{array}
\right\}
\tag{0.2}
$$

通常把地球椭球体当作圆球看待，取其半径为 6371km。

1. 大地坐标系

大地坐标系为地面点在旋转椭球面上的位置，用大地经度 L 和大地纬度 B 来表示，如图 0.3 所示。图中 NS 为椭球的旋转轴，N 表示北极，S 表示南极，O 为椭球中心。

通过椭球旋转轴的平面称为子午面，其中通过英国伦敦格林尼治天文台的子午面称为起始子午面。子午面与椭球面的交线称为子午线。

图 0.3 中 P 点的大地经度就是通过该点的子午面与起始子午面的夹角，用 L 表示，从起始子午面算起，向东自 $0°\sim180°$ 称为东经，向西自 $0°\sim180°$ 称为西经。

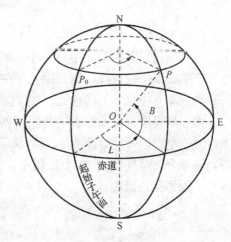

图 0.3　旋转椭球体

P 点的大地纬度就是该点的法线（与椭球面垂直的线）与赤道面的交角，用 B 表示，从赤道面起算，向北自 $0°\sim90°$ 称为北纬，向南自 $0°\sim90°$ 称为南纬。

地面点的大地坐标是根据大地测量数据由大地原点（大地坐标原点）推算而得的。我国现采用"1980 年国家大地坐标系"，大地原点位于陕西省泾阳县永乐镇境内一点。

2. 高斯平面直角坐标系

工程测量中需要将大地坐标系转换为平面直角坐标系时，采用高斯平面直角坐标系。

如图 0.4（a）所示，设想将截面为椭圆的一个椭圆柱横套在地球椭球体外面，并与椭球体面上某一条子午线（如 NDS）相切，同时使椭圆柱的轴位于赤道面内并通过椭球体中心，椭圆柱面与椭球体面相切的子午线称为中央子午线。若以椭球中心为投影中心，将中央子午线两侧一定经差范围内的椭球图形投影到椭圆柱面上，再顺着过南、北极点的椭圆柱母线将椭圆柱面剪开，展成平面，如图 0.4（b）所示，这个平面就是高斯投影平面。

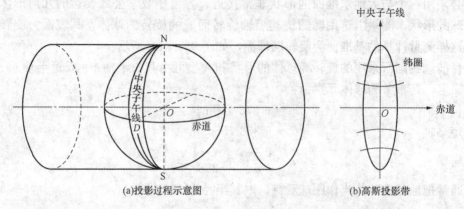

(a)投影过程示意图　　　　　(b)高斯投影带

图 0.4　高斯投影

在高斯投影平面上，中央子午线投影为直线，且长度不变，赤道投影后为一条与中央子午线正交的直线，离开中央子午线的线段投影后均要发生变形，且均较投影前长一些。离开中央子午线愈远，长度变形愈大。

为了使投影误差不致影响测图精度，以经差 6°限定高斯投影的范围，每一投影范围称为一个投影带。如图 0.5（a）所示，6°带是从 0°子午线算起，以经度每隔 6°为一带，将整个地球划分成 60 个投影带，并用阿拉伯数字 1，2，…，60 顺次编号，称为高斯 6°投影带（简称 6°带）。6°带中央子午线经度 L_0 与投影带号 N_e 之间的关系式为

$$L_0 = N_e \times 6° - 3°$$

(0.3)

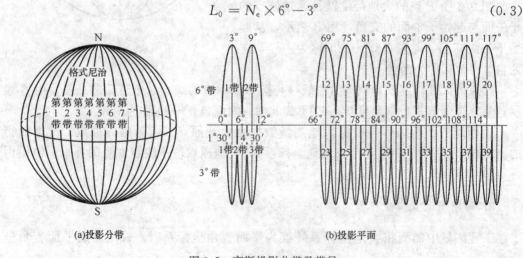

(a)投影分带　　　　　　　　(b)投影平面

图 0.5　高斯投影分带及带号

【例 0.1】 某城市中心的经度为 $116°24'$，求其所在高斯投影 $6°$ 带的中央子午线经度 L_0 和投影带号 N_e。

解 据题意，其高斯投影 $6°$ 带的带号为

$$N_e = \text{int}\left(\frac{116°24'}{6} + 1\right) = 20 \quad (\text{int 为取整数函数})$$

中央子午线经度为

$$L_0 = 20 \times 6° - 3° = 117°$$

对于大比例尺测图，则需采用 $3°$ 带或 $1.5°$ 带来限制投影误差。$3°$ 带与 $6°$ 带的关系如图 0.5（b）所示。$3°$ 带是以东经 $1°30'$ 开始，第一带的中央子午线是东经 $3°$。

采用分带投影后，由于每一投影带的中央子午线和赤道的投影为两正交直线，故可取两正交直线的交点为坐标原点。中央子午线的投影线为坐标纵轴 X 轴，向北为正；赤道投影线为坐标横轴 Y 轴，向东为正，这就是高斯平面直角坐标系。

我国位于北半球，纵坐标均为正值，横坐标则有正有负。如图 1.6（a）所示，A、B 点横坐标的自然值为 $Y_a = +188\ 888.88\text{m}$，$Y_b = -123\ 456.79\text{m}$。为了避免横坐标出现负值和标明坐标系所处的带号，规定所有点的横坐标值加上 500km（相当于各带的坐标原点向西平移 500km），并在横坐标前冠以带号。如图 0.6（b）中，A、B 点横坐标为 $Y_a = 20\ 688\ 888.88\text{m}$，$Y_b = 20\ 376\ 543.21\text{m}$，这就是高斯平面直角坐标的通用值。

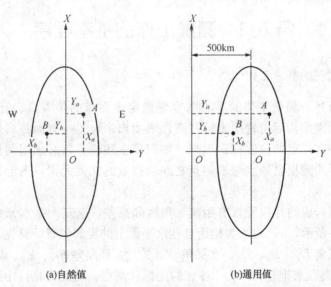

图 0.6 高斯平面直角坐标

3. 平面直角坐标系

当测量的范围较小时，可以把该测区的球面当作平面看待，直接将地面点沿铅垂线投影到水平面上，用平面直角坐标来表示它的投影位置，如图 0.7 所示。

测量中的平面直角坐标系规定纵坐标轴为 X 轴，表示南北方向，向北为正；横坐标轴为 Y 轴，表示东西方向，向东为正；坐标原点可假定，也可选在测区的已知点上；

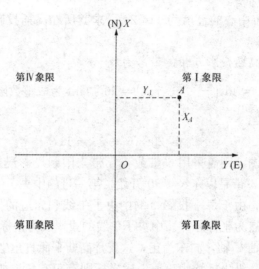

图 0.7 测量平面直角坐标系

象限按顺时针方向编号。这就是测量中的平面直角坐标系与数学中的平面直角坐标系的区别，但三角函数的使用和计算符号没有改变。测量中平面直角坐标系的规定是因为测量上的直线方向都是从纵坐标轴北端顺时针方向度量的。

导入 3　测量工作的基本程序

一、工程测量的基本工作

根据前面所述，测量工作的基本内容是确定地面点的位置，它有两方面的含义：一方面是将地面点的实际位置用坐标和高程表示出来；另一方面是根据点位的设计坐标和高程将其在实地上的位置标定出来。要完成上述任务，必须用测量仪器通过一定的观测方法和手段测出已知点与未知点之间所构成的几何元素，由已知点确定未知点的位置。

点与点之间构成的几何元素有距离、角度和高差，这三个基本元素称为测量的三要素。如图 0.8 所示，a、b、c 为地面点在水平面上的投影位置，首先测定相邻点间的几何元素，即距离 D_1、D_2、D_3、水平角 β_1、β_2、β_3 和高差 h_{Fa}、h_{ab}、h_{bc}，根据已知点 E、F 的坐标及高程来推算 a、b、c 各点的坐标和高程。由此可见，距离、角度、高差是确定地面点位置的三个基本元素，而距离测量、角度测量、高差测量是工程测量的基本工作。

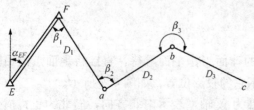

图 0.8　测量三要素示意图

二、工程测量的基本原则和程序

在进行某项测量工作时，往往需要确定许多地面点的位置。假如从一个已知点出发，逐点进行测量和推导，最后虽可得到欲测各点的位置，但这些点很可能是不正确的，因为前一点的测量误差将会传递到下一点，这样积累起来，最后可能达到不可允许的程度，因此测量工作必须依照一定的原则和程序进行，防止测量误差的积累。

在实际测量工作中应遵循的基本原则和程序是：在测量布局上要"从整体到局部"；在测量精度上要"由高级到低级"；在测量程序上要"先控制后碎部"，也就是在测区整体范围内选择一些有"控制"意义的点，首先把它们的坐标和高程精确地测定出来，然后将这些点作为已知点来确定其他地面点的位置。这些有控制意义的点组成了测区的测量骨干，称为控制点。

采用上述原则和程序进行测量，可以有效地控制误差的传递和积累，使整个测区的精度较为均匀和统一。

思考与练习

1. 什么叫水准面、大地水准面和水平面？
2. 什么叫绝对高程（海拔）、相对高程和高差？
3. 什么是确定地面点位的三要素？
4. 工程测量的基本工作有哪些？
5. 工程测量应遵循的基本原则是什么？
6. 工程测量的基本程序（步骤）有哪些？

项目 1

水 准 测 量

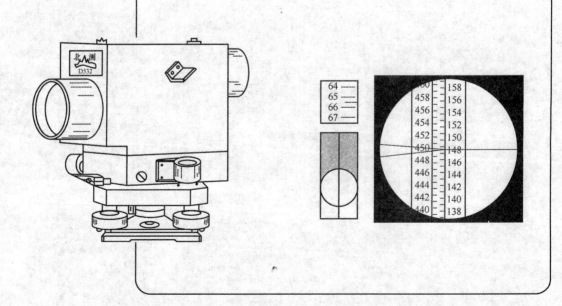

任务 1.1　水准仪的认识与使用

■■■ 工作任务：正确使用水准仪，并测定地面两点间高差 ■■■■■■

一、任务描述

水准仪是测定点的高程的仪器，土建工程中应用非常广泛。本次任务中要熟悉 DS$_3$ 型水准仪及电子水准仪的构造，认识主要部件的名称及作用，能够正确操作水准仪。

二、工作场景

按 4～6 人一组，用 2 学时的时间，在较为平坦的技能训练场地上，按教材和教师讲解的操作步骤，每人动手完成水准仪操作的全部过程。任务结束后，每人上交水准仪的认识与技术操作实习报告一份。

三、任务目标

通过本任务，学会水准仪的操作步骤，并能正确读取水准尺读数。

■■■ 实践操作 ■■■■■■■■■■

一、水准测量前的准备工作和注意事项

1. 每组所需仪器与工具

1）由仪器室借领：DS$_3$ 水准仪 1 套、水准尺 1 对、记录板 1 个。

2）自备：记录表、铅笔、草稿纸等。

2. 注意事项

1）安置仪器时，应将仪器中心连接螺旋拧紧，防止仪器从脚架上脱落下来。

2）水准仪为精密光学仪器，在使用中要按照操作规程作业，各个螺旋要正确使用。

3）在读数前务必使水准器的符合水准气泡严格符合，读数后应复查气泡符合情况，发现气泡错开，应立即重新使气泡符合后再读数。

4）转动各螺旋时要稳、轻、慢，用力不能太大。

5）发现问题，及时向指导教师汇报，不能自行处理。

6）水准尺必须有人扶着，决不能立在墙边或靠在电杆上，以防摔坏。四等水准测量记录计算比较复杂，要多想多练，注意校核，熟中取巧。

7）螺旋转到头后要返转回来少许，切勿继续再转，以防脱扣。

二、DS$_3$ 型微倾式水准仪的操作步骤

将水准仪架设在两个水准尺的中间，松开三脚架架腿的碟形螺旋，抽出三条活动

架腿，将架腿调节到适当高度（与观测者身高相适应），然后拧紧碟形螺旋。一只架腿着地，移动另外两只架腿，张开架腿，使架头大致水平。用脚踩实架腿，使脚架稳定、牢固。从仪器箱中取出仪器（取出前一定要记清仪器在箱内的安放位置，以便用完仪器后按原位放回），将仪器基座连接板与脚架头对齐，一手握住仪器，一手旋紧连接螺旋，使仪器固连在三脚架上。

DS₃ 型微倾式水准仪的操作步骤有粗略整平、照准、精确整平和读数四步。

1. 粗略整平

仪器的粗略整平是用脚螺旋使圆水准器的气泡居中。不论圆水准器在何位置，先用任意两个脚螺旋使气泡移到通过圆水准器零点并垂直于这两个脚螺旋连线的方向上，如图 1.1 中气泡自 a 移到 b，如此可使仪器在这两个脚螺旋连线的方向处于水平位置。然后单独用第三个脚螺旋，使气泡居中，并使原两个脚螺旋连线的垂线方向亦处于水平位置，从而将整个仪器置平。如仍有偏差，可重复以上操作。操作时必须记住以下三条要领：

1）先旋转两个脚螺旋，然后旋转第三个脚螺旋。

2）旋转两个脚螺旋时必须作对向转动，即旋转方向应相反。

3）气泡移动的方向始终和左手大拇指移动的方向一致。

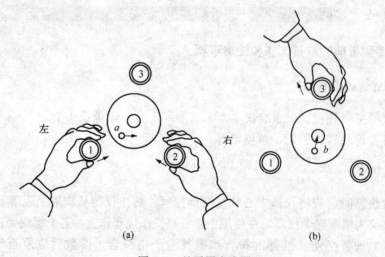

图 1.1　整平圆水准器

2. 照准

用望远镜照准目标，必须先调节目镜，使十字丝清晰，然后利用望远镜上的准星和照门，从外部概略瞄准水准尺，旋紧水平制动螺旋，再旋转物镜调焦螺旋，使尺像达到最清晰，也就是使尺像落到十字丝平面上。这三步前后顺序不可颠倒。最后，用微动螺旋使十字丝竖丝在水准尺宽度范围内，如此时发现水准尺歪斜，要指挥立尺员扶正。

照准目标时必须消除视差。当观测时的眼睛稍作上下移动，如果尺像与十字丝有相对的移动，即读数有改变，则表示有视差存在，其原因是尺像没有落在十字丝平面

上 [图 1.2 (a，b)]。视差的存在将直接影响读数的精度。消除视差的方法是：反复、仔细地调节物镜、目镜调焦螺旋，直到不再出现尺像和十字丝有相对移动为止，即尺像与十字丝在同一平面上 [图 1.2 (c)]。

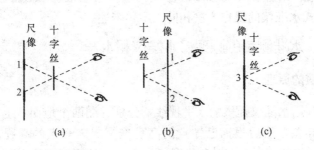

图 1.2　检查视差示意图

3. 精确整平

圆水准器的灵敏度较低，用圆水准器只能使水准仪粗略地整平，因此在每次读数前还必须用微倾螺旋使水准管气泡符合，使视线精确整平。由于微倾螺旋旋转时会改变视准轴和仪器竖轴的关系，当望远镜由一个方向转变到另一个方向时，水准管气泡一般不再符合，所以望远镜每次变动方向后，也就是在每次读数前，都需要用微倾螺旋重新使水准管气泡符合。

4. 读数

用十字丝中间的横丝读取水准尺的读数。从尺上可直接读出米、分米和厘米数，并估读出毫米数，所以每个读数必须是以米为单位的四位数（图 1.3）。如果某一位数是零，也必须读出并记录，不可省略，如 1.002m、0.007m、2.100m 等。由于微倾式水准仪望远镜成像为倒像，所以从望远镜内读数时应由上向下、由小向大数读。读数前应先认清水准尺的分划特点，特别应注意与注字相对应的分米分划线的位置。为了保证读出正确的水平视线读数，在读数前和读数后都应该检查气泡是否符合。

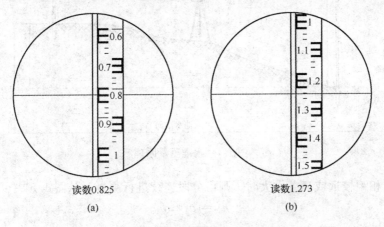

图 1.3　照准水准尺读数

三、自动安平水准仪的操作步骤

自动安平水准仪的操作步骤和顺序为粗略整平、照准、读数等三步，每步操作方法与 DS_3 型微倾式水准仪的操作方法相同，不再赘述。

相关知识：水准测量的原理、水准仪和水准尺

一、水准测量的原理

水准测量是利用水准仪提供的水平视线，分别观测两个地面点上的水准尺并读数，测定出两点间的高差，然后根据已知点的高程推算出未知点的高程。例如图 1.4 中，为了求出 A、B 两点的高差 h_{AB}，先分别读出在 A、B 两个点上的标尺的读数 a 和 b，则 A、B 两点的高差等于两个标尺读数之差，即

$$h_{AB} = a - b \tag{1.1}$$

如果 A 为已知高程点，B 为待求高程点，则 B 点的高程为

$$H_B = H_A + h_{AB} \tag{1.2}$$

读数 a 是在已知高程点上的水准尺读数，称为后视读数；b 是在待求高程点上的水准尺读数，称为前视读数。高差必须是后视读数减去前视读数。高差 h_{AB} 如果为正值，表示待求点 B 高于已知点 A；如果为负值，表示待求点 B 低于已知点 A。此外，高差的正负号又与测量进行的方向有关。例如，图 1.4 中测量由 A 向 B 进行，高差用 h_{AB} 表示，其值为正；反之，由 B 向 A 进行，则高差用 h_{BA} 表示，其值为负。所以，说明高差时必须标明高差的正负号，同时要说明测量进行的方向。

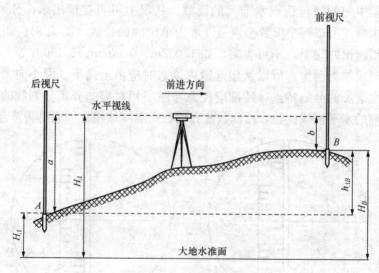

图 1.4　水准测量原理

当两点相距较远或高差太大时，则可分段连续进行测量。从图 1.5 中可得

$$h_1 = a_1 - b_1$$
$$h_2 = a_2 - b_2$$

$$\vdots$$

$$h_n = a_n - b_n$$

$$h_{AB} = \sum h = \sum a - \sum b \tag{1.3}$$

即两点的高差等于连续各段高差的代数和，也等于后视读数之和减去前视读数之和。通常要同时用 $\sum h$ 和 ($\sum a - \sum b$) 进行计算，用来检核计算是否有误。

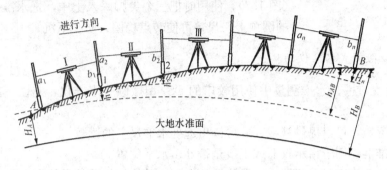

图 1.5　普通水准测量

图 1.5 中，放置仪器的点 Ⅰ、Ⅱ、…称为测站；立尺点 1、2、…称为转点，它们在前一测站作为待求高程的点，而在下一测站则作为已知高程的点，转点起传递高程的作用。转点非常重要，转点上产生的任何差错，都会影响到以后所有点的高程。

二、水准仪和水准尺

水准仪是进行水准测量的主要仪器，它可以提供水准测量所必需的水平视线。目前通用的水准仪从构造上可分为两大类：一类是利用水准管来获得水平视线的水准管水准仪，主要形式为微倾式水准仪；另一类是利用补偿器来获得水平视线的自动安平水准仪。此外，尚有一种新型水准仪——电子水准仪，它配合条纹编码尺，利用数字化图像处理的方法，可自动显示高程和距离，使水准测量实现了自动化。

我国的水准仪系列标准分为 DS_{05}、DS_1、DS_3 和 DS_{20} 四个等级。其中，D 是大地测量仪器的代号，S 是水准仪的代号，均取"大"和"水"两个字汉语拼音的首字母，角码的数字表示仪器的精度。DS_{05} 和 DS_1 用于精密水准测量，DS_3 用于一般水准测量，DS_{20} 则用于简易水准测量。

水准尺用优质木材或铝合金制成，最常用的形状有杆式和箱式两种（图 1.6），长度分别为 3m 和 5m。箱式尺能伸缩，携带方便，但接合处容易产生误差；杆式尺比较坚固可靠。水准尺尺面绘有 1cm 或 5mm 黑白相间的分格，米和分米处注有数字，尺底为零。为了便于倒像

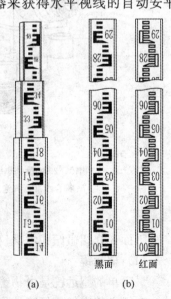

黑面　　红面

(a)　　　　(b)

图 1.6　水准尺

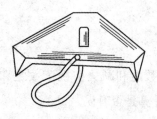

图 1.7 尺垫

望远镜读数，水准尺上的数字常倒写。双面水准尺是一面为黑色分划，另一面为红色分划，每两根为一对。两根的黑面都以尺底为零，而红面的尺底分别为 4.687m 和 4.787m。利用双面尺可对读数进行检核。

尺垫是用于转点上的一种工具，用钢板或铸铁制成（图 1.7），使用时把三个尖脚踩入土中，把水准尺立在突出的圆顶上。尺垫可使转点稳固，防止下沉。

1. DS₃ 微倾式水准仪的构造

图 1.8 为在一般水准测量中使用较广的 DS₃ 型微倾式水准仪，它由下列三个主要部分组成：

1）望远镜，可以提供视线，并可读出远处水准尺上的读数。

2）水准器，用于指示仪器或视线是否处于水平位置。

3）基座，用于置平仪器，支承仪器的上部，并能使仪器的上部在水平方向转动。

水准仪各部分的名称见图 1.8。基座上有三个脚螺旋，调节脚螺旋，可使圆水准器的气泡移至中央，使仪器粗略整平。望远镜和管水准器与仪器的竖轴联结成一体，竖轴插入基座的轴套内，可使望远镜和管水准器在基座上绕竖轴旋转。制动螺旋和微动螺旋用来控制望远镜在水平方向的转动，制动螺旋松开时望远镜能自由旋转，旋紧时望远镜则固定不动。旋转微动螺旋可使望远镜在水平方向作缓慢的转动，但只有在制动螺旋旋紧时微动螺旋才能起作用。旋转微倾螺旋，可使望远镜连同管水准器作俯仰微量的倾斜，从而可使视线精确整平，因此这种水准仪称为微倾式水准仪。

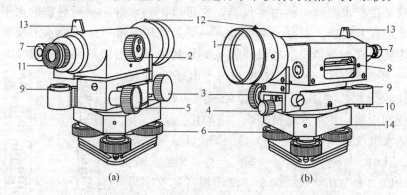

(a) (b)

图 1.8 DS₃ 微倾式水准仪的构造

1. 物镜；2. 物镜调焦螺旋；3. 微动螺旋；4. 制动螺旋；5. 微倾螺旋；6. 脚螺旋；
7. 符合水准器气泡观察镜；8. 管水准器；9. 圆水准器；10. 校正螺丝基座；
11. 目镜；12. 准星；13. 照门；14. 基座

下面先介绍微倾式水准仪上的主要部件——望远镜和水准器的构造和性能。

（1）望远镜

最简单的望远镜是由物镜和目镜组成的，物镜的作用是使物体在物镜的另一侧构成一个倒立的实像，目镜的作用是使这一实像在同一侧形成一个放大的虚像（图 1.9）。

为了使物像清晰，并消除单透镜的一些缺陷，物镜和目镜都采用两种不同材料的透镜组合而成（图 1.10）。

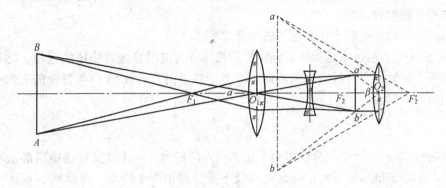

图 1.9　望远镜成像原理

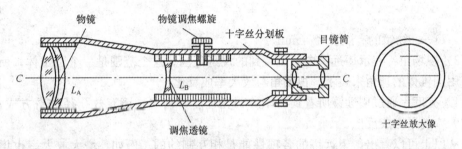

图 1.10　望远镜构造

测量仪器上的望远镜还必须有一个十字丝分划板，它是刻在玻璃片上的一组十字丝，安装在望远镜筒内靠近目镜的一端。水准仪的十字丝如图 1.11 所示，水准测量中用中间的横丝［图 1.11（a）］或楔形丝［图 1.11（b）］读取水准尺上的读数。十字丝交点和物镜光心的连线称为视准轴，也就是视线。视准轴是水准仪的主要轴线之一。

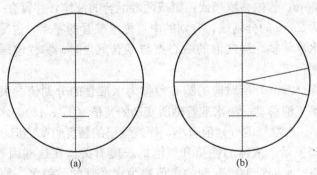

图 1.11　十字丝

为了能准确地照准目标或读数，望远镜内必须同时能看到清晰的物像和十字丝，为此，必须使物像落在十字丝分划板平面上。为了使距仪器不同距离的目标能成像于十字丝分划板平面上,望远镜内还必须安装一个调焦透镜(图1.10)。观测不同距离处的目标时,可旋转调焦螺旋,改变调焦透镜的位置,从而能在望远镜内清晰地看到十字丝和所要观测的目标。

望远镜的性能由以下几个方面来衡量。

1)放大率:通过望远镜所看到物像的视角β与肉眼直接看物体的视角α之比,它近似地等于物镜焦距与目镜焦距之比,或等于物镜的有效孔径D与目镜的有效孔径d之比,即放大率为

$$v = \frac{\beta}{\alpha} = \frac{f_物}{f_目} = \frac{D}{d} \tag{1.4}$$

2)分辨率:望远镜能分辨出两个相邻物点的能力,用光线通过物镜后的最小视角来表示,当小于最小视角时在望远镜内就不能分辨出两个物点。分辨率φ可用下式表示,即

$$\varphi = \frac{140}{D} \quad ('') \tag{1.5}$$

式中,D——物镜的有效孔径(mm)。

3)视场角:表示望远镜内所能看到的视野范围。这个范围是一个圆锥体,所以视场角用圆锥体的顶角来表示。视场角与放大率成反比。

4)亮度:通过望远镜所看到物体的明亮程度,它与物镜有效孔径的平方成正比,与放大率的平方成反比。

从以上可以看出,望远镜的各项性能是相互制约的。例如,增大放大率也增强了分辨率,可提高观测精度,但减小了视场角和亮度,不利于观测,所以测量仪器上望远镜的放大率有一定的限度,一般在20~45倍之间。

(2)水准器

水准器是用以置平仪器的一种设备,是测量仪器上的重要部件,分为管水准器和圆水准器两种。

1)管水准器,又称水准管,是一个封闭的玻璃管,管的内壁在纵向磨成圆弧形,其半径为0.2~100m。管内盛酒精或乙醚或两者混合的液体,并留有一气泡(图1.12)。管面上刻有间隔为2mm的分划线,分划的中点称水准管的零点,过零点与管内壁在纵向相切的直线称水准管轴。当气泡的中心点与零点重合时,称气泡居中,气泡居中时水准管轴位于水平位置。

水准管上一格(2mm)所对应的圆心角称为水准管的分划值。根据几何关系可以看出,分划值也是气泡移动一格水准管轴所变动的角值(图1.13)。水准仪上水准管的分划值为$10''$~$20''$,水准管的分划值愈小,视线置平的精度愈高。但水准管的置平精度还与水准管的研磨质量、液体的性质和气泡的长度有关。在这些因素的综合影响下,使气泡移动0.1格时水准管轴所变动的角值称为水准管的灵敏度。能够被气泡的移动反映出的水准管轴变动的角值愈小,水准管的灵敏度就愈高。

为了提高气泡居中的精度,在水准管的上面安装一套棱镜组(图1.14),使两端各有半个气泡的像被反射到一起。当气泡居中时,两端气泡的像就能符合,故这种水准器称为符合水准器,是微倾式水准仪上普遍采用的水准器。

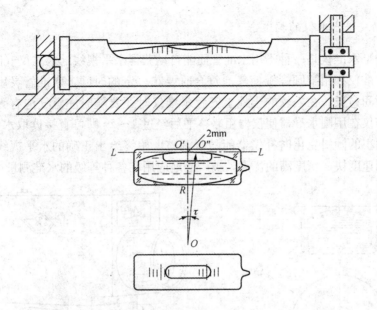

图 1.12　水准管

2）圆水准器，是一个封闭的圆形玻璃容器，顶盖的内表面为一球面，半径为 0.12～0.86m，容器内盛乙醚类液体，留有一小圆气泡（图 1.15）。容器顶盖中央刻有一小圈，小圈的中心是圆水准器的零点。通过零点的球面法线是圆水准器的轴，当圆水准器的气泡居中时，圆水准器的轴位于铅垂位置。圆水准器的分划值是顶盖球面上 2mm 弧长所对应的圆心角值，水准仪上圆水准器的角值为 $8'\sim15'$。

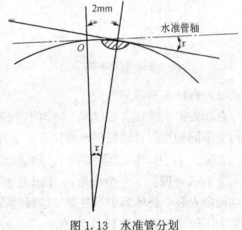

图 1.13　水准管分划

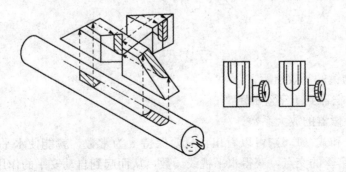

图 1.14　符合水准器

2. 自动安平水准仪的构造

自动安平水准仪是一种不用水准管而能自动获得水平视线的水准仪（图1.16）。由于水准管水准仪在用微倾螺旋使气泡符合时要花一定的时间，水准管灵敏度愈高，整平需要的时间愈长，在松软的土地上安置水准仪时还要随时注意气泡有无变动；而自动安平水准仪在用圆水准器使仪器粗略整平后经过1～2s即可直接读取水平视线读数，当仪器有微小的倾斜变化时补偿器能随时调整，始终给出正确的水平视线读数，因此它具有观测速度快、精度高的优点，被广泛地应用在各种等级的水准测量中。

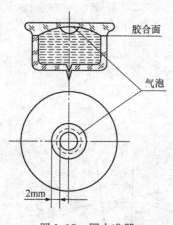

图1.15　圆水准器

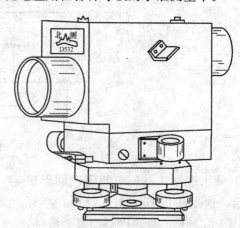

图1.16　自动安平水准仪

（1）自动安平原理

自动安平水准仪自20世纪50年代初问世以来发展很快，现在各国生产的各种不同构造不同型号的自动安平水准仪有几十种之多，其基本原理可归纳为：

在图1.17中，当仪器水平时，物镜位于 O 点，十字丝交点位于 Z_0，水平视线读数为 a_0。若仪器倾斜了一个小角 α，则十字丝交点将从 Z_0 移到 Z，读数将变为 a。如果在望远镜内安装一补偿器 P，并使补偿器轴线 PZ 能相对于原视线反方向摆动一角 β，从而使十字丝交点从 Z 移到 Z_0，由于 α 和 β 角都很小，从图中可得

$$ZZ_0 = \beta \cdot s = f \cdot \alpha$$

故

$$\frac{\beta}{\alpha} = \frac{f}{s} = \nu \tag{1.6}$$

式中，f——物镜的等效焦距；

　　　s——补偿器到十字丝的距离；

　　　ν——补偿器的放大系数。

从图1.17和式（1.6）可以看出：只要保持 ν 为常数，就能使水平光线经补偿器后始终通过十字丝的交点，获得水平视线读数，从而起到自动安平的作用。

（2）补偿器的构造和补偿原理

自动安平水准仪的核心部分是补偿器。下面介绍国产 DS_3-Z 型自动安平水准仪的

补偿器。图 1.18 是这种仪器的构造示意图，这种结构属于轴承式补偿器，是采用移动像点的方法实现自动安平的。

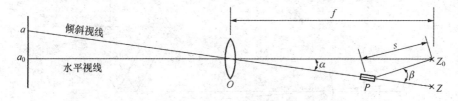

图 1.17　自动安平原理

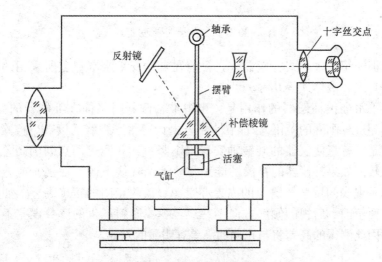

图 1.18　补偿器

图 1.18 中，补偿棱镜被固定在摆臂的下端，摆臂的上端为轴承，通过一个小轴被悬挂在仪器的支架上，所以三棱镜和摆臂能在视线方向内自由摆动。三棱镜实际上只起到反射镜的作用。水平光线进入物镜后，经三棱镜和固定在望远镜上的反射镜两次反射后，就能通过十字丝交点，起到自动安平的作用。三棱镜下面有一个空气阻尼器，阻尼器由活塞和气缸组成。活塞和三棱镜一样固定在摆臂的下端，气缸则固定在仪器的支架上。阻尼器的作用是使三棱镜的摆动能迅速稳定。

这种补偿器的原理见图 1.19，O 代表物镜，b 代表三棱镜的反射面，c 为固定的反射镜。当望远镜水平时，三棱镜的反射面位于 $b_1 b_1'$，反射镜位于 $c_1 c_1'$，水平光线经 $O b_1 c_1$ 到达十字丝交点 Z_0（图 1.19 中细线）。当望远镜倾斜 α 角时，三棱镜反射面移到 $b_2 b_2'$（假定补偿器尚未起作用），反射镜移到 $c_2 c_2'$，十字丝交点由 Z_0 移到 Z，十字丝读数将是 α，而不是水平视线读数 a_0（图 1.19 中虚线）。当补偿器起作用时，摆臂将逆时针旋转 α 角，三棱镜反射面则由 $b_2 b_2'$ 移至 $b_3 b_3'$，显然，$b_3 b_3'$ 平行于 $b_1 b_1'$，而反射镜仍在 $c_2 c_2'$。由于反射面 $c_2 c_2'$ 相对于原来位置变动了 α 角，水平光线经 $c_2 c_2'$ 反射后将变动 2α 角，即 $\beta' = 2\alpha$。因此，只要把补偿器安装在 $f/2$ 处，就可使水平光线最终通过十字丝交点 Z，即经 $O b_3 c_3$ 而到达 Z（图 1.19 中粗线），从而在十字丝交点处可以读到水平视线在尺上的读数 a_0，达到自动安平的目的。

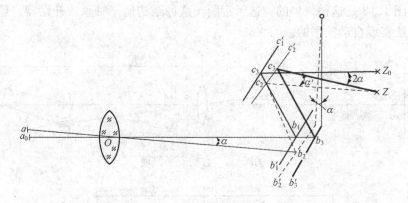

图 1.19　补偿器原理图

除了上面介绍的轴承式补偿器外，目前在自动安平水准仪上所采用的补偿器尚有吊丝式、簧片式和液体式等几种。

自动安平水准仪补偿器的作用是：当视准轴倾斜时（即在补偿器的允许范围内，气泡中心不超过分画圈的范围），能在十字丝上读得水平视线的读数。检验补偿器性能的一般原理是：有意使仪器的旋转轴安置得不竖直，并测定两点间的高差，将之与正确高差相比较。如果补偿器的补偿性能正常，无论视线下倾（后视）或上倾（前视），都可读得水平视线的读数，测得的高差亦是 A、B 两点间的正确高差；如果补偿器性能不正常，由于前、后视的倾斜方向不一致，视线倾斜产生的读数误差不能在高差计算中抵消，因此测得的高差将与正确的高差有明显的差异。

任务 1.2　普通水准测量

工作任务：完成普通水准测量的外业数据采集与内业计算

一、任务描述

普通水准测量是测量点的高程的最基本方法。通过本次任务，掌握水准路线的施测方法及记录、计算与检验校核方法，熟悉普通水准测量的外业与内业工作，学会测量点的高程。

二、工作场景

在指导教师指定的场地，按 4~6 人一组，施测一条闭合水准路线，其长度以安置 6~8 个测站为宜。确定起始点及水准路线的前进方向。人员分工：两人扶尺，一人记录，一人观测。施测 1~2 站后轮换工作。建议学时：2 学时。任务结束后，每人上交实习报告一份，每组上交普通水准测量成果一份。

三、任务目标

通过实际操作，进一步熟悉水准仪的构造及使用方法，掌握普通水准测量的实际作业过程，能独立完成水准测量的成果计算，要求满足普通水准测量的精度要求。

实践操作

一、每组所需仪器工具

1) 由仪器室借领：DS_3 水准仪 1 套、水准尺 1 对、记录板 1 个。

2) 自备：记录表、铅笔、计算器等。

二、操作方法与步骤

1) 从已知高程（由教师提供）的水准点 A 开始，沿指定的水准路线在地面选定 B、C 两个固定点作为待测点，与 A 点组成一闭合水准路线。

2) 置水准仪于距已知后视高程点 A 一定距离处，作为测站 I，并选择好前视转点 ZD_1，将水准尺置于 A 点和 ZD_1 点上。水准仪距离前、后视点大致相等。

3) 将水准仪粗平后，先瞄准后视尺，消除视差。精平后读取后视读数值 a_1，并记入普通水准测量记录表中。

4) 转动望远镜照准前视尺，精平后读取前视读数值 b_1，并记入普通水准测量记录表中，至此便完成了普通水准测量一个测站的观测任务。

5) 将仪器搬迁到第 II 站，把第 I 站的后视尺移到第 II 站的转点 ZD_2（或 B 点）上，把原第 I 站前视变成第 II 站的后视。

6) 按 3)、4) 步骤测出第 II 站的后、前视读数 a_2、b_2，并记入普通水准测量记录表中。

7) 重复上述步骤，测回至起点 A 为止，完成闭合水准路线的测量。

8) 计算与校核。计算每站高差与测点高程，计算高差闭合差，并进行校核。

三、测量注意事项

为杜绝测量成果中存在错误，防止水准测量精度超限而返工，要求测量人员对测量工作十分熟悉，认真负责。除此以外，还应注意以下事项：

1) 观测前应对仪器进行认真的检验和校正。

2) 仪器要安置在土质坚硬的地方，并将架腿踏实，防止仪器下沉。安置仪器时尽量使前、后视距相等。

3) 每次读数前都应该严格消除视差，水准气泡也要严格居中。读数时要仔细、迅速、果断，先估读毫米，再读大数。

4) 观测过程中手不要扶脚架，防止仪器晃动。

5) 记录员在听到观测员读数后，要正确记入相应的栏目中，并边记录边复述，待得到观测员的默许后方可确定。记录资料不得转抄。

6) 每个测站应记录、计算的内容必须当站完成。测站检核无误后方可迁站，做到随观测、随记录、随计算、随检核。

7) 立尺员必须将水准尺立在土质坚硬处，用尺垫时必须将尺垫踏实。

8) 水准仪迁站时，前视立尺员在转动尺子时切记不能改变转点的位置。

■ 相关知识：普通水准测量的实施和误差

一、水准点

用水准测量方法测定的高程控制点称为水准点，一般用 BM 表示。

国家有关专业测量单位按一、二、三、四等四个精度等级分级，在全国各地建立了国家等级水准点，并按要求埋设了永久性固定标志，这些标志物多用石料、金属或混凝土制成，顶面设置半球状的金属标志，其顶点表示水准点的高程和位置（图 1.20）。

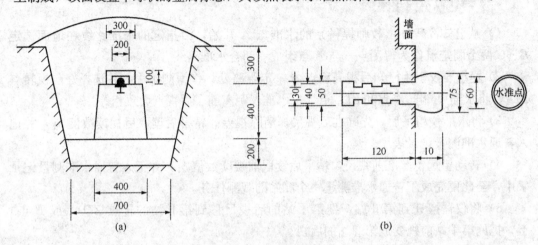

图 1.20　水准点标记

水准点应埋设在不易损毁的坚实土质内。在冻土带，水准点应深埋在冰冻线以下0.5m，称为地下水准点。临时性水准点一般都为等外水准测量的水准点，可在地面上打入木桩，或在坚硬的岩石、建筑物上设置固定标志，并用红油漆标注。

水准点埋设后，应编号并绘制点位地面略图，在图上要注明水准点编号和高程，称为点之记，必要时设置指示桩，以便保管和使用。

二、水准路线

水准测量施测时所经过的路线称为水准路线。为了达到一定的精度要求，水准测量应根据测区的实际情况布设成某种形式的水准路线，以便校核测量成果的正确性。水准路线的布设形式分为附合水准路线、闭合水准路线和支水准路线三种。

1. 附合水准路线

如图 1.21（a）所示，从一个已知水准点开始，沿各待测高程的水准点进行水准测量，最终结束于另一已知水准点上的水准测量路线，称为附合准路线。这种形式的水准路线可使测量成果得到检核。

2. 闭合水准路线

如图 1.21（b）所示，从某一已知高程的水准点开始，沿各待测高程的水准点进行水准测量，最后又闭合到起始已知高程的水准点上的水准测量路线，称为闭合准路线。这种形式的水准路线也可使测量成果得到检核。

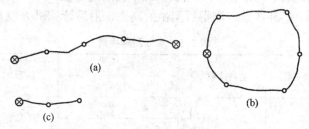

图1.21 水准路线形式

3. 支水准路线

如图1.21（c）所示，由某一已知高程水准点开始，沿各待测高程的水准点进行水准测量，最后既不附合也不闭合到已知高程的水准点上的水准测量路线，称为支水准路线。这种形式的水准路线不能对测量成果自行检核，因此必须进行往测和返测，或用两组仪器进行并测。

三、普通水准测量的施测方法

普通水准测量施测方法是从已知高程的水准点开始，通过若干个转点，连续安置若干次仪器，分别读取后视、前视读数，最后引测出未知点的高程。如图1.22所示，图中 A 为已知高程的点，B 为待测高程点，用微倾式水准仪观测，步骤如下：

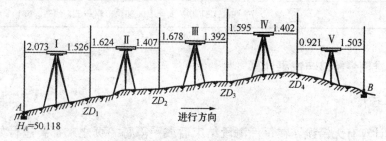

图1.22 普通水准测量的施测

1）在已知高程的起始点 A 上竖立水准尺，在测量前进方向离起点适当的距离（根据水准测量的等级及地形情况）处设置第一个转点 ZD_1，必要时可放置尺垫，并竖立水准尺。

2）在距 A 和 ZD_1 点约等距离处（如图中I处）安置水准仪。仪器粗略整平后，先照准起始点 A 上的水准尺，用微倾螺旋使符合气泡符合后读取 A 点的后视读数 $a_1=2.073$，然后照准转点 ZD_1 上的水准尺，待符合气泡符合后读取 ZD_1 点的前视读数 $b_1=1.526$。

3）观测员认为读数记录准确后，计算出 A 和 ZD_1 这两点间的高差 $h_1=a_1-b_1=$ 2.073-1.526＝＋0.547m，到此完成一个测站的工作。

4）当第一测站完成后，在 A 点的后视尺手沿着 AB 方向前进，在 ZD_1 前方适当位置处设置第二个转点 ZD_2，并在该点上立尺。在转点 ZD_1 处的水准尺不动，只需将尺面转向前进方向。水准仪安置在距 ZD_1、ZD_2 约等距离的测站 II 处，进行观测、记录、计算，得出 ZD_1 和 ZD_2 的高差 h_2，完成第二个测站的测量。

5）以此类推，直到 B 点，测得每测站的高差，最后计算出 B 点高程（表 1.1）。

表 1.1 水准测量手簿

测点	后视读数	前视读数	高差 +	高差 −	高程	备注
A	2.073				50.118	$H_A = 50.118$
			0.547			
ZD_1	1.624	1.526			50.665	
			0.217			
ZD_2	1.678	1.407			50.882	
			0.286			
ZD_3	1.595	1.392			51.168	
			0.193			
ZD_4	0.921	1.402			51.361	
				0.582		
B		1.503			50.779	
$\sum$	7.891	7.230	1.243	0.582		
计算检核	$\sum a - \sum b = +0.661$ $\quad \sum h = +0.661$ $\quad H_B - H_A = +0.661$					

四、水准测量检核与成果计算

1. 计算检核

为检查计算有无错误，在每一测段结束后或手簿每一页之末都要进行如下计算检核，即

$$\left.\begin{array}{l} \sum h = \sum a - \sum b \\ H_B - H_A = \sum h \end{array}\right\}$$

2. 测站检核

在水准测量过程中，除了转点处理不当会造成返工外，有时观察员在进行后视、前视读数中稍有疏忽，只要读错一次数，将会影响整条水准路线的成果，因此对每一测站的高差，还应采取相应的措施进行检核，以保证每一测站高差的正确性，通常采用双仪高法和双面尺法。

（1）双仪高法

在同一个测站上用两次不同的仪器高度测得两次高差，进行检核。对于一般水准

测量，当两次所得高差之差小于 5mm 时可认为合格，取其平均值作为该测站所得高差，否则应重测。

（2）双面尺法

在同一测站利用双面水准尺在红黑面分别读数，得出两个高差，若两个高差之差小于 5mm，可认为合格，否则应重测。

3. 成果检核

计算检核只能发现计算是否有误，测站检核只能检核每一测站上是否有误，不能发现立尺点变动的错误，更不能评定测量成果的精度；同时，由于观察受到观测条件（仪器、人、外界条件）的影响，随着测站数的增多，误差累计，往往会超出规定的限差，因此应对成果进行检核，即进行高差闭合差的检核。水准测量路线不同，高差闭合差的计算公式也不同。

（1）附合水准路线

对于附合水准路线，两个已知的起终点高程之差即为理论值，即

$$\sum h = H_{\text{终}} - H_{\text{始}}$$

而实测高差与理论值不能相等，其差值称为高差闭合差，用 f_{h} 表示，所以附合水准路线的高差闭合差为

$$f_{\text{h}} = \sum h - (H_{\text{终}} - H_{\text{始}}) \tag{1.7}$$

（2）闭合水准路线

对于闭合水准路线，全线各站高差之和在理论上应等于零，即

$$\sum h = 0$$

但由于测量误差的存在，实测高差之和不等于零，则闭合水准路线的高差闭合差为

$$f_{\text{h}} = \sum h \tag{1.8}$$

（3）支水准路线

支水准路线必须用往、返观测进行检核。理论上往返测所得高差的绝对值应相等，但符号相反，或者是往返测高差的代数和应等于零，即

$$\sum h_{\text{往}} = - \sum h_{\text{往}}$$

实际上由于测量误差的存在，往返测高差的代数和不等于零，其高差闭合差为

$$f_{\text{h}} = \sum h_{\text{往}} + \sum h_{\text{往}} \tag{1.9}$$

闭合差的大小反映了测量成果的精度。当闭合差在容许误差范围内时，成果可用；如果超出容许范围，则应及时查明原因，进行重测，直到符合要求为止。在各种等级的水准测量中都规定了高差闭合差的限值，即容许高差闭合差，用 $f_{\text{h容}}$ 表示。一般水准测量的容许高差闭合差为

$$\left. \begin{array}{ll} \text{平原区} & f_{\text{h容}} = \pm 40 \sqrt{L} \quad (\text{mm}) \\ \text{山地区} & f_{\text{h容}} = \pm 12 \sqrt{n} \quad (\text{mm}) \end{array} \right\} \tag{1.10}$$

式中，L——水准路线长度（km）；

n——整个水准路线的测站数。

需要注意的是，对于支水准路线，公式（1.10）中水准路线长度 L 或测站数 n 均按单程计算。

4. 高差闭合差的分配和高程计算

当 $|f_h| \leqslant |f_{h容}|$ 时，即实际的高差闭合差在容许值以内时，说明水准测量的成果合格，这时要进行高差闭合差的分配，分配原则为：将闭合差反号，按各测段的路线长度或测站数成正比例分配，使改正后的高差总和与理论值相等，最后按改正后的高差计算各待测点的高程。各测段高差的改正数为

$$v_i = -\frac{f_h}{\sum L_i} \cdot L_i \qquad (1.11)$$

或

$$v_i = -\frac{f_h}{\sum n_i} \cdot n_i \qquad (1.12)$$

式中，L_i，n_i——各测段的路线长度和测站数；

$\sum L_i$，$\sum n_i$——水准路线总长度和总测站数。

表 1.2 为一附合水准路线的闭合差分配以及高程计算的实例，附合水准路线上共设置了 5 个水准点，起点和终点的高程为已知，各水准点间的距离和实测高差均列于表中。

表 1.2 水准路线的高程计算

点号	距离/km	实测高差/m	改正数/mm	改正后高差/m	高程/m
Ⅳ21					63.475
	1.9	+1.241	−12	+1.229	
BM$_1$					64.704
	2.2	+2.781	−14	+2.767	
BM$_2$					67.471
	2.1	+3.244	−13	+3.231	
BM$_3$					70.702
	2.3	+1.078	−14	+1.064	
BM$_4$					71.766
	1.7	−0.062	−10	−0.072	
BM$_5$					71.694
	2.0	−0.155	−12	−0.167	
Ⅳ22					71.527
$\sum$	12.2	+8.127	−75	+8.052	

$$f_h = \sum h - (H_{终} - H_{起}) = +8.127 - (71.527 - 63.475) = +0.075\text{m}$$

$$f_{h容} = \pm 30\sqrt{L} \pm 30\sqrt{12.2} = \pm 105\text{mm}, \ f_h < f_{h容}$$

计算说明：实测高差闭合差为 +0.075m，小于容许高程闭合差 ±0.105m。表1.2 中高差的改正数按式（1.11）计算，改正数总和要与实测高差闭合差等大、反号。实测高差加上高差改正数得各测段改正后高差。由起点 Ⅳ 21 的高程依次加上各测段改正后高差，就得出相应各点的高程。最后计算出的终点 Ⅳ 22 的高程应与该点的已知高程完全符合。

【**例1.1**】　在 A、B 两点间进行往返水准测量，已知 $H_A = 1008.475$m，$\sum h_{往} = +0.028$m，$\sum h_{返} = -0.018$m，A、B 间线路长 $L = 3$km，求改正后的 B 点高程。

解　实测高差闭合差

$$f_h = \sum h_{往} + \sum h_{返} = 0.028 - 0.018 = +0.01\text{m}$$

容许高差闭合差

$$f_{h容} = \pm 30\sqrt{L} = \pm 30\sqrt{3} = \pm 52\text{mm}$$

$$f_h < f_{h容}$$

故精度符合要求。

改正后往测高差

$$\sum h'_{往} = \sum h_{往} + \frac{-f_h}{2} = +0.028 + \frac{-0.01}{2} = +0.023\text{m}$$

改正后返测高差

$$\sum h'_{返} = \sum h_{返} + \frac{-f_h}{2} = -0.018 - \frac{0.01}{2} = -0.023\text{m}$$

故 B 点高程

$$H_B = H_A + \sum h'_{往} = 1008.475 + 0.023 = 1008.498\text{m}$$

五、水准测量的误差

测量成果中都不可避免地含有误差，因此需要通过分析水准测量误差产生的因素，找出测量人员在施测过程中应该防止和减少各类误差的方法，提高水准测量观测成果的精度。

水准测量的误差主要由仪器及工具、人、外界条件等三方面因素产生。

1. 仪器及工具误差

水准仪在出厂后的运输和长期使用过程中不可避免会出现如水准管轴与望远镜视准轴不平行而产生的误差，这种误差属于系统误差，即使经过校正，也还会有残余。在测量过程中该项误差的大小与仪器到水准尺的距离成正比，因此只要在观测时将仪器安置在距离前视、后视两测站点相等的地方，即可消除此项误差的影响。

水准尺误差主要是水准尺刻划不准确或因尺身弯曲和零点受磨损而产生的误差，因此在每次观测前应对水准尺进行检验后方可使用。我国工程测量规范规定，对于双面水准尺，尺上的米间隔平均长与名义长之差不应超过 0.5mm，否则对所测得的高差值应进行改正。对于水准尺零点误差，可在每个测段之间采用设置偶数站的方法来消除或削弱此项误差对高差测量的影响。

2. 观测误差

水准管气泡未严格居中而产生的误差一般是由于观测者鉴别能力的限制，人眼在判断气泡的吻合时可能会存在误差，因此观测时要仔细精确整平，保证在读数过程中气泡稳定、吻合。

人眼的分辨能力和望远镜的放大率及视距长度又会影响在水准尺上估读毫米数而产生误差，对此规范中已明确规定了各级水准测量中仪器望远镜的放大率和限制视距的最大长度，以保证估读精度。

水准尺的倾斜也会产生观测误差。水准尺若左右倾斜，观测者容易发现并能及时纠正；若前后倾斜，观测者不易发现，且对读数影响较大，因前后倾斜都会使尺上的读数增大。风大时，可以用"摇尺法"读数，即在读数时扶尺员将尺子前后摇摆，此时尺子的读数也不断变化，观测者读取尺上的最小读数，就是尺子竖直时的读数。

另外，视差的存在对读数的影响也很大，观测者应仔细进行对光操作，以便消除视差。

3. 外界条件影响

(1) 地球曲率及大气折光的影响

如图 1.23 所示，A、B 为地面上两点，大地水准面是一个曲面，如果水准仪的视线 $a'b'$ 平行于大地水准面，则 A、B 两点的正确高差为

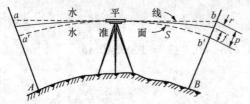

图 1.23　地球曲率及大气折光的影响

$$h_{AB} = a' - b' \tag{1.13}$$

水准面在尺上截取为 a'、b'，aa'、bb' 是由地球曲率引起的读数误差 p，为

$$p = \frac{S^2}{2R} \tag{1.14}$$

式中，S——水准仪到水准尺的距离（km）；

R——地球的平均半径，$R = 6371$km。

由于大气折光的影响，视线是一条曲线，在水准尺上的读数分别为 a、b，a、a'' 之差与 b、b'' 之差就是大气折光对读数的影响，用 r 表示。在稳定的气象条件下，r 约为 c 的 1/7，即

$$r = \frac{1}{7}c = 0.07\frac{D^2}{R} \tag{1.15}$$

地球曲率和大气折光的共同影响为

$$f = c - r = 0.43\frac{D^2}{R} \tag{1.16}$$

地球曲率和大气折光的影响可采用使前、后视距离相等的方法来消除。

(2) 温度和风力的影响

由于温度的变化和日光照射，水准仪各部位受热不均匀而引起变形，当烈日照射

水准管时，由于水准管本身和管内液体温度升高，气泡向着温度高的方向移动，从而影响了水准管轴的水平，产生了气泡居中误差，所以烈日下作业时应撑伞遮阳。风力较大时（超过四级）也将影响仪器的精平，此时应该停止观测。

任务 1.3 水准仪的检验校正

工作任务：微倾式水准仪进行检验与校正

一、工作描述

水准仪的检验校正即检查水准仪各轴线的几何关系是否满足要求，以保证测量数据的正确性。通过本次任务的练习，认识微倾式 DS_3 水准仪的主要轴线及它们之间应具备的几何关系，能够进行 DS_3 微倾式水准仪的检验和校正。

二、工作场景

按 4~6 人一组，用 2 学时的时间，在指定的场地，对照本书讲解，结合实际，认识水准仪的主要轴线和各轴线间的关系。任务结束后每组上交测量成果一份，每人上交实习报告一份。

三、任务目标

通过对水准仪的检验与校正，更进一步地认识水准仪的结构和原理，对测量时因仪器而产生的误差有更深层的认识。

实践操作

一、准备工作和注意事项

1. 准备工作

1）由仪器室借领：DS_3 微倾式水准仪 1 台、水准尺 2 根、尺垫 2 个、木桩 2 个、斧子 1 把、校正针 1 根。

2）自备：计算器、铅笔、小刀、草稿纸。

3）认真阅读教材相关内容。

2. 注意事项

1）检验与校正的顺序按本书讲述的顺序进行，前后不得颠倒。

2）水准仪的检验和校正难度较大，必须认真细心，不能马虎。

3）先检验，确认超出规范要求精度时才能进行校正，不得盲目校正。

4）校正螺丝都比较精细，在拨动螺丝时要"慢、稳、均"。

5）遇到成对的校正螺丝时应遵守"先松后紧"的原则，即先旋松其中一个螺丝，再拧紧另外一个螺丝，否则容易损坏校正螺丝。

6）各项检验校正都需要重复进行数次，直到符合要求为止，切忌急于求成。

7）每项检验校正完毕都要拧紧各个校正螺丝，上好护盖，以防脱落。

8）校正后应再作一次检验，看其是否符合精度要求。

二、操作方法与步骤

安置仪器后，首先检查三脚架是否牢固，制动和微动螺旋、微倾螺旋、对光螺旋、脚螺旋等是否有效，望远镜成像是否清晰等，同时了解水准仪各主要轴线及其相互关系（图 1.24）。

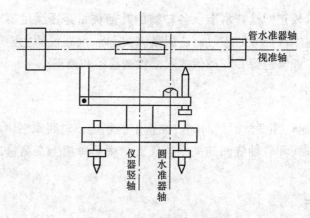

图 1.24　水准仪的主要轴线

（1）圆水准器轴的检验和校正

检验时如图 1.25 所示，转动脚螺旋，使圆水准器气泡居中，然后将仪器绕竖轴旋转 180°，若气泡仍居中，则说明圆水准器轴平行于仪器竖轴，否则，若气泡偏出分划圈，就需要校正。

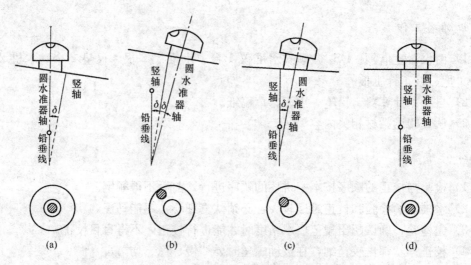

图 1.25　圆水准器的检验及校正原理

如图 1.26 所示,校正时先稍松圆水准器底部中央的固定螺丝,再拨动圆水准器的校正螺丝,使气泡沿偏离方向返回偏离量的一半,然后转动脚螺旋,使气泡居中。如此反复,直到圆水准器在任何位置时气泡都在刻画圈内为止。最后旋紧固紧螺旋。

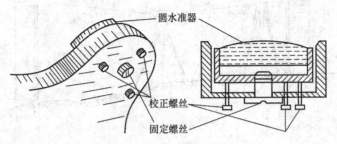

圆水准器

校正螺丝

固定螺丝

图 1.26 　圆水准器校正螺丝

(2) 十字丝横丝的检验与校正

检验十字丝横丝是否垂直于竖轴。以十字丝横丝一端瞄远处一清晰固定点 P,旋紧制动螺旋,转动水平微动螺旋,若横丝始终不离开目标点,如图 1.27 (a, b) 所示,则说明十字丝横丝垂直于仪器竖轴,否则如图 1.27 (c, d) 所示,需要校正。

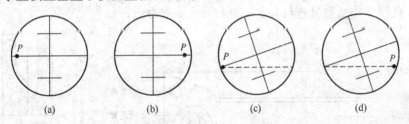

(a)　　　　　(b)　　　　　(c)　　　　　(d)

图 1.27 　十字丝的检验

如图 1.28 所示,校正时用小螺丝刀松开十字丝分划板的固定螺丝,转动十字丝分划板,调整偏离量,直到满足要求为止。最后将固定螺丝旋紧。

(3) 水准管轴的检验与校正

1) 如图 1.29 所示,选择相距 80～100m、稳定且通视良好的两点 A、B,在 A、B 两点各设一木桩。

2) 将水准仪置于距 A、B 两点等距离处,用双仪高法测定 A、B 两点间的高差 h_{AB} (两次高差之差不超过 3mm 时取平均值)。

$$h_{AB} = \frac{a_1' - b_1' + a_1'' - b_1''}{2}$$

3) 将水准仪置于距离 A 点 3～5m 的位置,精平仪器后读取近尺 A 上的读数 a_2,计算远尺 B 上的正确读数值 b_2。

$$b_2 = a_2 - h_{AB}$$

4) 照准远尺 B,旋转微倾螺旋,将水准仪视准轴

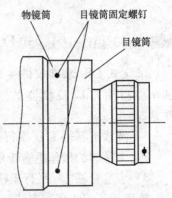

物镜筒　　目镜筒固定螺钉

目镜筒

图 1.28 　十字丝的校正

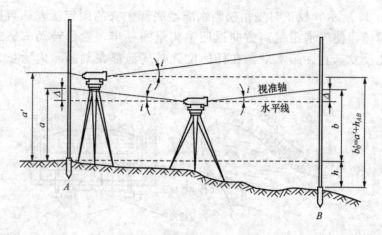

图 1.29　水准轴与视准轴平行的检验

对准 B 尺上的 b_2 读数，如果水准管气泡居中，即符合气泡影像符合，则说明视准轴与水准管轴平行，否则应进行校正。

5）校正。如图 1.30 所示，用校正针先松开水准管左右校正螺丝，再拨动上下两个校正螺丝〔先松上（下）边的螺丝，再紧下（上）边的螺丝〕，直到符合气泡影像符合为止。此项工作要重复进行几次，直到符合要求为止。

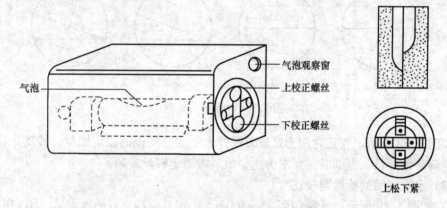

图 1.30　水准管的校正

■■ 相关知识：微倾式 DS₃ 水准仪的检验与校正

微倾式 DS₃ 水准仪的主要轴线有四条，即望远镜的视准轴 CC、水准管轴 LL、圆水准器轴 $L'L'$ 及仪器的竖轴 VV，如图 1.31 所示，它们之间应满足的几何条件是：

1）圆水准器轴 $L'L'$ 平行于仪器的竖轴 VV。

2）十字丝的横丝垂直于仪器的竖轴。

3）水准管轴 LL 平行于视准轴 CC。

检验校正的步骤和方法如下。

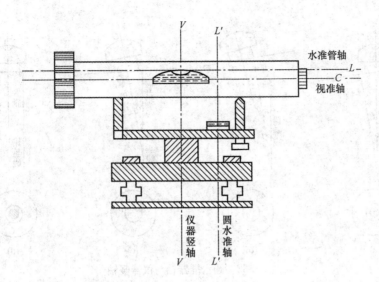

图 1.31　水准仪的轴线关系

一、圆水准器的检验和校正

1. 检校目的

检验圆水准器轴是否平行丁仪器竖轴。如果两轴平行，即 $L'L' /\!/ VV$，则当圆水准器气泡居中时竖轴便位于铅垂位置。

2. 检验方法

安置仪器后旋转脚螺旋，使圆水准器气泡居中，此时圆水准器轴处于铅垂位置。然后将仪器绕竖轴旋转 180°，若气泡仍居中，则表示圆水准器轴平行于竖轴；若气泡偏离中央位置，则需进行校正。

3. 校正方法

转动脚螺旋，使气泡向中心方向移动偏移量的一半，如图 1.32 (c) 所示，然后拨动圆水准器的校正螺丝，使气泡居中。重复上述的检验和校正步骤若干次，直至仪器旋转到任何位置时气泡都能居中为止。

4. 检校原理

如果圆水准器轴 $L'L'$ 与仪器竖轴 VV 不平行，则构成一个角 α，当圆水准器的气泡居中时，竖轴与铅垂方向成 α 角 [图 1.32 (a)]。若将仪器绕竖轴旋转 180°，因竖轴位置不变，此时的圆水准器轴与铅垂线成 2α 角 [图 1.32 (b)]。当转动脚螺旋，使气泡向中心方向移动偏移量的一半后，竖轴将变动 α 角而处于铅垂方向，但圆水准器轴与竖轴的夹角仍为 α 角 [图 1.32 (c)]，此时拨动圆水准器的校正螺丝，使圆水准器气泡居中，则圆水准器轴亦处于铅垂方向，从而使它平行于竖轴 [图 1.32 (d)]。

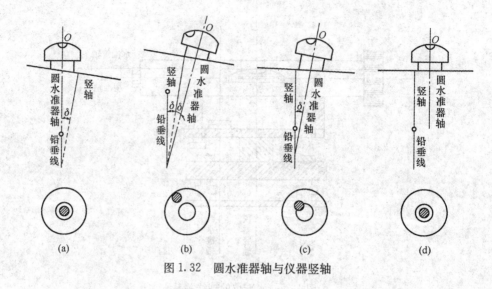

图 1.32　圆水准器轴与仪器竖轴

二、十字丝横丝的检验和校正

1. 检校目的

检验十字丝的横丝是否垂直于竖轴。如果横丝垂直于竖轴，当仪器粗略整平后横丝处于水平位置，用横丝上任意位置所得读数都应该是相同的。

2. 检验方法

安置整平仪器后，先用横丝的一端照准远处一清晰的固定目标，然后旋紧制动螺旋，转动微动螺旋，使望远镜缓慢移动，用横丝的另一端观测同一目标。如果目标仍在横丝上、位置不变［图 1.33（a）］，说明横丝已与竖轴垂直；若目标偏离了横丝［图 1.33（b）］，则说明横丝与竖轴不垂直，应予以校正。

3. 校正方法

打开十字丝分划板的护罩（图 1.34），松开分划板的固定螺丝，转动十字丝分划板座，直至固定目标点在横丝的两端位置不变，则校正完成。最后拧紧所有固定螺丝，旋上护罩。

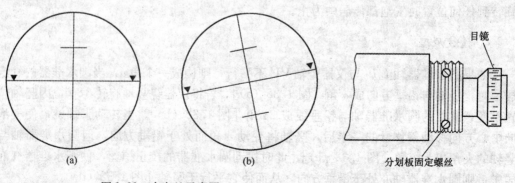

图 1.33　十字丝示意图　　　　　　　图 1.34　十字丝固定螺丝

4. 检校原理

如果横丝垂直于竖轴，横丝的一端照准目标后，当望远镜绕竖轴水平转动时，目标始终与横丝重合；如果横丝不垂直于竖轴，望远镜绕竖轴水平转动时，横丝两端点不在同一平面内移动，因此目标与横丝的一端重合后，在另一端目标将偏离横丝。

三、水准管的检验和校正

1. 检校目的

检验水准管轴是否平行于视准轴。如果平行，则当水准管气泡符合时视准轴就处于水平位置。

2. 检验方法

如图 1.35 所示，在平坦地面选相距 $80 \sim 100m$ 的 A、B 两点，打入木桩。用皮尺量出 A、B 的中点 Ⅰ，将水准仪置于 Ⅰ 点，测得 A、B 两点的高差 $h_{AB} = a - b$。改变仪器高度（向上或向下 10cm），重复测两到三次，当所得各高差之差不超过 3mm 时取其平均值，作为 A、B 两点高差的正确值。这是因为由图 1.35 可以看出，若视准轴倾斜时，视准轴与水准管轴不平行，产生交角 i，仪器至 A、B 两点的距离相等，在前、后视读数所产生的误差 Δ 也相等，所以 h_{AB} 是 A、B 两点的正确高差。然后把水准仪移到 AB 之间距 A 点约 3 米的 Ⅱ 点，照准 A 点水准尺，当水准气泡居中时读取该点读数为 a'。因为仪器离 A 点很近，故 i 角引起的读数误差可忽略不计，可认为 a' 就是视线水平时的读数。根据 a' 与高差 h_{AB} 推算出当视线水平时的 B 点上水准尺应有的读数 b_0' 为 $b_0' = a' + h_{AB}$。如果实际读数 b' 与计算所得的读数 b_0' 相等，则说明水准管轴与视准轴平行；如果 $b' \neq b_0'$，则存在 i 角误差，其值为

$$i = \frac{b' - b_0'}{D_{AB}} \rho''$$

式中，D_{AB}——A、B 两点间的距离；
　　　$\rho'' = 206\ 265''$。

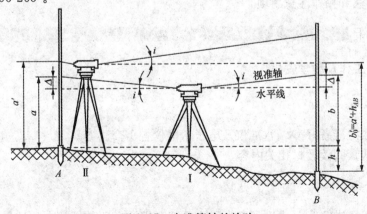

图 1.35　水准管轴的检验

按规定，当 $i>20''$ 时须对微倾式水准仪进行校正。

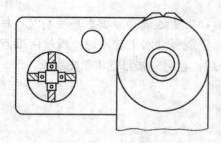

图 1.36　水准管轴的校正

3. 校正方法

调节水准仪微倾螺旋，使远点 B 的读数从 b' 改变到 b_1'，此时视准轴由倾斜位置改变到水平位置，但水准管气泡也随之不再居中。用校正针拨松水准管一端的左右固定螺丝，然后拨动上下校正螺丝，如图 1.36 所示，直至气泡居中为止，从而使水准管轴平行于视准轴。当最后校正完毕时，所有校正螺旋都应适度旋紧。

任务 1.4　认识 DS₁ 水准仪及电子水准仪

工作任务：了解 DS₁ 水准仪及电子水准仪的特点

一、任务描述

DS₁ 水准仪及电子水准仪是高精度水准测量仪器，通过本次任务，认识 DS₁ 水准仪和电子水准仪，了解它们各自的特点、功能和一般使用方法。对 DS₁ 水准仪、电子水准仪要正确使用，以防仪器受损，影响测量精度。

二、工作场景

指导老师对照仪器讲解 DS₁ 水准仪及电子水准仪的构造、测量原理和技术操作方法，学生认真观察 DS₁ 水准仪、电子水准仪的构造，学习测量原理和技术操作方法。要求每人上交实习报告一份。

三、任务目标

通过对 DS₁ 水准仪及电子水准仪的认识和学习，掌握 DS₁ 水准仪及电子水准仪的特点、使用方法和操作注意事项。

实践操作

一、准备工作及教学安排

1. 准备工作

1）指导教师准备好 DS₁ 水准仪及电子水准仪各 1 套。
2）学生认真阅读教材相关内容。

2. 教学安排

1）教师现场讲解 DS₁ 水准仪及电子水准仪各螺旋名称与功能，仪器操作方法及测量方法。

2）在教师指导下，学生操作认识 DS_1 水准仪及电子水准仪。

二、操作方法与步骤

1. DS_1 型精密水准仪

DS_1 型精密水准仪的操作方法与 DS_3 水准仪基本相同，只在读数方法上有所差异。读数时，用微倾螺旋使目镜视场左边的符合水准气泡的两个半像吻合后，仪器即已经精确整平，这时望远镜十字丝往往没有对准水准尺上的某一分划线，需转动测微螺旋，调整视线上下移动，使十字丝的楔形丝精确夹住水准尺上的一个整分划线。从望远镜直接读出楔形丝夹住的读数，再在读数显微镜内读出厘米以下的读数。

2. 电子水准仪

电子数字水准仪的操作方法十分简便。只要将望远镜瞄准标尺并调焦后按测量键，数秒钟后即显示中丝读数；再按测距键即可显示视距；按存储键可把数据存入存储器，仪器自动进行检核和高差计算。观测时不需要精确夹准标尺分划，也不用在测微器上读数，可直接由电子手簿记录。

相关知识：DS_1 水准仪与电子水准仪简介

一、DS_1 型精密水准仪

DS_1 型精密水准仪用于国家一、二等精密水准测量、大型桥梁的沉降观测、地震监测、大型精密机械的安装、建筑物沉降观测等高精度的工程测量。图 1.37 所示是我国生产的 DS_1 型精密水准仪。精密水准仪的主要特点是望远镜光学系统质量好，仪器结构稳定，测微器装置读数精度高，管水准器灵敏度高，补偿器装置性能好。

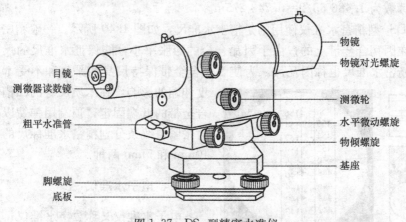

目镜
测微器读数镜
粗平水准管
脚螺旋
底板

物镜
物镜对光螺旋
测微轮
水平微动螺旋
物倾螺旋
基座

图 1.37 DS_1 型精密水准仪

DS_1 型精密水准仪的结构和微倾式水准仪基本相同，主要有望远镜、水准管、符合棱镜系统、光学测微器、读数系统等。该仪器望远镜的放大率为 40 倍，水准管分划

值为 $10''/2mm$，转动测微螺旋可使水平视线在 5mm 范围内平移，测微器分划尺刻有 100 个分格，测微器分划尺的最小格值为 0.05mm。

DS₁ 型精密水准仪和普通水准仪的主要区别是在精密水准仪上装有光学测微器，如图 1.38 所示，它由平行玻璃板、测微分划尺、传动杆、测微螺旋及测微读数系统构成。平行玻璃板放在物镜前面，它与测微分划尺之间用带状齿条的传动杆相连接。当旋转测微螺旋时，传动杆推动平行玻璃板绕其轴俯仰，测微分划尺也随之转动。测微分划尺上刻有 100 个分格，在另一块固定棱镜上刻有指标线，测微分划尺的读数以指标线为准，通过目镜右下方的测微放大镜读出。测微尺的一个分划反映视线平移 0.05mm，100 个分格恰为 5mm，5mm 以下的小数可由分划尺读出，最小读数可达 0.05mm。实际上水准尺刻划为 5mm，而注记为 1cm，测微分划尺 100 个分格相当于注记 1cm，故按注记读数后应除以 2，才得到真正的读数。

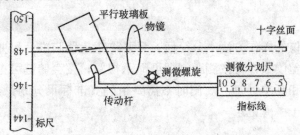

图 1.38　光学测微器

DS₁ 型精密水准仪的操作方法与普通水准仪基本相同。望远镜瞄准水准尺后，用微倾螺旋调节符合水准气泡居中（该气泡的像在望远镜中可直接看到），然后转动测微螺旋，使十字丝的楔形丝精确夹准一个整分划线，如图 1.39 所示，则从望远镜中直接读出水准尺读数为 1.48m，在测微放大镜内读得 6.55mm，全部读数为 1.486 55m。由于尺面注记为 1cm 的实际值为 0.5cm，即读数需要除以 2 才是实际读数，因此上述读数的实际读数为 1.486 55/2＝0.743 275m。

配合 DS₁ 型精密水准仪使用的是精密水准尺，如图 1.40 所示。一般精密水准尺的分划是漆在因瓦合金带上的，由于因瓦合金的膨胀率小，能保证水准尺的尺长准确而稳定所以精密水准尺也称因瓦尺。为使因瓦合金带保持尺身的平直和不受木质尺身长度伸缩的影响，在木质尺身的凹槽内将因瓦合金带的低端固定，顶端用弹簧以一定的拉力张紧。线条分划精密水准标尺的分格值有 10mm 和 5mm 两种。

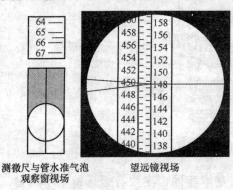

测微尺与管水准气泡　　望远镜视场
观察窗视场

图 1.39　读数原理

二、电子水准仪

电子水准仪又称数字水准仪，是在自动安平水准仪的基础上发展起来的。自 1990 年 3 月瑞士徕卡（Leica）公司推出世界上第一台电子水准仪 NA2000 以来，至今已经有多种品牌型号的电子水准仪。

电子水准仪和传统水准仪相比较，其光学系统、机械结构和补偿器结构与后者基本相同；光学系统也沿用了光学水准仪的光学系统，水准标尺为电子读数条码尺。其不同点是：传统水准仪人工读数，电子水准仪用光电传感器（即 CCD 行阵）代替人工读数；电子水准仪与其相应条码水准标尺配用；仪器内装有图像识别器，采用数字图像处理技术。同一根编码标尺上的条码宽度不同，各厂家水准仪的条码尺有各自的编码规律和图案，不能互换使用。

电子水准仪的数据采集原理：水准标尺上宽度不同的条码通过望远镜成像到像平面上的 CCD 传感器，CCD 传感器将黑白相间的条码图像转换成模拟视频信号，再经仪器内部的数字图像处理，可获得望远镜中丝在条码标尺上的读数。此数据显示在屏幕上，并能存储在仪器存储器中。

目前照准标尺和调焦仍需目视进行，人工完成照准和调焦之后，标尺条码成像在望远镜分化板上，然后通过望远镜的分光镜，标尺条码又成像在光电传感器（又称探测器）上，即线阵 CCD 器件上，供电子读数。图 1.41 所示为电子水准仪的原理图及配套使用的条码尺。

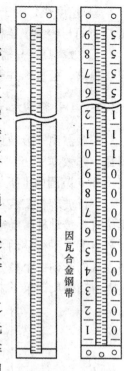

图 1.40 因瓦尺

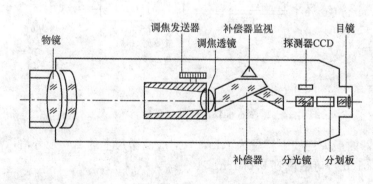

图 1.41 电子水准仪及条码尺

当前电子水准仪自动电子读数方法有三种：

1) 相关法（徕卡 NA3002/3003）。

2) 几何法（蔡司 DiNi10/20）。

3) 相位法（拓普康 DL101C/102C）。

电子水准仪与传统仪器相比有以下特点：

1) 读数客观。不存在误差、误记问题，没有人为读数误差。

2) 精度高。视线高和视距读数都是采用大量条码分划图像经处理后取平均得出来的，因此削弱了标尺分划误差的影响。多数仪器都有进行多次读数取平均的功能，可以削弱外界条件影响。不熟练的作业人员业也能进行高精度测量。

3）速度快。由于省去了报数、听记、现场计算的时间以及人为出错的重测数量，测量时间与传统仪器相比可以节省 1/3 左右。

4）效率高。只需调焦和按键就可以自动读数，减轻了劳动强度。视距还能自动记录、检核、处理，并能输入电子计算机进行后处理，可实线内外业一体化。

三、DS_1 精密水准仪测微器原理

测微器由平行玻璃板、测微尺、传动杆和测微螺旋等构件组成。平行玻璃板测微器最小读数 0.1～0.05mm，可估读到 0.01～0.005mm。转动测微螺旋，可使水平视线在 10mm 范围内上下平移。

平行玻璃板安装在物镜前，它与测微尺间用带有齿条的传动杆连接，当旋转测微螺旋时，传动杆带动平行玻璃板绕其旋转轴作俯仰倾斜。视线经过倾斜的平行玻璃板时产生上下平行移动，可以使原来并不对准尺上某一分划的视线能够精确对准某一分划，从而读到一个整分划读数（图 1.42 中的 148cm 分划），而视线在尺上的平行移动量则由测微尺记录下来，测微尺的读数通过光路成像在测微尺读数窗内。

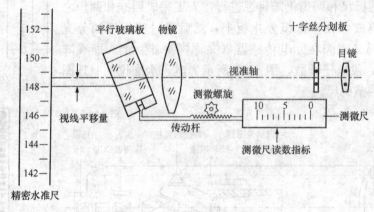

图 1.42　精密水准仪测微器原理

平行玻璃板测微器的最大视线平移量为 1cm，它对应测微尺上的 100 个分格，测微尺上 1 个分格等于 0.01cm，可估读到 0.001cm。

四、电子水准仪和条码水准尺

电子水准仪是在仪器望远镜光路中增加了分光镜和光电探测器等部件，采用条形码分划水准尺和图像处理电子系统构成的光、机、电及信息存储和处理的一体化水准测量系统。

电子水准仪能够自动记录、检核和存储测量结果，大大提高了水准测量的速度和效率。电子水准仪测量结果精度高，不存在读错、记错的问题。

电子水准仪的基本原理是：水准尺上的条形码影像进入水准仪后，水准仪将光信号转换为数字信号，并与机器内已存储的条形码信息进行比较，就可以获得水准尺上的水平视线读数和视距读数。

巩固训练：用普通水准测量测定地面点的高程

一、训练目标

能够用普通水准测量方法测定地面点的高程。

二、训练内容

1) 由一已知水准点出发，施测一闭合水准路线，测量四个待测水准点的高程。

2) 训练普通水准测量记录与计算。

3) 进行高差闭合差调整，并计算出待测水准点的高程。

三、训练条件

1) 领取 DS_3 水准仪 1 套、水准尺 1 对。

2) 训练场所有一定数量的已知水准点。

3) 各小组明确待测水准点的位置。

四、训练步骤

1) 小组共同施测一条闭合水准路线，其长度以安置 6～8 个测站为宜。明确已知水准点和待测水准点的位置。人员分工：两人扶尺，一人记录，一人观测，施测 1～2 站后轮换工作。

2) 在每一站上，观测者首先应整平仪器，然后照准后视尺，对光、调焦、消除视差。慢慢转动微倾螺旋，将管水准器的气泡严格符合后，读取中丝读数，记录员将读数记入录表中。读完后视读数，紧接着照准前视尺，将管水准器的气泡严格符合后，读取前视读数。记录员把前、后视读数记好后应立即计算本站高差。

3) 按 2) 的方法依次在待测水准点立尺，完成闭合水准线路的测量。两待测水准点距离较远时需设置转点。

4) 水准测量记录书写规范、细心，当记录者听到观测者所报读数后要回报观测者，经默许后方可记入记录表中。观测者应注意复核记录者的复诵数字。

5) 观测结束后，立即算出高差闭合差 $f_h = \sum h_i$。如果 $f_h \leqslant f_{h容}$，说明观测成果合格，进行高差闭合差调整并计算出待测水准点的高程。否则要进行重测。

思考与练习

1. 什么是高程基准面、水准点、水准原点？它们在高程测量中的作用是什么？

2. 应该怎样来说明两点的高差？

3. 分别说明微倾式水准仪和自动安平水准仪的构造特点。

4. 什么是视差？产生视差的原因是什么？怎样消除视差？

5. 在水准仪上，当水准管气泡符合时什么处于水平位置？

6. 水准路线的形式有哪几种？怎样计算它们的高程闭合差？

7. 水准点 1 和 2 之间进行了往返水准测量，施测过程和读数如图 1.43 所示，已知水准点 1 的高程为 37.614m，两水准点间的距离为 640m，容许高程闭合差按 $f_{h容} = \pm 30\sqrt{L}$ mm 计，试填写手簿，并计算水准点 2 的高程。

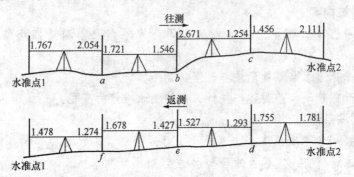

图 1.43　往返水准测量

8. 把图 1.44 所示闭合水准路线的高程闭合差进行分配，并求出各水准点的高程，容许高程闭合差按 $f_{h容} = \pm 12\sqrt{n}$ mm 计。

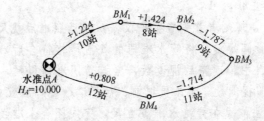

图 1.44　闭合水准路线

9. 微倾式水准仪应满足哪些几何条件？其中最重要的是哪一条件？

10. 进行水准测量时应注意哪些事项？为什么？

11. 水准测量应进行哪些项目检核？其检核方法如何？

项目 2

角 度 测 量

教学目标

1. 能正确操作经纬仪。
2. 能用经纬仪测量水平角与竖直角。
3. 能够进行经纬仪的检验、校正以及日常维护。

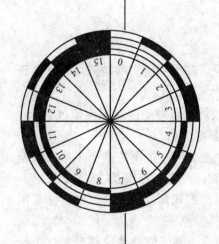

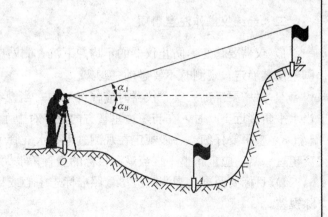

任务2.1 经纬仪的认识与使用

工作任务：学会使用经纬仪

一、任务描述

经纬仪是测量角度的仪器，工程中使用比较广泛。通过本次任务的学习，知道经纬仪的等级和有关参数，并熟悉常用的 DJ_6、DJ_2 型光学经纬仪的基本构造及读数方法，能够规范并熟练操作经纬仪。

二、工作场景

按 4～6 人一组，用 2 学时的时间，在较为平坦的技能训练场地上，按教材和教师的讲解学习光学经纬仪的基本构造、各螺旋名称和功能、读数方法等内容，学会经纬仪的安置和操作。实习结束后，每人上交实习报告一份。

三、任务目标

通过经纬仪的认识与操作，从仪器对中、整平、瞄准、读数等方面总结出现的问题，分析原因，进一步规范使用经纬仪。

实践操作

一、每组所需仪器工具

1）由仪器室借领：经纬仪 1 套，花杆 2 根。

2）自备：铅笔、草稿纸。

二、经纬仪操作注意事项

1）仪器要稳定。防止仪器的不均匀下沉，测站应选在土质坚实的地方，要踩实三脚架使其稳定，观测时不要碰动三脚架。

2）对中要准确。安置仪器时应仔细对中；当视线短时，对中误差不应超过 3mm；当水平角接近 180 时，在与短边垂直方向上，对中尤其要严格。

3）整平要仔细。一般规定在观测过程中水准管气泡偏离中央不应大于半格，若偏离超过一格，应重新整平；当观测目标的竖直角很大时，更要注意仪器的整平。

4）目标要照准。观测时应尽量照准标志中心或目标的底部；对光要仔细，注意消除视差。

5）操作要规范。用测微轮时要用同一方向进行符合；强光时要给仪器打伞，选择在天气比较稳定和光线好的天气条件下进行观测。

6）估读要准确。要记住所用仪器的度盘注记形式，精确估读尾数。

三、经纬仪的操作

经纬仪的操作包括对中、整平、瞄准和读数四步。

1. 对中

对中的目的是使经纬仪水平度盘的中心（仪器的竖轴）与测站点标志中心位于同一铅垂线上。

垂球对中的方法：将三脚架调整到合适高度，张开三脚架，安置在测站点上方，在脚架的连接螺旋上挂上垂球。如果垂球尖离标志中心太远，可固定一脚，移动另外两脚，或将三脚架整体平移，使垂球尖大致对准测站点标志中心，并注意使架头大致水平，然后将三脚架的脚尖踩入土中。将经纬仪从箱中取出，用连接螺旋将经纬仪安装在三脚架上。如果垂球尖尚未完全对准测站点，可旋松连接螺旋，在脚架顶面孔径内移动仪器，直至完全对准，再轻轻拧紧中心螺旋。但是若垂球尖偏离测站点较大，无法对中，则须将三脚架作平行移动。

2. 整平

整平的目的是使仪器竖轴处于铅垂位置，使水平度盘处于水平位置。

进行整平时先转动照准部，使水准管平行于任意一对脚螺旋的连线，如图2.1 (a) 所示，两手同时向内或向外转动这两个脚螺旋，使气泡居中，注意气泡移动方向始终与左手大拇指移动方向一致；然后将照准部转动 90°，如图2.1 (b) 所示，转动第三个脚螺旋，使水准管气泡居中。再将照准部转回原位置，检查气泡是否居中。若不居中。按上述步骤反复进行，直到水准管在任何位置气泡偏离零点均不超过一格为止。

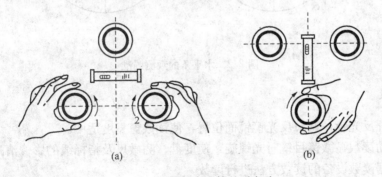

图 2.1 照准部水准管整平方法

上述对中和整平称为经纬仪的安置。但用垂球对中受外界环境影响较大，对中精度较低。目前经纬仪大多用光学对中器对中，其对中与整平结合进行，操作步骤如下：

1）将仪器安置在测站点上，使架头大致水平；三个脚螺旋调至中间位置，使光学对中器中心大致位于测站点上，踏实脚架腿。

2）粗略对中。转动光学对中器的目镜对光螺旋，使分划板的中心圈清晰，再拉出或推进对中器镜筒作物镜调焦，使测站点标志成像清晰。旋转脚螺旋，使光学对中器中心对准测站点。

3）粗略整平。伸缩两个脚架腿长度，使圆水准器气泡居中。

4）精确整平。用脚螺旋精确整平管水准器。

5）精确对中。旋松连接螺旋，在架头上平移仪器，使光学对中器中心对准测站点。

6）反复进行 4）、5）两步，直至对中、整平满足要求。

垂球对中误差一般可控制在 3mm 以内，光学对中器对中误差一般可控制在 1mm 以内。

3. 瞄准

1）松开望远镜制动螺旋和照准部制动螺旋，将望远镜朝向明亮背景，调节目镜对光螺旋，使十字丝清晰。

2）利用望远镜上的照门和准星粗略对准目标，拧紧照准部及望远镜制动螺旋；调节物镜对光螺旋，使目标影像清晰，并注意消除视差。

3）转动照准部和望远镜微动螺旋，精确瞄准目标。测量水平角时应用十字丝交点附近的竖丝瞄准目标底部，如图 2.2 所示。

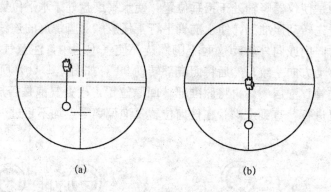

(a)　　　　　　　　　　(b)

图 2.2　水平角的观测瞄准

4. 读数

1）打开反光镜，调节反光镜镜面位置，使读数窗亮度适中。

2）转动读数显微镜目镜对光螺旋，使度盘、测微尺及指标线的影像清晰。

3）根据读数设备的读数方法进行读数。

相关知识：经纬仪的认识与使用

经纬仪是常用的测角仪器，主要用于测量水平角和竖直角。我国光学经纬仪按测角精度分为 $DJ_{0.7}$、DJ_1、DJ_2、DJ_6、DJ_{15} 和 DJ_{60} 等六个不同级别，其中"D"、"J"分别为"大地测量"和"经纬仪"的汉字拼音第一个字母，后面的数字为该仪器以"秒"为单位的一测回水平方向的观测中误差。系列中 DJ_6、DJ_2 级（简称 J_6、J_2）是常见的两种光学经纬仪。

一、DJ₆型光学经纬仪的构造

DJ₆型光学经纬仪主要由照准部、水平度盘和基座三部分组成（图2.3），现将各组成部分介绍如下。

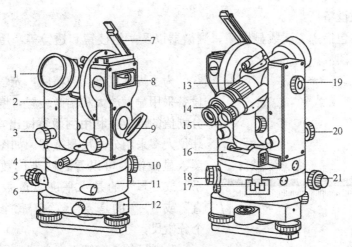

图 2.3　DJ₆型光学经纬仪

1. 物镜；2. 竖直度盘；3. 竖盘指标水准管微动螺旋；4. 圆水准器；5. 照准部微动螺旋；
6. 照准部制动扳钮；7. 水准管反光镜；8. 竖盘指标水准管；9. 度盘照明反光镜；
10. 测微轮；11. 水平度盘；12. 基座；13. 望远镜调焦筒；14. 目镜；
15. 读数显微镜目镜；16. 照准部水准管；17. 复测扳手；18. 脚螺旋；
19. 望远镜制动扳钮；20. 望远镜微动螺旋；21. 轴座固定螺旋

1. 照准部

照准部是指经纬仪水平度盘之上，能绕其旋转轴旋转部分的总称。照准部主要由竖轴、望远镜、竖直度盘、读数设备、照准部水准管和光学对中器等组成。

（1）望远镜

望远镜的构造和水准仪望远镜基本相同，主要用于瞄准目标。望远镜与竖直度盘安装在同一根旋转轴上，该旋转轴的几何中心线称为横轴。望远镜和横轴固连在一起，放在支架上，并要求望远镜视准轴垂直于横轴，当横轴水平时望远镜绕横轴旋转的视准面是一个铅垂面。为了控制望远镜的仰俯程度，在照准部外壳上还设置有一套望远镜制动和微动螺旋。在照准部外壳上设置有一套水平制动和微动螺旋，以控制水平方向的转动。当拧紧望远镜或照准部的制动螺旋后，转动微动螺旋，望远镜或照准部才能做微小的转动。另外，为了便于精确瞄准目标，经纬仪的十字丝分划板与水准仪的稍有不同，如图2.4所示。

（2）竖直度盘

竖直度盘固定在横轴的一端，当望远镜转动时竖盘也随

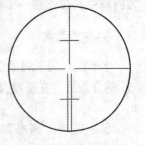

图2.4　经纬仪的
十字丝分划板

之转动，用以观测竖直角。在竖直度盘中还设有竖盘指标水准管，它由竖盘水准管的微动螺旋控制。每次读数前都必须首先使竖盘水准管气泡居中，以使竖盘指标处于正确位置。目前光学经纬仪普遍采用竖盘自动归零装置来代替竖盘指标水准管，既提高了观测速度，又提高了观测精度。

（3）读数设备

读数设备包括一个读数显微镜、测微器以及一组棱镜和透镜等，用于读取水平度盘和竖直度盘读数。

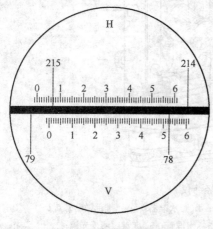

图 2.5　分微尺读数窗

为了提高度盘读数精度，光学经纬仪的读数设备采用显微放大和测微装置，度盘上小于度盘分划值的读数要利用测微器读出，DJ$_6$型光学经纬仪大多采用分微尺测微器。如图 2.5 所示，在读数显微镜内可以看到两个读数窗，注有"水平"或"H"的是水平度盘读数窗，注有"竖直"或"V"的是竖直数窗。每个读数窗上有一个分微尺。

分微尺的长度等于度盘上 1°影像的宽度，即分微尺全长代表 1°。将分微尺分成 60 小格，每 1 小格代表 1′，可估读到 0.1′，即 6″。每 10 小格注有数字，表示 10′的倍数。

读数时先调节读数显微镜目镜对光螺旋，使读数窗内度盘影像清晰，然后读出位于分微尺中的度盘分划线上的注记度数，最后以度盘分划线为指标，在分微尺上读取不足 1°的分数，并估读秒数。如图 2.5 所示，其水平度盘读数为 215°06′54″，竖直度盘读数为 78°52′24″。

（4）照准部水准管

照准部水准管用于精确整平仪器。

水准管轴垂直于仪器竖轴，当照准部水准管气泡居中时经纬仪的竖轴铅直，水平度盘处于水平位置。

（5）光学对中器

光学对中器是在架设仪器时保证水平度盘的中心与地面上待测角的顶点（通常称为测站点）位于同一铅垂线上的装置。在一些新型的测量仪器中已采用激光对点装置。

2. 水平度盘

水平度盘用于测量水平角，它是由光学玻璃制成的圆环，环上顺时针方向刻有 0°～360°的分划线，在整度分划线上标有注记，并按顺时针方向注记，其度盘分划值为 1°或 30′。

水平度盘与照准部两者之间是分离关系，当照准部转动时水平度盘并不随之转动。如果需要改变水平度盘的位置，可通过照准部上的水平度盘变换手轮来控制。

3. 基座

基座是支承仪器的底座，并通过中心连接螺旋将经纬仪固定在三脚架上。基座上有三个脚螺旋，转动脚螺旋可使照准部水准管气泡居中，从而使水平度盘水平。在基座上还有一个轴座固定螺旋，用于控制照准部和基座之间的衔接。

使用经纬仪时要特别注意：切莫随意松动基座上的固定螺丝，以免仪器脱落摔坏。

二、DJ$_2$ 型光学经纬仪

1. DJ$_2$ 型光学经纬仪的特点

如图 2.6 所示为 DJ$_2$ 型光学经纬仪的外形及各外部构件的名称。

DJ$_2$ 光学经纬仪由于精度较高，常用于一些精密工程测量，这类仪器的基本构造类似于 DJ$_6$ 级光学经纬仪。与 DJ$_6$ 型光学经纬仪相比，DJ$_2$ 型光学经纬仪主要有以下特点：

1）DJ$_2$ 型光学经纬仪采用对径分划影像符合的读数装置，即取度盘对径（直径两端）相差 180° 处的两个读数的平均值，由此可以消除照准部偏心误差的影响，从而提高读数精度。

2）DJ$_2$ 型光学经纬仪在读数显微镜中一次只能看到水平度盘或竖直度盘中的一种影像，读数时通过转动换像手轮使读数显微镜中出现需要读数的度盘影像。

3）轴系间结构稳定，望远镜的放大倍数较大，照准部水准管的灵敏度较高。

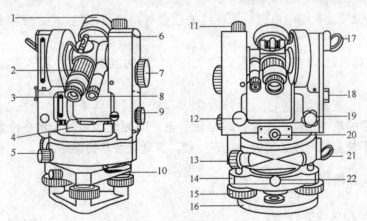

图 2.6　DJ$_2$ 型光学经纬仪

1. 物镜；2. 望远镜调焦筒；3. 目镜；4. 照准部水准管；5. 照准部制动螺旋；6. 粗瞄准器；7. 测微轮；8. 读数显微镜；9. 度盘换像旋钮；10. 水平度盘变换手轮；11. 望远镜制动螺旋；12. 望远镜微动螺旋；13. 照准部微动螺旋；14. 基座；15. 脚螺旋；16. 基座底板；17. 竖盘照明反光镜；18. 竖盘指标水准器观察镜；19. 竖盘指标水准器微动螺旋；20. 光学对中器；21. 水平度盘照明反光镜；22. 轴座固定螺旋

2. DJ₂型光学经纬仪的读数方法

DJ₂型光学经纬仪采用对径分划影像符合的读数装置，是通过一系列棱镜和透镜的作用，将度盘相对180°的分划线同时反映到读数显微镜中，并分别位于一条横线的上、下方。为使读数方便和不易出错，近几年生产的DJ₂光学经纬仪采用了半数字化的读数方法。如图2.7所示，右下方为分划线重合窗，右上方读数窗中上面的数字为整度值，中间凸出的小方框中的数字为整10′数，左侧为测微尺读数窗。

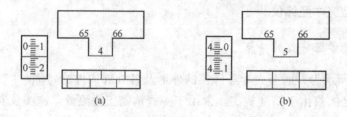

(a)　　　　　　　(b)

图2.7　DJ₂型光学经纬仪度盘读数

测微尺刻划有600小格，最小分划为1″，可估读到0.1″，全程测微范围为10′。测微尺的读数窗中左边注记数字为分，右边注记数字为整10″数，读数方法如下：

1）转动测微轮，使分划线重合窗中上、下分划线精确重合，如图2.7（b）所示。

2）在读数窗中读出度数。

3）在中间凸出的小方框中读出整10′数。

4）在测微尺读数窗中根据单指标线的位置直接读出不足10′的分数和秒数，并估读到0.1″。

5）将度数、整10′数及测微尺上读数相加，即为度盘读数。图2.7（b）中所示读数为

$$65°+5\times10'+4'03.2''=65°54'03.2''$$

需要注意的是，在读水平度盘时换像手轮上的刻线必须处于水平位置，在读竖直度盘时换像手轮上的刻线必须处于竖直位置，否则读数是错误的。

三、电子经纬仪

1. 电子经纬仪的特点

1）实现了测量的读数、记录、计算、显示自动一体化，避免了人为的影响。

2）仪器的中央处理器配有专用软件，可自动对仪器几何条件进行检校和各种归算改正。

3）储存的数据可通过I/O接口输入计算机作相应的数据处理。

电子经纬仪获取电信号形式与度盘有关。目前电子测角有三种度盘形式，即编码度盘、光栅度盘和格区式度盘。下面分述其测角原理。

2. 编码度盘

如图 2.8 所示为编码度盘，整个度盘被均匀地划分为 16 个区间，每个区间的角值相应为 $360°/16=22°30'$；以同心圆由里向外划分为 4 个环带（每个环带称为 1 条码道）。黑色为透光区，白色为不透光区，透光表示二进制代码"1"，不透光表示"0"，这样通过各区间的 4 个码道的透光和不透光，即可每区由里向外读出一组 4 位二进制数，每组数代表度盘的一个位置，从而达到对度盘区间编码的目的，参见表 2.1 所列。

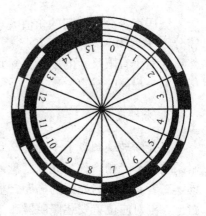

图 2.8　电子经纬仪编码度盘

表 2.1　二进制编码

区 间	二进制编码	角值 /(° ′)	区 间	二进制编码	角值 /(° ′)	区 间	二进制编码	角值 /(° ′)
0	0000	0 00	6	0110	135 00	12	1100	270 00
1	0001	22 30	7	0111	157 30	13	1101	292 30
2	0010	45 00	8	1000	180 00	14	1110	315 00
3	0011	67 30	9	1001	202 30	15	1111	337 30
4	0100	90 00	10	1010	225 00			
5	1101	112 30	11	1000	247 30			

如图 2.9 所示，为了识别照准方向落在度盘的区间的编码，在度盘上方沿径向每个码道安装一个发光二极管，组成光源系列；在度盘下方相应位置安装一组光电二极管，组成通过码道所编码的光信号转化为电信号输出的接收检测系列，从而识别了度盘区间的编码。通过对两个方向的编码识别即可求得测角值。

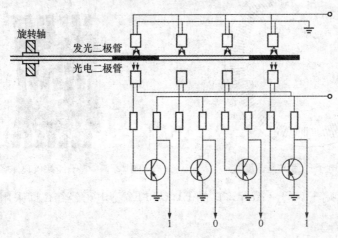

图 2.9　编码接收检测系统

编码度盘分化区间的角值大小（分辨率）取决于码道数 n，按 $360°/2^n$ 式计算。如需分辨率为 $10'$，则需要 2048 个区间，11 个码道，即 $360°/2^{11} = 360°/2048 = 10'$，显然，这对于有限尺寸的度盘是难以解决的。因此，在实际中采用码道数和细分法加测微技术来提高分辨率。

3. 光栅度盘

在光学玻璃圆盘上全圆 360° 均匀而密集地刻划出许多径向刻线，构成等间隔的明暗条纹——光栅，称为光栅度盘，如图 2.10 所示。通常光栅的刻线宽度与缝隙宽度相同，二者之和称为光栅的栅距。栅距所对应的圆心角即为栅距的分划值。如在光栅度盘上、下对应位置安装照明器和光电接收管，光栅的刻线不透光，缝隙透光，即可把光信号转换成电信号。当照明器和接收管随照准部相对于光栅度盘转动，由计数器计出转动所累计的栅距数，就可得到转动的角度值。因为光栅度盘是累计计数的，所以通常这种系统为增量式读数系统。

仪器在操作中会顺时针和逆时针转动，因此计数器在累计栅距数时也有增有减。例如，在瞄准目标时，如果转动过了目标，当反向回到目标时，计数器就会减去多转的栅距数，所以这种读数系统具有方向判别的能力，顺时针转动时就进行加法计数，而逆时针转动时就进行减法计数，最后结果为顺时针转动时相应的角值。

在 80mm 直径的度盘上刻线密度已达到 50 线/mm，如此之密，而栅距的分划值仍很大，为 $1'43''$。为了提高测角精度，还必须用电子方法对栅距进行细分，分成几十至上千等份。由于栅距太小，细分和计数都不易达到准确，在光栅测角系统中都采用了莫尔条纹技术，借以将栅距放大，再细分和计数。莫尔条纹如图 2.11 所示，是用与光栅度盘相同密度和栅距的一段光栅（称为指示光栅）与光栅度盘以微小的间距重叠起来，并使两光栅刻线互成一微小夹角 θ，这时就会出现放大的明暗交替的条纹，这些条纹就是莫尔条纹。通过莫尔条纹即可使栅距 d 放大至 D。

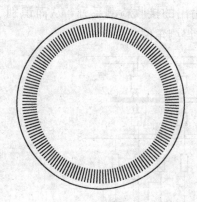

图 2.10　电子经纬仪光栅度盘

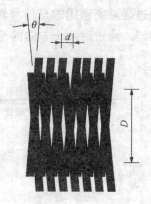

图 2.11　电子经纬仪莫尔条纹度盘

日本索佳、瑞士克恩（Kern）厂的 E1 型和 E2 型电子经纬仪即采用光栅度盘。

4. 格区式度盘

格区式度盘如图 2.12 所示，度盘刻有 1024 个分划，每个分划间隔包括一条刻线和一个空隙（刻线不透光，空隙透光），其分划值为 φ_0。测角时度盘以一定的速度旋转，因此称为动态测角。度盘上装有两个指示光栏，L_S 为固定光栏，L_R 可随照准部转动，为可动光栏。两光栏分别安装在度盘的内外缘。测角时可动光栏 L_R 随照准部旋转，L_S 与 L_R 之间构成角度 φ。度盘在马达带动下以一定的速度旋转，其分划被光栏 L_S 和 L_R 扫描而计取两个光栏之间的分划数，从而求得角度值。

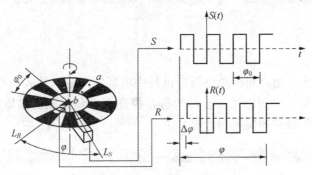

图 2.12　电子经纬仪格区式度盘

由图 2.12 可知，$\varphi = n\varphi_0 + \Delta\varphi$，即 φ 角等于 n 个整周期 φ_0 与不足整周期的 $\Delta\varphi$ 之和。n 与 $\Delta\varphi$ 分别由粗测和精测求得。

（1）粗测

在度盘同一径向的外边缘上设有两个标记 a 和 b，度盘旋转时从标记 a 通过 L_S 时起计数器开始计取整间隔 φ_0 的个数，当另一标记 b 通过 L_R 时计数器停止计数，此时计数器所得到的数值即为 φ_0 的个数 n。

（2）精测

度盘转动时，通过光栏 L_S 和 L_R 处于同一位置，或间隔的角度是分划间隔 φ_0 的整倍数，则 S 和 R 同相，即二者相位差为零；如果 L_R 相对于 L_S 移动的间隔不是 φ_0 的整倍数，则分划通过 L_R 和分划通过 L_S 之间就存在着时间差 ΔT，亦即 S 和 R 之间存在相位差 $\Delta\varphi$。

$\Delta\varphi$ 与一个整周期 φ_0 的比显然等于 ΔT 与周期 T_0 之比，即

$$\Delta\varphi = \frac{\Delta T}{T_0}\varphi_0$$

式中，ΔT——任意分划通过 L_S 之后紧接着另一分划通过 L_R 所需要的时间。

粗测和精测数据经微处理器处理后组合成完整的角值。

瑞士徕卡公司生产的 WILD T2000 型电子经纬仪采用的就是这种动态测角方法。

任务 2.2　测量水平角

▰▰▰ 工作任务：测量水平角 ▰▰▰

一、任务描述

水平角是确定地面点的三要素之一，因此测量水平角是一项非常重要的工作。通

过本次任务的学习，要求能够用测回法观测水平角，并能正确记录、计算。

二、工作场景

按 4～6 人一组，用 2 学时的时间，用测回法完成水平角测量。学会测回法的测量方法、记录、计算和校核方法。测量结束后每人上交测量成果一份，每人上交实习报告一份。

三、任务目标

用测回法观测水平角，每组总结测量过程中出现的问题，从人员配合、仪器操作、观测读数、记录计算等方面作进一步的改进，提高水平角观测的精度。通过本次任务的训练，学会水平角观测的实施与计算。

■■ 实践操作 ■

一、每组所需仪器工具

1）由仪器室借领：经纬仪 1 套，花杆 2 根。
2）自备：记录表、铅笔、草稿纸。

二、用测回法观测水平角

如图 2.13 所示，A、B 为观测目标，下面用测回法观测 OA 与 OB 两方向之间的水平角 β，具体施测步骤如下：

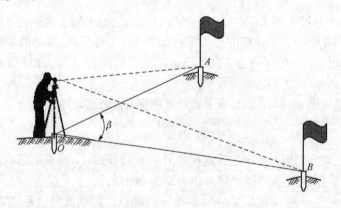

图 2.13 水平角测量

1）将仪器安置在 O 点，对中、整平。

2）盘左位置：松开水平制动螺旋和望远镜制动螺旋，用望远镜上的准星、照门或粗瞄器瞄准左目标 A，旋紧两制动螺旋，进行目镜和物镜对光，使十字丝和目标成像清晰，消除视差，再用水平微动螺旋和望远镜微动螺旋精确瞄准目标的下部，读取水平度盘读数 a_1（$0°01'12''$），记入记录手簿（表 2.2）。松开水平制动螺旋，转动照准部，以同样的方法瞄准右目标 B，读取水平度盘读数 b_1（$57°18'48''$），记入手簿。

表 2.2　测回法观测水平角手簿

测站	盘位	目标	水平度盘读数 /(° ′ ″)	半测回角值 /(° ′ ″)	一测回角值 /(° ′ ″)	备注
O	左	A	0 01 12	57 17 36	57 17 42	
		B	57 18 48			
	右	A	180 01 06	57 17 48		
		B	237 18 54			

上半测回所测角值为

$$\beta_1 = b_1 - a_1 = 57°18'48'' - 0°01'12'' = 57°17'36''$$

3）盘右位置：松开照准部制动螺旋，倒镜成盘右位置，先瞄准右目标 B，读取水平度盘读数 b_2（237°18′54″），记入记录手簿。松开照准部制动螺旋，逆时针转动照准部，瞄准左目标 A，读取水平度盘读数 a_2（180°01′06″），记入手簿。

下半测回所测角值为

$$\beta_2 = b_2 - a_2 = 237°18'54'' - 180°01'06'' = 57°17'48''$$

上半测回和下半测回构成一测回。

4）对于 DJ_6 型光学经纬仪，如果上、下两半测回角值之差不大于 $±40''$，则认为观测合格，此时取上、下两半测回角值的平均值作为一测回角值 β。

在本例中，上、下两半测回角值之差为

$$\Delta\beta = \beta_1 - \beta_2 = 57°17'36'' - 57°17'48'' = -12''$$

一测回角值为

$$\beta = \frac{1}{2}(\beta_1 + \beta_2) = 57°17'42''$$

注意：由于光学经纬仪水平度盘是顺时针刻划和注记的，在计算水平角时总是用右目标的读数减去左目标的读数，如果不够减，则应在右目标的读数上加 360°，再减去左目标的读数，不能倒过来减。

当测角精度要求较高时，需对一个角度观测多个测回，应根据测回数 n，以 $180°/n$ 的差值配置水平度盘读数。例如，当测回数 $n=2$ 时，第一测回的起始方向读数配置为略大于 0°处；第二测回的起始方向读数配置为略大于（180°/2）＝90°处。各测回角值互差如果不超过 $±40''$（对于 DJ_6 型），取各测回角值的平均值作为最后角值。

三、用全圆测回法观测水平角

当观测方向为三个或三个以上时，采用方向观测法（又称全圆测回法）。如图 2.14 所示，O 为测站点，A、B、C、D 为观测目标，用方向观测法观测各方向间的水平角，其观测、记录、计算方法如下：

1）在测站点 O 安置经纬仪，在 A、B、C、D 观测目标处竖立观测标志。

2）盘左位置：选择方向中一个明显目标如 A 作为起始方向（或称零方向），精确瞄准 A，将水平度盘配置为略大于 0°，读取读数记入表 2.3 第 4 栏。

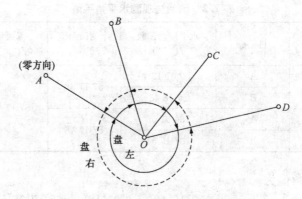

图 2.14 水平角测量（方向观测法）

松开照准部制动螺旋，顺时针方向旋转照准部，依次瞄准 B、C、D 各目标，分别读取水平度盘读数，记入表 2.3 第 4 栏。为了检核水平度盘在观测过程中是否发生变动，应再次瞄准零方向 A，称为上半测回归零，读取水平度盘读数，记入表 2.3 第 4 栏。

零方向 A 的两次读数之差的绝对值称为半测回归零差，归零差不应超过表 2.4 中的规定，如果归零差超限，应重新观测。以上称为上半测回。

3）盘右位置：按逆时针方向依次照准目标 A、D、C、B、A，并将水平度盘读数由下向上记入表 2.3 第 5 栏，此为下半测回。

上、下两个半测回合称一测回。为了提高精度，有时需要观测 n 个测回，各测回起始方向仍按 $180°/n$ 的差值安置水平度盘读数。

表 2.3 方向观测法观测手簿

测站	测回数	目标	水平度盘读数 盘左 / (° ′ ″)	水平度盘读数 盘右 / (° ′ ″)	$2c$ / (″)	平均读数 / (° ′ ″)	归零后方向值 / (° ′ ″)	各测回归零后方向平均值 / (° ′ ″)	角值 / (° ′ ″)
1	2	3	4	5	6	7	8	9	10
O	1	A	0 02 12	180 02 00	+12	(0 02 10) 0 02 06	0 00 00	0 00 00	
		B	37 44 15	217 44 05	+10	37 44 10	37 42 00	37 42 01	37 42 01
		C	110 29 04	290 28 52	+12	110 28 58	110 26 48	110 26 52	72 44 51
		D	150 14 51	330 14 43	+8	150 14 47	150 12 37	150 12 33	38 45 41
		A	0 02 18	180 02 08	+10	0 02 13			
	2	A	90 03 30	270 03 22	+8	(90 03 24) 90 03 26	0 00 00		
		B	127 45 34	307 45 28	+6	127 45 31	37 42 07		
		C	200 30 24	20 30 18	+6	200 30 21	110 26 57		
		D	240 15 57	60 15 49	+8	240 15 53	150 12 29		
		A	90 03 25	270 03 18	+7	90 03 22			

4）计算方法。

① 计算两倍视准轴误差 $2c$ 值

$$2c = 盘左读数 -（盘右读数 \pm 180°）$$

上式中，盘右读数大于 $180°$ 时取"一"号，盘右读数小于 $180°$ 时取"＋"号。计算各方向的 $2c$ 值填入表 2.3 第 6 栏。一测回内各方向 $2c$ 值互差不应超过表 2.4 中的规定，如果超限，应在原度盘位置重测。

② 计算各方向的平均读数。平均读数为各方向的平均方向值。

$$平均读数 = \frac{1}{2}[盘左读数 +（盘右读数 \pm 180°）]$$

计算时，以盘左读数为准，将盘右读数加或减 $180°$ 后和盘左读数取平均值。计算各方向的平均读数，填入表 2.3 第 7 栏。起始方向有两个平均读数，故应再取其平均值，填入表 2.3 第 7 栏括号内。

③ 计算归零后的方向值。将各方向的平均读数减去起始方向的平均读数（括号内数值）即得各方向的"归零后方向值"，填入表 2.3 第 8 栏。起始方向归零后的方向值为零。

④ 计算各测回归零后方向值的平均值。多测回观测时，同一方向值各测回互差符合表 2.4 中的规定，则取各测回归零后方向值的平均值作为该方向的最后结果，填入表 2.3 第 9 栏。

⑤ 计算各目标间水平角角值。将第 9 栏相邻两方向值相减即可求得，注于第 10 栏的相应位置上。

当需要观测的方向为三个时，除不做归零观测外，其他均与三个以上方向的观测方法相同。

相关知识：水平角测量原理及方向观测法的技术要求

一、水平角测量原理

地面上两条直线之间的夹角在水平面上的投影称为水平角。水平角一般用 β 表示，角值范围为 $0°\sim 360°$。

如图 2.15 所示，A、O、B 是地面上任意三个点，OA 和 OB 两条方向线所夹的水平角即为 OA 和 OB 垂直投影在水平面 P 上的投影 O_1A_1 和 O_1B_1 所构成的夹角 β。

在 O 点的上方任意高度处水平安置一个带有刻度的圆盘，并使圆盘中心在过 O 点的铅垂线上；通过 OA 和 OB 各作一铅垂面，设这两个铅垂面在刻度盘上截取的读数分别为 a 和 b，则水平角 β 的角值为

$$\beta = a - b \qquad (2.1)$$

用于测量水平角的仪器必须具备一个能置于水平位置水平度盘，且水平度盘的中心位于水平角顶点的

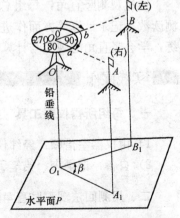

图 2.15　水平角测量原理

铅垂线上。仪器上的望远镜不仅可以在水平面内转动，而且还能在竖直面内转动瞄准高低不同的目标，经纬仪就是根据上述基本要求设计制造的测角仪器。

二、方向观测法的技术要求

方向观测法的技术要求见表 2.4。

表 2.4　方向观测法的技术要求

经纬仪型号	半测回归零差	一测回内 2c 互差	同一方向值各测回互差
DJ$_2$	12″	18″	12″
DJ$_6$	18″		24″

任务 2.3　竖直角测量

工作任务：竖直角测量

一、任务描述

竖直角是用来计算两点高差和平距的参数。通过本次任务的学习，能够熟练地观测竖直角，并能正确计算。

二、工作场景

按 4~6 人一组，分工协作，用 2 学时的时间完成竖直角测量。学会测回法测量竖直角的方法及记录、计算和校核方法。测量结束后每人上交测量成果一份，每人上交实习报告一份。

三、任务目标

通过观测竖直角，每组总结观测过程中出现的问题，从人员配合、仪器操作、观测读数、记录计算等方面作进一步的改进，提高竖直角观测的精度；通过本任务的训练，学会竖直角的观测与计算。

实践操作

一、每组所需仪器工具

1）由仪器室借领：经纬仪 1 套。
2）自备：记录表、铅笔、草稿纸。

二、用测回法观测竖直角的测法、记录和计算步骤

1）在测站点 O 安置经纬仪，在目标点 A 竖立观测标志，确定该仪器竖直角计算公

式，为方便应用，可将公式记录于竖直角观测手簿表 2.5 备注栏中。

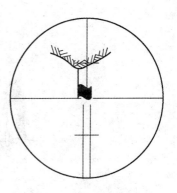

2）盘左位置：瞄准目标 A，使十字丝横丝精确地切于目标顶端，如图 2.16 所示。转动竖盘指标水准管微动螺旋，使水准管气泡严格居中，然后读取竖盘读数 L，设为 $95°22'00''$，记入竖直角观测手簿表 2.5 相应栏内。

3）盘右位置：瞄准目标 A，使十字丝横丝精确地切于目标顶端，转动竖盘指标水准管微动螺旋，使水准管气泡严格居中，然后读取竖盘读数 R，设为 $264°36'48''$，记入表 2.5 相应栏内。

图 2.16 竖直角测量瞄准

表 2.5 竖直角观测手簿

测站	目标	盘位	竖盘读数 /(° ′ ″)	半测回垂直角 /(° ′ ″)	指标差 /(″)	一测回垂直角 /(° ′ ″)	备注
O	A	左	95 22 00	−5 22 00	−36	−5 22 36	
		右	264 36 48	−5 23 12			

4）根据竖直角计算公式计算，得

$$\alpha_L = 90° - L = 90° - 95°22'00'' = -5°22'00''$$

$$\alpha_R = R - 270° = 264°36'48'' - 270° = -5°23'12''$$

则一测回竖直角为

$$\alpha = \frac{1}{2}(\alpha_L + \alpha_R) = \frac{1}{2} \times (-5°22'00'' - 5°23'12'') = -5°22'36''$$

竖盘指标差为

$$x = \frac{L + R - 360}{2} = \frac{95°22'00'' + 264°36'48'' - 360}{2} = -36''$$

将计算结果分别填入表 2.4 相应栏内。

相关知识：竖直角测量原理、计算公式及竖盘指标差

一、竖直角测量原理

在同一竖直面内目标视线方向与水平线之间的夹角称为竖直角，用 α 表示，其角值范围为 $0° \sim \pm 90°$。如图 2.17 所示，当视线方向位于水平线的上方，竖直角为正值，称为仰角；反之，视线方向位于水平线的下方，竖直角为负值，称为俯角。如图 2.17 所示，α_A、α_B 分别为 OA 方向和 OB 方向的竖直角，α_A 为正值、是仰角，α_B 为负值、是俯角。

如图 2.17 所示，望远镜瞄准目标的视线与水平线分别在竖直度盘上有对应读数，两读数之差即为竖直角的角值。竖直角的两方向中的一个方向是水平方向，无论对哪一种经纬仪来说，视线水平时的竖盘读数都应为 $90°$ 的倍数，所以测量竖直角时，只要瞄准目标读出竖盘读数即可计算出竖直角。

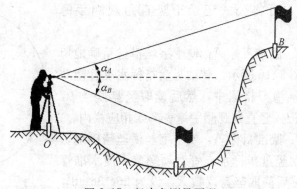

图 2.17　竖直角测量原理

二、竖直度盘构造

光学经纬仪竖直度盘包括竖盘、竖盘指标、竖盘指标水准管和竖盘指标水准管微动螺旋。如图 2.18 所示，竖盘固定在望远镜横轴的一端，其面与横轴垂直。望远镜横轴旋转时竖盘亦随之旋转，而竖盘指标不动。竖盘指标为分微尺的零分划线，它与竖盘指标水准管固连在一起，当旋转竖盘指标水准管微动螺旋使指标水准管气泡居中时，竖盘指标即处于正确位置。有些经纬仪采用了竖盘指标自动归零装置，打开自动补偿器，竖盘指标即居于正确位置，提高了垂直角观测的速度和精度。

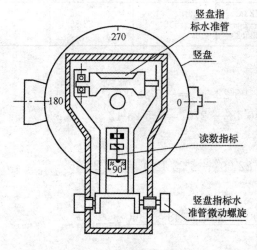

图 2.18　竖直度盘的构造

竖盘的注记形式有顺时针与逆时针两种。当望远镜视线水平，竖盘指标水准管气泡居中时，盘左竖盘读数应为 90°，盘右竖盘读数则为 270°。

光学经纬仪的竖直度盘也是一个玻璃圆环，分划与水平度盘相似，度盘刻度 0°～360° 的注记有顺时针方向和逆时针方向两种，如图 2.19 (a) 所示为顺时针方向注记，图 2.19 (b) 所示为逆时针方向注记。

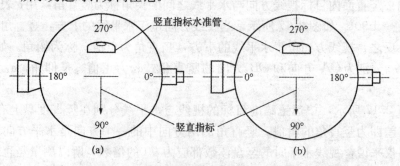

图 2.19　竖直度盘刻度注记（盘左位置）

竖直度盘构造的特点是：当望远镜视线水平，竖盘指标水准管气泡居中时，盘左位置的竖盘读数为 90°，盘右位置的竖盘读数为 270°。

三、竖直角计算公式

由于竖盘注记形式不同，竖直角计算的公式也不一样。现在以顺时针注记的竖盘为例，推导竖直角计算的公式。

如图 2.20 所示，盘左位置：视线水平时竖盘读数为 90°，当瞄准一目标时竖盘读数为 L，则盘左竖直角 α_L 为

$$\alpha_L = 90° - L \tag{2.2}$$

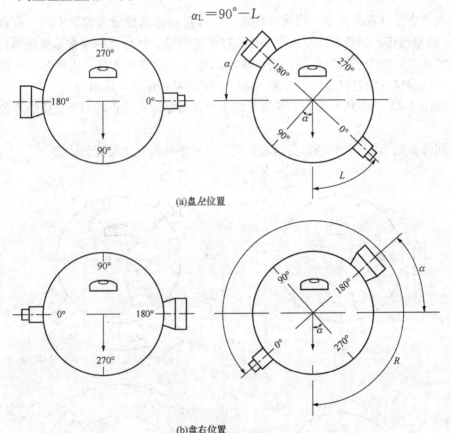

(a)盘左位置

(b)盘右位置

图 2.20 竖盘读数与竖直角计算

如图 2.20 所示，盘右位置：视线水平时竖盘读数为 270°，当瞄准原目标时竖盘读数为 R，则盘右竖直角 α_R 为

$$\alpha_R = R - 270° \tag{2.3}$$

将盘左、盘右位置的两个竖直角取平均值，即得竖直角 α 的计算公式为

$$\alpha = \frac{1}{2}(\alpha_L + \alpha_R) \tag{2.4}$$

对于逆时针注记的竖盘，用类似的方法推得竖直角的计算公式为

$$\left.\begin{array}{l} \alpha_L = L - 90° \\ \alpha_R = 270° - R \end{array}\right\} \tag{2.5}$$

在观测竖直角之前，盘左将望远镜大致放置水平，观察竖盘读数，首先确定视线水平时的读数，然后上仰望远镜，观测竖盘读数是增加还是减少。

若读数增加，则竖直角的计算公式为

$$\alpha = 瞄准目标时竖盘读数 - 视线水平时竖盘读数 \tag{2.6}$$

若读数减少，则竖直角的计算公式为

$$\alpha = 视线水平时竖盘读数 - 瞄准目标时竖盘读数 \tag{2.7}$$

四、竖盘指标差

在竖直角计算公式中，当视准轴水平、竖盘指标水准管气泡居中时，竖盘读数应是90°的整数倍。但是实际上这个条件往往不能满足，竖盘指标常常偏离正确位置，这个偏离的差值称为竖盘指标差，用 x 表示。竖盘指标差 x 本身有正负号，一般规定当竖盘指标偏移方向与竖盘注记方向一致时 x 取正号，反之 x 取负号。

如图2.21（a）所示为盘左位置，由于存在指标差，其正确的竖直角计算公式为

$$\alpha = 90° - L + x = \alpha_L + x \tag{2.8}$$

同样如图2.21（b）所示为盘右位置，其正确的竖直角计算公式为

$$\alpha = R - 270° - x = \alpha_R - x \tag{2.9}$$

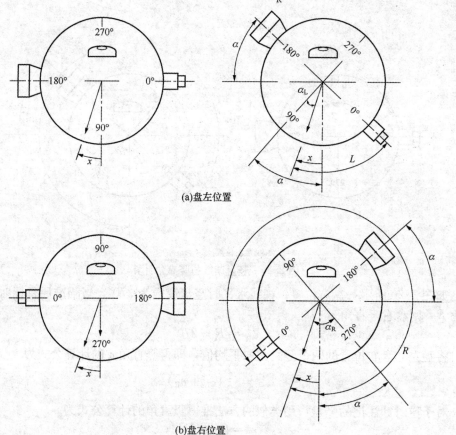

(a)盘左位置

(b)盘右位置

图2.21 竖盘度盘指标差

将式（2.8）和式（2.9）相加并除以2，得

$$\alpha = \frac{1}{2}(\alpha_L + \alpha_R) = \frac{1}{2}(R - L - 180°) \tag{2.10}$$

由此可见，在测量竖直角时，用盘左、盘右观测，取平均值作为竖直角的观测结果，可以消除竖盘指标差的影响。

将式（2.8）和式（2.9）相减并除以2，得

$$x = \frac{1}{2}(\alpha_R - \alpha_L) = \frac{1}{2}(L + R - 360°) \tag{2.11}$$

式（2.11）为竖盘指标差的计算公式。指标差互差（即所求指标差之间的差值）可以反映观测成果的精度。规范规定，竖直角观测时指标差互差的限差，DJ_2 型仪器不得超过 $\pm 15''$，DJ_6 型仪器不得超过 $\pm 25''$。

任务 2.4　经纬仪的检验与校正

■ 工作任务：经纬仪的检验与校正

一、任务描述

经纬仪的检验与校正是检查经纬仪各轴线的几何关系是否满足要求，以保证测量数据的正确性。通过本次任务的学习，能够进行经纬仪的日常维护和主要项目的检验与校正，使经纬仪各轴线满足几何关系的要求。

二、工作场景

按 4~6 人一组，分工协作，通过实践操作学习经纬仪的检验与校正方法。任务结束后，每人上交实习报告一份。

三、任务目标

通过经纬仪的检验与校正训练，认识经纬仪主要轴线的几何的关系，学会经纬仪主要检验项目的检验与校正方法。

■ 实践操作

一、每组所需仪器工具

1）由仪器室借领：DJ_6 级经纬仪 1 套、花杆 2 根、校正针 1 根。

2）自备：计算器、铅笔、小刀、草稿纸。

经纬仪检验与校正注意事项与前述水准仪检验与校正相同。其检验与校正的项目如下。

二、照准部水准管轴的检验与校正

1. 目的

当照准部水准管气泡居中时，应使水平度盘水平，竖轴铅垂。

2. 检验方法

架设仪器并将其大致整平，转动照准部，使水准管平行于任意两个脚螺旋的连线，旋转这两个脚螺旋，使水准管气泡居中，此时水准管轴水平。再将照准部旋转180°，如水准管气泡仍居中，表明水准管轴与竖轴垂直；若水准管气泡偏离中心，则表明水准管轴与竖轴不垂直，需要校正。

3. 校正方法

首先转动上述两个脚螺旋，使气泡向中央移动到偏离值的一半，此时竖轴处于铅垂位置，而水准管轴倾斜。用校正拨针拨动水准管一端的校正螺丝，使气泡居中，此时水准管轴水平，竖轴铅垂，即水准管轴垂直于仪器的竖轴的条件满足。

校正后应再次将照准部旋转180°，若气泡仍不居中，应按上法再进行校正。如此反复，直至照准部在任意位置时气泡均居中为止。

三、十字丝竖丝的检验与校正

1. 目的

使十字丝竖丝垂直横轴。当横轴居于水平位置时，竖丝处于铅垂位置。

2. 检验方法

首先整平仪器，用十字丝交点精确瞄准一固定的、明显的点状目标，如图2.16所示，然后制动照准部和望远镜，转动望远镜微动螺旋，使望远镜绕横轴上下微动，如果目标点始终沿竖丝上移动，如图2.22（a）所示，则条件满足，不用校正；否则，如图2.22（b）所示，目标点偏离十字丝竖丝移动，说明十字丝竖丝不垂直于横轴，需要校正。

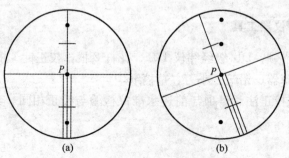

图2.22　十字丝检验

3. 校正方法

如图 2.23 所示，校正时先打开望远镜目镜端护盖，松开十字丝环的四个固定螺钉，按竖丝偏离的反方向微微转动十字丝环，使目标点在望远镜上下俯仰时始终在十字丝纵丝上移动，最后拧紧固定螺钉，旋上护盖。

四、视准轴 CC 垂直于横轴 HH 的检验与校正

1. 目的

使望远镜的视准轴垂直于横轴。视准轴不垂直于水平轴时所偏离的角值 c 称为视准轴误差，也称为 $2c$ 误差，它是由十字丝交点的位置不正确而产生的。

2. 检验方法

视准轴误差的检验方法有盘左盘右读数法和四分之一法两种，下面具体介绍四分之一法的检验方法。

1）在平坦地面上选择相距约 100m 的 A、B 两点，在 AB 连线中点 O 处安置经纬仪，如图 2.24 所示，并在 A 点设置一瞄准标志。在 B 点横放一根刻有毫米分划的直尺，使直尺垂直于视线 OB。A 点的标志、B 点横放的直尺应与仪器大致同高。

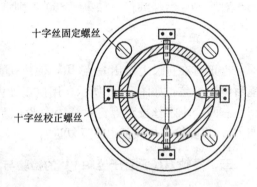

图 2.23　十字丝的校正

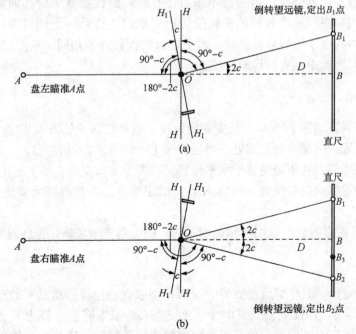

图 2.24　视准轴误差的检验与校正

2）用盘左位置瞄准 A 点，制动照准部，然后纵转望远镜，在 B 点尺上读得 B_1，如图 2.24（a）所示。

3）用盘右位置再瞄准 A 点，制动照准部，然后纵转望远镜，再在 B 点尺上读得 B_2，如图 2.24（b）所示。

如果 B_1 与 B_2 两读数相同，说明视准轴垂直于横轴；如果 B_1 与 B_2 两读数不相同，由图 2.24（b）可知，$\angle B_1 O B_2 = 4c$，由此算得

$$c = \frac{B_1 B_2}{4D} \rho \tag{2.12}$$

式中，D——O 到 B 点的水平距离（m）；

$B_1 B_2$——B_1 与 B_2 的读数差值（m）；

ρ——一弧度秒值，$\rho = 206\ 265$（″）。

对于 DJ_6 型经纬仪，如果 $c > 60''$，则需要校正。

3. 校正方法

校正时在直尺上定出一点 B_3，使 $B_2 B_3 = B_1 B_2 / 4$，OB_3 便与横轴垂直。打开望远镜目镜端护盖，如图 2.23 所示，用校正针先松十字丝上、下的十字丝校正螺钉，再拨动左右两个十字丝校正螺钉，一松一紧，左右移动十字丝分划板，直至十字丝交点对准 B_3。此项检验与校正也需反复进行。

五、横轴 HH 垂直于竖轴 VV 的检验与校正

1. 目的

使横轴垂直与仪器竖轴。若横轴不垂直于竖轴，则仪器整平后竖轴虽已竖直，横轴并不水平，因而视准轴绕倾斜的横轴旋转所形成的轨迹是一个倾斜面，这样，当瞄准同一铅垂面内高度不同的目标点时，水平度盘的读数并不相同，从而产生测角误差，影响测角精度，因此必须进行检验与校正。

2. 检验方法

1）在距一垂直墙面 20～30m 处安置经纬仪，整平仪器，如图 2.25 所示。

2）盘左位置，瞄准墙面上高处一明显目标 P，仰角宜在 30°左右。

3）固定照准部，将望远镜置于水平位置，根据十字丝交点在墙上定出一点 A。

4）倒转望远镜成盘右位置，瞄准 P 点，固定照准部，再将望远镜置于水平位置，定出点 B。

如果 A、B 两点重合，说明横轴是水平的，横轴垂直于竖轴，否则需要校正。

3. 校正方法

1）在墙上定出 A、B 两点连线的中点 M，仍以盘右位置转动水平微动螺旋，照准 M 点，转动望远镜，仰视 P 点，这时十字丝交点必然偏离 P 点，设为 P' 点。

2）打开仪器支架的护盖，松开望远镜横轴的校正螺钉，转动偏心轴承，升高或降

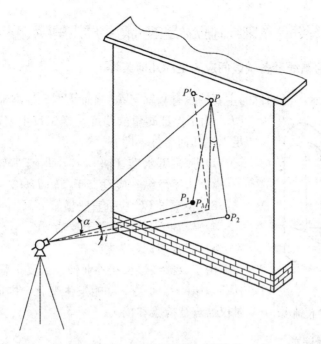

图 2.25　横轴的检验与校正

低横轴的一端，使十字丝交点准确照准 P 点，最后拧紧校正螺钉。

此项检验与校正也需反复进行。

由于光学经纬仪密封性好，仪器出厂时又经过严格检验，一般情况下横轴不易变动，但测量前仍应加以检验，如有问题最好送专业修理单位检修。现代高质量的经纬仪设计制造时保证了横轴与竖轴垂直，故无须校正。

六、竖盘水准管的检验与校正

1. 目的

使竖直指标差 x 为零，指标处于正确的位置。

2. 检验方法

安置经纬仪，仪器整平后用盘左、盘右观测同一目标点 A，分别使竖盘指标水准管气泡居中，读取竖盘读数 L 和 R，用式（2.11）计算竖盘指标差 x，若 x 值超过 $1'$，则需要校正。

3. 校正方法

先计算出盘右位置时竖盘的正确读数 $R_0 = R - x$，原盘右位置瞄准目标 A 不动，然后转动竖盘指标水准管微动螺旋，使竖盘读数为 R_0，此时竖盘指标水准管气泡不再居中，用校正针拨动竖盘指标水准管一端的校正螺钉，使气泡居中。

此项检校需反复进行，直到指标差小于规定的限度为止。

相关知识:经纬仪各轴线间应满足的几何条件及角度测量误差

一、经纬仪的轴线及各轴线间应满足的几何条件

如图 2.26 所示,经纬仪的主要轴线有竖轴 VV、横轴 HH、视准轴 CC 和水准管轴 LL。为了保证测角的精度,经纬仪主要部件及轴系应满足下述几何条件,即

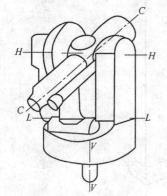

图 2.26 经纬仪轴线

1）照准部水准管轴 LL 应垂直于竖轴 VV。

2）十字丝纵丝应垂直于横轴 HH。

3）视准轴 CC 应垂直于横轴 HH。

4）横轴 HH 应垂直于竖轴 VV。

5）竖盘指标差为零。

由于仪器经过长期外业使用或受运输及外界影响等,其各轴线的几何关系可能发生变化,因此在使用前必须对仪器进行检验和校正。

二、角度测量误差

1. 仪器误差

仪器误差是指仪器不能满足设计理论要求而产生的误差,主要来源有两个方面:

其一,仪器制造、加工不完善所引起的误差,如照准部偏心差和度盘刻划误差属于仪器制造误差。照准部偏心差是指照准部旋转中心与水平度盘中心不重合,导致指标在刻度盘上读数时产生误差。度盘刻划误差是指度盘分划不均匀所造成的误差。

其二,仪器检校不完善的残余误差。经纬仪各部件（轴线）之间如果不满足应有的几何条件,就会产生仪器误差,即使经过校正,也难免存在残余误差,例如视准轴不垂直于横轴、横轴不垂直于竖轴的残余误差对水平角观测的影响,以及竖盘指标差的残余误差对竖直角观测的影响等。

消除或减弱上述误差的具体方法如下:

1）采用盘左、盘右观测取平均值的方法,可以消除视准轴不垂直于水平轴、水平轴不垂直于竖轴和水平度盘偏心差的影响。

2）采用在各测回间变换度盘位置观测、取各测回平均值的方法可以减弱水平度盘刻划不均匀给测角带来的影响。

3）仪器竖轴倾斜引起的水平角测量误差无法采用一定的观测方法来消除,因此在经纬仪使用之前应严格检校,确保水准管轴垂直于竖轴;同时,在观测过程中应特别注意仪器的严格整平。

2. 观测误差

观测误差是指观测者在观测操作过程中产生的误差,例如对中误差、整平误差、目标偏心误差、照准误差和读数误差。

（1）对中误差

在安置仪器时由于对中不准确，仪器中心与测站点不在同一铅垂线上，称为对中误差。

对中误差引起的角度误差不能通过观测方法消除，所以观测水平角时应仔细对中，当边长较短或两目标与仪器接近在一条直线上时要特别注意仪器的对中，避免引起较大的误差。一般规定对中误差不超过 3mm。

（2）整平误差

整平误差是指安置仪器时竖轴不竖直的误差。倾角越大，整平误差的影响也越大。一般规定在观测过程中水准管偏离零点不得超过一格。

（3）目标偏心误差

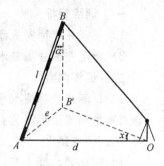

水平角观测时常用测钎、测杆或觇牌等立于目标点上作为观测标志，当观测标志倾斜或没有立在目标点的中心时将产生目标偏心误差。如图 2.27 所示，O 为测站，A 为地面目标点，AB 为测杆，测杆长度为 l，倾斜角度为 α，则目标偏心距 e 为

图 2.27　标杆倾斜误差

$$e = l\sin\alpha \tag{2.13}$$

目标偏心对观测方向影响为

$$x = \frac{e}{d} = \frac{l\sin\alpha}{d} \tag{2.14}$$

目标偏心误差对水平角观测的影响与偏心距 e 成正比，与距离成反比。为了减小目标偏心差，瞄准测杆时测杆应立直，并尽可能瞄准测杆的底部。当目标较近，又不能瞄准目标的底部时，可采用悬吊垂线或选用专用觇牌作为目标。

（4）照准误差

影响照准精度的因素很多，如人眼的分辨角、望远镜的放大率、十字丝的粗细、目标的形状及大小、目标影像的亮度、清晰度以及稳定性和大气条件等，所以尽管观测者已经尽力照准目标，但仍不可避免地存在不同程度的照准误差。此项误差无法消除，只能选择适宜的照准目标，在其形状、大小、颜色和亮度的选择上多下功夫，改进照准方法，仔细完成照准操作，这样方可减少此项误差的影响。

（5）读数误差

读数误差主要取决于仪器的读数设备，同时也与照明情况和观测者的经验有关。对于 DJ$_6$ 型光学经纬仪，用分微尺测微器读数，一般估读误差不超过分微尺最小分划的 1/10，即不超过 ±6″，对于 DJ$_2$ 型光学经纬仪一般不超过 ±1″。如果反光镜进光情况不佳，读数显微镜调焦不好，以及观测者的操作不熟练，则估读的误差可能会超过上述数值。因此，读数时必须仔细调节读数显微镜，使度盘与测微尺影像清晰，也要仔细调整反光镜，使影像亮度适中，然后再仔细读数。使用测微轮时，一定要使度盘分划线位于双指标线正中央。

3. 外界条件的影响

外界条件的影响很多，如大风、松软的土质会影响仪器的稳定，地面的辐射热会引起物像的跳动，观测时大气透明度和光线的不足会影响瞄准精度，温度变化影响仪器的正常状态等，这些都直接影响测角的精度。因此，要选择有利的观测时间和避开不利的观测条件，使外界条件的影响降低到较小的程度。

■ 巩固训练：用测回法观测水平角与竖直角 ■

一、训练目标

1）规范并熟练安置经纬仪。

2）能用测回法观测水平角和竖直角。

二、训练内容

1）用测回法观测水平角（两个方向）。

2）用测回法观测竖直角。

三、训练条件

1）领取经纬仪1套、花杆2根。

2）在训练场所内给定每组所测水平角和竖直角。

四、训练步骤

1. 用测回法观测水平角

（1）在角的顶点上安置经纬仪

重点训练对中和整平。

（2）盘左位置

1）照准左方目标，并读取水平度盘读数。记录人听到读数后，立即回报观测者，经观测者默许后，立即记入水平角记录表中。

2）顺时针旋转照准部照准右方目标，读取其水平度盘读数，并记入水平角记录表中。

3）记录者在记录表中计算出上半测回角值。

（3）盘右位置

1）先照准右方目标，读取水平度盘读数，并记入水平角记录表中。

2）逆时针转动照准部，再照准左方目标，读取水平度盘读数，并记入水平角记录表中。

3）记录者计算出其下半测回角值。

至此，完成了一个测回的观测。如上半测回角值和下半测回角值之差没有超限（DJ$_6$经纬仪不超过±40″），则取其平均值作为一测回的角度观测值。

注意：如果测回数不止一个测回，而是观测 n 个测回，那么在每测回要设置水平度盘起始读数，即在每测回盘左观测时，对左方目标水平度盘应按 $180/n$ 设置。

2. 用测回法观测竖直角

确定竖直角计算公式：盘左位置使望远镜视线大致水平，竖盘指标所指读数约为90°；将望远镜物镜端抬高，即当视准轴逐渐向上倾斜时，观察竖盘读数是增加还是减少，确定竖直角的计算公式。

1）如竖盘读数逐渐减少，则竖直角计算公式为

$$\left.\begin{array}{l} \alpha_{左} = 90° - L \\ \alpha_{右} = R - 270° \end{array}\right\}$$

竖直角

$$\alpha = \frac{1}{2}(\alpha_{左} + \alpha_{右})$$

竖盘指标差

$$x = \frac{1}{2}(L + R - 360°)$$

2）如竖盘读数逐渐增大，则竖直角计算公式为

$$\left.\begin{array}{l} \alpha_{左} = L - 90° \\ \alpha_{右} = 270° - R \end{array}\right\}$$

竖直角

$$\alpha = \frac{1}{2}(\alpha_{左} + \alpha_{右})$$

竖盘指标差

$$x = \frac{1}{2}(L + R - 360°)$$

3）用测回法测定竖直角，其观测程序如下：

①在指定点上安置经纬仪，重点训练对中和整平。

②盘左位置：

a. 照准目标，转动竖盘指标水准管微动螺旋，使水准管气泡居中（符合气泡影像符合）后，读取竖直度盘读数，记为 L。记录者将读数值记入竖直角测量记录表中。

b. 根据竖直角计算公式，在记录表中计算出盘左时的竖直角 $\alpha_{左}$。

③盘右位置：

a. 照准目标，转动竖盘指标水准管微动螺旋，使水准管气泡居中（符合气泡影像符合）后，读取竖直度盘读数，记为 R。记录者将读数值记入竖直角测量记录表中。

b. 根据竖直角计算公式，在记录表中计算出盘右时的竖直角 $\alpha_{右}$。

④计算一测回竖直角值和竖盘指标差。

思考与练习

1. 什么叫水平角？什么叫竖直角？

2. 经纬仪主要由哪几部分组成？各有什么作用？

3. 光学经纬仪水平度盘度盘变换手轮起什么作用？

4. 经纬仪的操作包括哪些内容？

5. 对中的目的是什么？叙述用光学对中器对中的步骤。

6. 整平的目的是什么？叙述经纬仪整平的步骤。

7. 叙述用测回法观测水平角的观测程序。

8. 在同一测站观测同一目标，当改变仪器高时竖直角的大小是否一样？为什么？

9. 叙述带竖盘指标水准管的光学经纬仪观测竖直角的操作步骤。

10. 什么叫竖直指标差？为什么盘左、盘右所测竖直角的平均值可消除指标差？

11. 怎样确定经纬仪的竖盘刻画注记形式？

12. 经纬仪有哪些主要轴线？它们之间应满足怎样的几何关系？为什么必须满足这些几何关系？

13. 经纬仪主要需做哪几项检验校正？其目的是什么？

14. 观测水平角时采用盘左、盘右观测方法可以消除哪些误差对测角的影响？

15. 计算表 2.6 用测回法观测水平角的记录。

表 2.6 测回法观测水平角

测 站	竖盘位置	目 标	水平度盘读数 /(° ′ ″)	半测回角值 /(° ′ ″)	一测回角值 /(° ′ ″)	各测回平均值 /(° ′ ″)
第一测回 O	左	1	0 00 06			
		2	78 48 54			
	右	1	180 00 36			
		2	258 49 06			
第二测回 O	左	1	90 00 12			
		2	168 49 06			
	右	1	270 00 30			
		2	348 49 12			

16. 整理表 2.7 中方向法观测水平角的记录。

表 2.7 方向法观测水平角

测站	测回数	目标	水平度盘读数 盘左 /(° ′ ″)	水平度盘读数 盘右 /(° ′ ″)	2c /(″)	平均读数 /(° ′ ″)	归零后方向值 /(° ′ ″)	各测回归零方向值的平均值 /(° ′ ″)
O	1	A	0 00 22	180 00 18				
		B	60 11 16	240 11 09				
		C	131 49 38	311 49 21				
		D	167 4 38	347 34 06				
		A	0 00 27	180 00 13				
	2	A	90 02 30	270 02 26				
		B	150 13 26	330 13 18				
		C	221 51 42	41 51 26				
		D	257 36 30	77 36 21				
		A	90 02 36	270 02 15				

17. 整理表 2.8 中竖直角观测记录。

表 2.8　竖直角观测记录

测站	目标	竖盘位置 /(°′″)	竖盘读数 /(°′″)	半测回竖直角 /(°′″)	指标差 /(°′″)	一测回竖直角 /(°′″)	备注
A	B	左	72　18　18				竖盘为逆时针刻划
		右	287　42　00				
	C	左	96　32　48				
		右	263　27　30				
	D	左	64　28　24				
		右	295　31　30				

18. 设 $D_{OA}=80m$，由 O 点观测 A 点，A 点上标杆长 2m，竖立时标杆向 OA 线的正交方向倾斜 2°，则瞄准在标杆顶部时方向偏离了多少？

19. 测站点为 O，它到两目标点 A,B 的距离分别为 100m 和 120m，目标点上吊垂球作为观测标志。若垂球对点的最大误差为 3mm，则由此产生的偏心误差对水平角 $\angle AOB$ 可引起的最大误差是多少？

项目 *3*

距离测量与直线定向

教学目标

1. 能用钢尺进行距离测量，并能正确计算距离测量成果。
2. 能正确表示直线的方向。
3. 能用罗盘仪测量磁方位角。

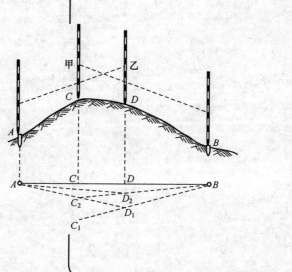

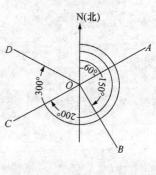

任务 3.1 钢 尺 量 距

工作任务：完成钢尺量距的施测与计算

一、任务描述

钢尺量距是最直接最简单的常用方法。通过本次任务的练习，能用钢尺进行距离测量，并能正确计算距离测量成果。

二、工作场景

按 4~6 人一组，分工协作，用 2 学时的时间，按规定的测量路线用钢尺丈量方法完成距离测量任务。在测量过程中，学会每测站的读数规律、记录方法、正确操作、计算过程和校核方法。测量结束后每组上交测量成果一份，每人上交实习报告一份。

三、任务目标

通过钢尺量距任务的完成，总结测量过程中出现的各种问题，从人员的配合、工具操作、观测读数、记录计算等方面分析原因，深化对距离测量的理解。通过整个情境过程的训练，学会钢尺量距的实施与计算。

实践操作

一、每组所需仪器工具

1）由仪器室借领：钢尺 1 盒，花杆 3 根，测钎 1 束，木桩 3 个，斧子 1 把，铁钉 3 个。

2）自备：计算器、铅笔、记录表、草稿纸等。

二、操作要求

1）每组的集体观念要强，全组人员一定要互相合作、密切配合、相互体谅。

2）记录者要认真负责，当听到观测值所报读数后要回报给观测者，经认可后方可记入记录表中。如果发现有超限现象，立即告诉观测者进行重测。

3）严禁为了快出成果转抄、照抄、涂改原始数据。记录的字迹要工整、整齐、清洁。

三、直线定线

当地面两点之间的距离大于钢尺的一个尺段或地势起伏较大时，为方便量距工作，需分成若干尺段进行丈量，这就需要在直线的方向上插上一些标杆或测钎，在同一直线上定出若干点，这项工作称为直线定线，其方法有以下几种。

1. 两点间目测定线

目测定线是钢尺量距的一般方法。如图 3.1 所示，设 A 和 B 为地面上相互通视、待测距离的两点。现要在直线 AB 上定出 1，2 等分段点。先在 A，B 两点上竖立花杆，甲站在 A 杆后约 1m 处，指挥乙左右移动花杆，直到甲在 A 点沿标杆的同一侧看见 A，1，B 三点处的花杆在同一直线上。用同样方法可定出 2 点。直线定线一般应由远到近，即先定 1，站立在直线方向的左侧或右侧。

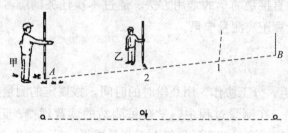

图 3.1　目测定线

2. 逐渐趋近定线

逐渐趋近定线适用于在高地两侧、互不通视的两点 A，B 量距。如图 3.2 所示，欲在 AB 两点间标定直线，可采用逐渐趋近法。先在 A、B 两点上竖立标杆，甲、乙两人各持标杆分别选择在 C_1 和 D_1 处站立，要求 B、D_1、C_1 位于同一直线上，且甲能看到 B 点，乙能看到 A 点。可先由甲站在 C_1 处指挥乙移动至 BC_1 直线上的 D_1 处，然后由站在 D_1 处的乙指挥甲移动至 AD_1 直线上的 C_2 处，要求甲站在 C_2 处能看到 B 点，接着再由站在 C_2 处的甲指挥乙移至能看到 A 点的 D_2 处，这样逐渐趋近，直到 C、D、B 在一直线上，同时 A、C、D 也在一直线上，这时 A、C、D、B 均在同一直线上。

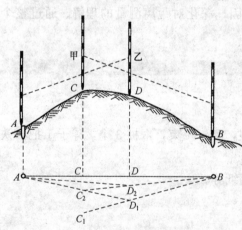

图 3.2　逐渐趋近定线

这种方法也可用于分别位于两座建筑物上的 A、B 两点间的定线。

3. 经纬仪定线

当直线定线精度要求较高时可用经纬仪定线。如图 3.3 所示，欲在 AB 直线上确定出 1、2、3 点的位置，可将经纬仪安置于 A 点，用望远镜照准 B 点，固定照准部制动螺旋，然后将望远镜向下俯视，将

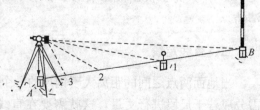

图 3.3　经纬仪定线

十字丝交点投测到木桩上，并钉小钉，以确定出 1 点的位置。同法标定出 2、3 点的位置。

四、钢尺量距的一般方法

1. 平坦地面的距离丈量

丈量工作一般由两人进行。如图 3.4 所示，沿地面直接丈量水平距离时，可先在地面上定出直线方向，丈量时后尺手持钢尺零点一端，前尺手持钢尺末端和一组测钎沿 A，B 方向前进，行至一尺段处停下，后尺手指挥前尺手将钢尺拉在 A、B 直线上，后尺手将钢尺的零点对准 A 点。当两人同时把钢尺拉紧后，前尺手在钢尺末端的整尺段长分划处竖直插下一根测钎，得到 1 点，即量完一个尺段。前、后尺手抬尺前进，当后尺手到达插测钎处时停住，再重复上述操作，量完第二尺段。后尺手拔起地上的测钎，依次前进，直到量完 AB 直线的最后一段为止。

图 3.4 平坦地面的距离丈量

丈量时应注意沿着直线方向进行，钢尺必须拉紧伸直且无卷曲。直线丈量时尽量以整尺段丈量，最后丈量余长，以方便计算。丈量时应记清楚整尺段数，或用测钎数表示整尺段数，然后逐段丈量，则直线的水平距离 D 按下式计算，即

$$D = nl + q \qquad (3.1)$$

式中，l——钢尺的一整尺段长（m）；

$\quad n$——整尺段数；

$\quad q$——不足一整尺的零尺段长（m）。

为了防止丈量中发生错误并提高量距精度，需要进行往返丈量，若合乎要求，取往返平均数作为丈量的最后结果，丈量精度用相对误差 K 表示，即

$$K = \frac{|D_{往} - D_{返}|}{D_{平均}} = \frac{1}{D_{平均} / |D_{往} - D_{返}|} \qquad (3.2)$$

将分子化为 1，分母取整数表示。

相对误差的分母愈大，说明量距的精度愈高。一般情况下，平坦地区的钢尺量距精度应高于 1/2000，山区也应不低于 1/1000。

2. 倾斜地面的距离丈量

（1）平量法

如果地面高低起伏不平，可将钢尺拉平丈量。丈量由 A 向 B 进行，后尺手将尺的

零端对准 A 点，前尺手将尺抬高，目估使尺子水平，用垂球尖将尺段的末端投于 AB 方向线的地面上，再插以测钎，依次丈量 AB 的水平距离，如图 3.5 所示。

（2）斜量法

如图 3.6 所示，当倾斜地面的坡度比较均匀时，可沿斜面直接丈量出 AB 的倾斜距离 D'，测出地面倾斜角 α 或 AB 两点间的高差 h，按下式计算 AB 的水平距离 D，即

$$D = D' \cos\alpha \tag{3.3}$$

或

$$D = \sqrt{D'^2 - h^2} \tag{3.4}$$

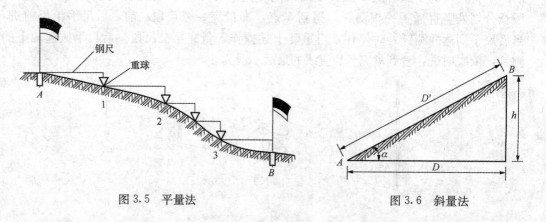

图 3.5　平量法　　　　　　　　　　　　　图 3.6　斜量法

相关知识：钢尺量距的误差分析及注意事项

一、钢尺量距概述

距离测量是测量的三项基本工作之一。所谓距离，是指地面上两点垂直投影到水平面上的直线距离，它是确定地面点位置的三要素之一。如果测得的是倾斜距离，还必须改算为水平距离。距离测量按照所用仪器、工具的不同又可分为直接测量和间接测量两种。用尺子测距和光电测距仪测距称为直接测量，而视距测量称为间接测量。这里主要介绍钢尺量距，丈量距离时常使用钢尺、皮尺、绳尺等，辅助工具有标杆、测钎和垂球等。

1. 钢尺

钢尺是钢制的带尺，常用钢尺宽 10mm，厚 0.2mm，长度有 20m、30m 及 50m 几种，卷放在圆形盒内或金属架上。钢尺的基本分划为厘米，在每米及每分米处有数字注记。一般钢尺在起点处一分米内刻有毫米分划，有的钢尺整个尺长内都刻有毫米分划。

尺的零点位置不同，有端点尺和刻线尺的区别。端点尺以尺的最外端作为尺的零点，当从建筑物墙边开始丈量时使用很方便；刻线尺是以尺前端的一刻线作为尺的零点，如图 3.7 所示。

2. 辅助工具

量具的辅助工具有标杆、测钎、垂球等，如图 3.8 所示。标杆又称花杆，直径 3～4cm，长 2～3m，杆身涂以 20cm 间隔的红、白漆，下端装有锥形铁尖，主要用于标定直线方向；测钎亦称测针，用直径 5mm 左右的粗钢丝制成，长 30～40cm，上端弯成环行，下端磨尖，一般以 11 根为一组，穿在铁环中，用来标定尺的端点位置和计算整尺段数；垂球用于在不平坦地面丈量时将钢尺的端点垂直投影到地面。此外还有弹簧秤和温度计，用以控制拉力和测定温度。

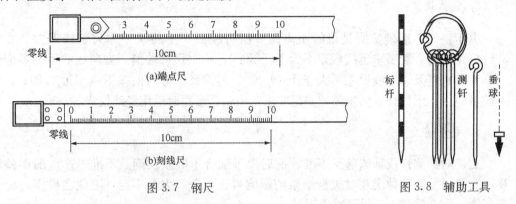

图 3.7　钢尺　　　　　　　图 3.8　辅助工具

当进行精密量距时还需配备弹簧秤和温度计，弹簧秤用于对钢尺施加规定的拉力；温度计用于测定钢尺量距时的温度，以便对钢尺丈量的距离施加温度改正，如图 3.8 所示。

二、钢尺量距的误差分析

影响钢尺量距精度的因素很多，下面简要分析误差的主要来源和注意事项。

1. 尺长误差

钢尺的名义长度与实际长度不符时就会产生尺长误差，用该钢尺所量距离越长，则误差累积越大。因此，新购的钢尺必须进行检定，以求得尺长改正值。

2. 温度误差

钢尺丈量的温度与钢尺检定时的温度不同，会产生温度误差。按照钢的线膨胀系数计算，温度每变化 1℃，丈量距离为 30m 时对距离的影响为 0.4mm。在一般量距时，丈量温度与标准温度之差不超过 ±8.5℃时可不考虑温度误差，但精密量距时必须进行温度改正。

3. 拉力误差

钢尺在丈量时的拉力与检定时的拉力不同而产生误差。拉力变化 68.6N，尺长将改变 1/10 000。以 30m 的钢尺来说，当拉力改变 30～50N 时，引起的尺长误差将达 1～1.8mm。如果能保持拉力的变化在 30N 范围之内，这对于一般精度的丈量是足够的。对于精确的距离丈量，应使用弹簧秤，以保持钢尺的拉力是检定时的拉力，通常 30m 钢尺施力 100N，50m 钢尺施力 150N。

4. 钢尺倾斜和垂曲误差

量距时钢尺两端不水平或中间下垂成曲线时都会产生误差，因此丈量时必须注意保持尺子水平，整尺段悬空时中间应有人托住钢尺，精密量距时须用水准仪测定两端点高差，以便进行高差改正。

5. 定线误差

由于定线不准确、所量得的距离是一组折线而产生的误差称为定线误差。丈量 30m 的距离时，若要求定线误差不大于 1/2000，则钢尺尺端偏离方向线的距离不应超过 0.47m；若要求定线误差不大于 1/10 000，则钢尺的方向偏差不应超过 0.21m。在一般量距中，用标杆目估定线能满足要求，但精密量距时需用经纬仪定线。

6. 丈量误差

丈量时插测钎或垂球落点不准、前后尺手配合不好以及读数不准等产生的误差均属于丈量误差。这种误差对丈量结果的影响可正可负，大小不定，因此在操作时应认真仔细、配合默契，以尽量减少误差。

三、钢尺量距的注意事项

1）伸展钢卷尺时要小心慢拉，钢尺不可卷扭、打结。若发现有扭曲、打结情况，应细心解开，不能用力抖动，否则容易造成折断。

2）丈量前应辨认清钢尺的零端和末端。丈量时钢尺应逐渐用力拉平、拉直、拉紧，不能突然猛拉。丈量过程中钢尺的拉力应始终保持鉴定时的拉力。

3）转移尺段时前、后拉尺员应将钢尺提高，不应在地面上拖拉摩擦，以免磨损尺面分划。钢尺伸展开后不能让车辆从钢尺上通过，否则极易损坏钢尺。

4）测钎应对准钢尺的分划并插直。如插入土中有困难，可在地面上标志一明显记号，并把测钎尖端对准记号。

5）单程丈量完毕后，前、后尺手应检查各自手中的测钎数目，避免加错或算错整尺段数。一测回丈量完毕，应立即检查限差是否合乎要求，不合乎要求时应重测。

6）丈量工作结束后要用软布擦干净尺上的泥和水，然后涂上机油，以防生锈。

任务 3.2 直 线 定 向

■■■ 工作任务：正确表示直线的方向，并用罗盘仪测量磁方位角 ■■■

一、任务描述

确定直线的方向称为直线定向，通常用方位角表示直线的方向。本任务中要求学会用罗盘仪测定直线的磁方位角，深化对方位角测量的理解。通过整个情景过程的训练学会方位角测量的实施与计算。

二、工作场景

按 4～6 人一组，分工协作，用 2 学时的时间，按规定的测量路线用罗盘仪测量完成方位角测量任务。在测量过程中学会每测站的读数规律、记录方法、正确操作、计算过程和校核方法。测量结束后每组上交测量成果一份，每人上交实习报告一份。

三、任务目标

通过本次任务的学习，能正确表示直线的方向，能用罗盘仪测量磁方位角。

■■ 实践操作 ■■

一、每组所需仪器工具

1）由仪器室借领：罗盘仪 1 套，花杆 1 根。
2）自备：记录表、铅笔、草稿纸等。

二、操作要求

1）每组的集体观念要强，全组人员一定要互相合作、密切配合、相互体谅。
2）记录者要认真负责，当听到观测值所报读数后要回报给观测者，经认可后方可记入记录表中。如果发现有超限现象，立即告诉观测者进行重测。

三、操作方法与步骤

1）将仪器搬到测线的一端，并在测线另一端插上花杆。
2）安置仪器。
① 对中。将仪器装于三脚架上，挂上锤球后移动三脚架，使垂球尖对准测站点，此时仪器中心与地面点处于同一条铅垂线上。
② 整平。松开仪器球形支柱上的螺旋，上、下俯仰度盘位置，使度盘上的两个水准气泡同时居中，旋紧螺旋，固定度盘，此时罗盘仪主盘处于水平位置。
3）瞄准读数。
① 转动目镜调焦螺旋，使十字丝清晰。
② 转动罗盘仪，使望远镜对准测线另一端的目标，调节调焦螺旋，使目标成像清晰、稳定，再转动望远镜，使十字丝对准立于测点上的花杆的最底部。
③ 松开磁针制动螺旋，等磁针静止后从正上方向下读取磁针指北端所指的读数，即为测线的磁方位角。
④ 读数完毕后旋紧磁针制动螺旋，将磁针顶起，以防止磁针磨损。

相关知识：直线方向和罗盘仪

一、直线方向

确定一条直线与标准方向之间的角度关系，称为直线定向。

1. 标准方向的种类

（1）真子午线方向

地球表面某点与地球旋转轴所构成的平面和地球表面的交线称为该点的真子午线，真子午线在该点的切线方向称为该点的真子午线方向。

（2）磁子午线方向

地球表面某点与地球磁场南北极连线所构成的平面和地球表面的交线称为该点的磁子午线。磁子午线在该点的切线方向称为该点的磁子午线方向，一般是以磁针在该点自由静止时所指的方向作为磁子午线方向。

（3）坐标纵轴方向

由于地球上各点的子午线互相不平行，而是向两极收敛，为测量、计算工作的方便，常以平面直角坐标系的纵坐标轴为标准方向，即高斯投影带中的中央午线方向。在工程中常以坐标纵轴方向为标准方向，即指北方向。

（4）"三北"方向的关系

"三北"方向的关系如图 3.9 所示。

磁偏角 δ：真、磁子午线之间的夹角称为磁偏角。

东偏：磁子午线偏真子午线以东为东偏，（正）。

西偏：磁子午线偏真子午线以西为西偏，（负）。

子午线收敛角 γ：真子午线与轴子午线之间的夹角。轴子午线在真子午线以东为正；轴子午线在真子午线以西为负。

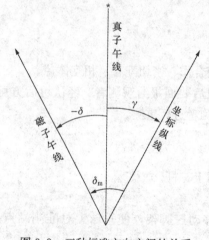

图 3.9　三种标准方向之间的关系

2. 直线方向的表示方法

通常用方位角来表示直线的方向。

（1）坐标方位角

从标准方向北端起，顺时针方向量到某直线的夹角为坐标方位角，用 α 来表示，角值范围 0°～360°。因标准方向的不同，坐标方位角又可分为真方位角、磁方位角和坐标方位角，如图 3.10 所示。

（2）正反坐标方位角

一条直线有正反两个方向，通常以直线前进的方向为正方向。由图 3.11 中可以看出，一条直线正反方位角的数值相差 180°，即

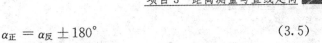

$$\alpha_{正} = \alpha_{反} \pm 180° \tag{3.5}$$

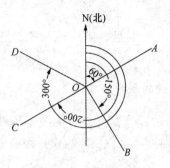

图 3.10　坐标方位角

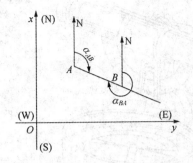

图 3.11　正、反坐标方位角

3. 距离、方位角与坐标之间的关系

（1）距离与坐标的关系

当已知地面上 A、B 两点的坐标时，可以用坐标反算两点间的水平距离 D，其计算公式为

$$D = \sqrt{(x_A - x_B)^2 + (y_A - y_B)^2} \tag{3.6}$$

（2）坐标方位角与坐标的关系

当地面上 A、B 两点的坐标时，可用坐标反算方位角 α_{AB}，其计算公式为

$$\alpha_{AB} = \arctan \frac{y_B - y_A}{x_B - x_A} \tag{3.7}$$

按不同象限分别讨论：

当 AB 直线位于第 I 象限时，即 $X_B - X_A > 0$ 和 $Y_B - Y_A > 0$，坐标方位角计算公式与上式相同；

当 AB 直线位于第 II 象限时，即 $X_B - X_A < 0$ 和 $Y_B - Y_A > 0$，坐标方位角计算公式为

$$\alpha_{AB} = 180° - \arctan \frac{y_B - y_A}{x_B - x_A}$$

当 AB 直线位于第象 III 限时，即 $X_B - X_A < 0$ 和 $Y_B - Y_A < 0$，坐标方位角计算公式为

$$\alpha_{AB} = \arctan \frac{y_B - y_A}{x_B - x_A} + 180°$$

当 AB 直线位于第象 IV 限时，即 $X_B - X_A > 0$ 和 $Y_B - Y_A < 0$，坐标方位角计算公式为

$$\alpha_{AB} = 360° - \arctan \frac{y_B - y_A}{x_B - x_A}$$

二、罗盘仪

罗盘仪是主要用来测量直线的磁方位角的仪器，也可以粗略地测量水平角和竖直角，还可以进行视距测量。

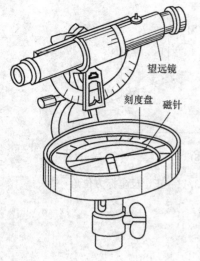

图 3.12　罗盘仪

1. 罗盘仪的构造

罗盘仪主要由刻度盘、望远镜和磁针三部分组成，如图 3.12 所示。

2. 使用罗盘仪的注意事项

1）在磁铁矿区或离高压线、无线电天线、电视转播台等较近的地方不宜使用罗盘仪，因有电磁干扰现象。

2）观测时一切铁器如斧头、钢尺、测钎等不要接近仪器。

3）读数时眼睛的视线方向与磁针应在同一竖直面内，以减小读数误差。

4）观测完毕后搬动仪器时，应拧紧磁针制动螺旋，固定好磁针，以防损坏磁针。

■ 巩固训练：用钢尺丈量距离 ■

一、训练目标

学会用钢尺丈量距离并进行精度计算。

二、训练内容

用钢尺丈量一段给定距离并进行精度计算。

三、训练条件

1）领取钢尺 1 盒、花杆 3 根、测钎 1 束、木桩及小钉等。

2）在训练场所内给定一段距离。

四、训练步骤

1）小组用钢尺丈量给定一段距离（如 AB）。人员分工：两人拉尺（前、后尺手），一人定线，一人记录计算。

2）在 A、B 两点的外侧立花杆，由 A 向 B 丈量。定线人员站在 A 点外侧 1～2m 目估定线，指挥前尺手在 AB 连线上定出一个方向点（$1'$）用测钎标注。前、后尺手沿 $A1'$ 方向拉尺，后尺手持钢尺零点一端，前尺手持钢尺末端，当两人同时把钢尺拉紧后，前尺手在钢尺末端的整尺段长分划处竖直插下一根测钎得到 1 点，然后将 $1'$ 处的测钎拔起，即量完第一个整尺段。

3）定线人员再指挥前尺手在 AB 连线上定出下一个方向点（$2'$），前、后尺手沿 $12'$ 方向量第二个整尺段。最后不足整尺段用零尺段测量。整尺段数用插在地面的测钎数统计。计算出 AB 的往测距离。

4）再按同样的方法由 B 向 A 丈量，量取 AB 的返测距离。

5）计算 AB 的平均距离和相对误差 K，并要求满足精度。

思考与练习

1. 距离测量的方法主要有哪几种？

2. 用钢尺丈量倾斜地面的距离有哪些方法？各适用于什么情况？

3. 何谓直线定线？目估定线通常是如何进行的？

4. 用目估定线，在距离 30m 处标杆中心偏离直线 0.40m，由此产生的量距误差为多少？

5. 用钢尺往、返丈量了一段距离，其平均值为 184.26m，要求量距的相对误差为 1/5000，则往、返丈量距离之差不能超过多少？

6. 用钢尺丈量了 AB、CD 两段距离，AB 的往测值为 206.32m、返测值为 206.17m，CD 的往测值为 102.83m、返测值为 102.74m，则这两段距离丈量的精度是否相同？为什么？

7. 怎样衡量距离丈量的精度？设丈量了 AB、CD 两段距离，AB 的往测长度为 246.68m、返测长度为 246.61m，CD 的往测长度为 435.888m、返测长度为 435.98 m，问：哪一段的量距精度较高？

8. 下列情况使得丈量结果比实际距离增大还是减少？

(1) 钢尺比标准尺长。

(2) 定线不准。

(3) 钢尺不平。

(4) 拉力偏大。

(5) 温度比检定时低。

9. 完成表 3.1 中所列视距测量成果的计算。

表 3.1 视距测量成果

测站：A　　　测站高程：45.86m　　　仪器高：1.42m　　　指标差：0

点号	视距间隔	中丝	竖盘读数	竖直角	高差	高程	平距	备注
1	0.874	1.42	86°43′					
2	0.922	1.42	88°07′					
3	0.548	1.42	93°13′					
4	0.736	2.42	85°22′					竖盘为顺时针分划注记
5	1.038	0.42	90°07′					
6	0.689	1.42	94°51′					
7	0.817	1.42	87°36′					
8	0.952	2.00	89°38′					

10. 为什么要进行直线定向？怎样确定直线的方向？

11. 何谓直线定向？在直线定向中有哪些标准方向线？它们之间存在什么关系？

全站仪的使用与测量技术

教学目标

1. 学会全站仪的基本操作。

2. 能用全站仪测量角度、距离及点的坐标。

3. 能用全站仪进行施工测量放样。

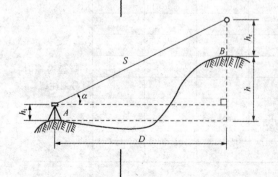

任务 4.1　全站仪的基本操作

■ 工作任务：能用全站仪测量角度、距离及点的坐标 ■

一、任务描述

全站仪是集测距、测角、测坐标和施工放样等工作于一体的新型测量仪器。本次任务熟悉全站仪的外形和基本构造，认识主要部件的名称及作用，学会全站仪的基本操作，并能用全站仪测量角度、距离及点的坐标。

二、工作场景

按 4~6 人一组，用 4 学时的时间，在较为平坦的技能训练场地上按教材和教师讲解的操作步骤学习全站仪的操作过程。实习结束后每人上交全站仪的认识与技术操作实习实训报告一份。

三、任务目标

通过实习，学会全站仪的操作步骤，能用全站仪测量角度、距离及点的坐标。

■ 实践操作 ■

一、每组所需仪器工具

1) 由仪器室借领：全站仪 1 套，单棱镜及棱镜支架。
2) 自备：记录表、铅笔、草稿纸、计算器等。

二、测量前的准备工作

1. 安置仪器

将全站仪连接到三脚架上，对中并整平。多数全站仪有双轴补偿功能，所以仪器整平后，在观测过程中即使气泡稍有偏离，对观测也无影响。

2. 开机

按"POWER"或"ON"键，开机后仪器进行自检，自检结束后进入测量状态。有的全站仪自检结束后须设置水平度盘与竖盘指标，设置水平度盘指标的方法是旋转照准部，听到鸣响即设置完成；设置竖盘指标的方法是纵转望远镜，听到鸣响即设置完成。设置完成后显示窗才能显示水平度盘与竖直度盘的读数。

三、水平角测量

1) 按"角度测"量键，使全站仪处于角度测量模式，照准第一个目标 A。

2）设置 A 方向的水平度盘读数为 $0°00'00''$。

3）照准第二个目标 B，此时显示的水平度盘读数即为两方向间的水平夹角。

如用测回法观测水平角，按经纬仪观测水平角的方法进行。

四、距离测量

1. 设置棱镜常数

测距前须将棱镜常数输入仪器中，仪器会自动对所测距离进行改正。

2. 设置大气改正值或气温、气压值

光在大气中的传播速度会随大气的温度和气压而变化，$15℃$ 和 $760mmHg$ 是仪器设置的标准值，此时的大气改正值为 0ppm。实测时可输入温度和气压值，全站仪会自动计算大气改正值（也可直接输入大气改正值），并对测距结果进行改正。

3. 测量距离

照准目标棱镜中心，按"测距"键，距离测量开始，测距完成时显示斜距、平距和高差。

全站仪的测距模式有精测模式、跟踪模式和粗测模式三种。精测模式是最常用的测距模式，测量时间约 2.5s，最小显示单位 1mm；跟踪模式常用于跟踪移动目标或放样时连续测距，最小显示一般为 1cm，每次测距时间约 0.3s；粗测模式，测量时间约 0.7s，最小显示单位为 1cm 或 1mm。在距离测量或坐标测量时可按"测距模式（MODE）"键选择不同的测距模式。

五、坐标测量

1）输入测站点的三维坐标。

2）输入后视点的坐标或后视方向的方位角。当设定后视点的坐标时，全站仪会自动计算后视方向的方位角，瞄准后视方向，确认后完成定向。

3）设置棱镜常数与大气改正值参数（气温、气压值）。

4）量仪器高、棱镜高，并输入全站仪。

5）照准目标棱镜，按"坐标测量"键，全站仪开始测距并计算显示测点的三维坐标。

■ 相关知识：全站仪的结构原理、测量模式及操作注意事项 ■

一、全站仪的结构原理

全站仪作为光电技术的产物，是智能化的测量产品，是目前土建工程项目施工测量的主要仪器，它的应用使测量技术人员从繁重的测量工作中解脱出来。全站仪是由光电测距仪、电子经纬仪和数据处理系统组合而成的测量仪器，能够在一个测站上完成采集水平角、竖直角、斜距三种基本数据的功能，通过中央处理单元（CPU）计算

出平距、高差及点的坐标等数据。只要安置一次仪器，可以完成该测站上所有的测量工作，故被称为全站型电子速测仪，简称全站仪。

全站仪主要由测量部分、中央处理单元（CPU）、输入输出以及电源等部分组成，其结构原理如图 4.1 所示。

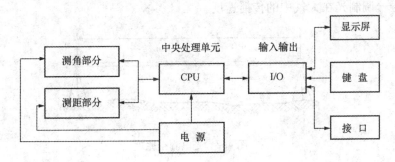

图 4.1　全站仪的结构原理

全站仪各部分的作用如下：

1）测角部分：相当于电子经纬仪，可以测定水平角、竖直角和设置方位角。

2）测距部分：相当于光电测距仪，一般采用红外光源测定测站点至目标点（设置反光棱镜或反光片）的斜距，并归算为平距及高差。

3）中央处理单元：接收输入指令，分配各种观测作业，进行测量数据的运算，如多测回取平均值、观测值的各种改正、极坐标法或交会法的坐标计算以及包括运算功能更为完备的各种软件，在全站仪的数字计算机中还提供有程序存储器。

4）输入、输出部分：包括键盘、显示屏和接口。从键盘可以输入操作指令、数据和设置参数；显示屏可以显示出仪器当前的工作方式（mode）、状态、观测数据和运算结果；接口使全站仪能与磁卡、磁盘、微机交互通信、传输数据。

5）电源部分：有可充电式电池，供给其他各部分电源，包括望远镜十字丝和显示屏的照明。

二、全站仪的基本测量模式

1. 角度测量原理

光学经纬仪是通过光学元件，利用几何光学的放大和折射来进行水平和竖直刻度盘读数的；而全站仪则利用光电转换原理和微处理机自动对度盘进行读数并显示出来（测量原理和方法详见项目 2 中的电子经纬仪测角原理），使观测时操作简单，避免产生读数误差。

2. 距离测量

（1）测距原理概述

光电测距的基本工作原理是利用已知光速 c，测定它在两点间传播的时间 t，从而计算距离。如图 4.2 所示，用全站仪测定 A、B 两点的距离，在 A 点安置全站仪，在

B 点安置棱镜，由全站仪发出的调制光波经过距离 D 达棱镜，经棱镜反射后回到仪器接收系统，调制光波往返传播的时间 t 内经过的距离 D 按下式计算，即

$$S = \frac{1}{2}ct \tag{4.1}$$

式中，c——调制光在大气中的传播速度。

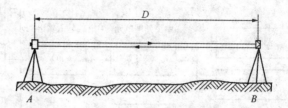

图 4.2　光电测距原理

目前，要想直接通过测定时间 t 来达到较高的测距精度是很难做到的，因此采用间接测时的方法，即通过测定连续调制光信号在测线上往返传播的相位差进行测距，称为相位法测距。光电测距系统多以砷化镓发光二极管作为光源，给发光二极管加上频率为 f 的交变电流，其发出光的强度也按频率 f 发生变化，这种光称为调制光。通过测量连续的调制光信号在待测距离上往返传播所产生的相位变化来间接地测定信号传播的时间，从而求得被测距离。

（2）水平距离和高差测量

如图 4.3 所示，在 A 点安置全站仪，B 点置棱镜，全站仪可根据测得的斜距 S 和视线方向的竖直角 α 自动计算水平距离 D 和高差 h，即

$$D = S \cdot \cos\alpha \tag{4.2}$$

$$h = S \cdot \sin\alpha + h_i - h_r \tag{4.3}$$

或

$$h = D \cdot \tan\alpha + h_i - h_r \tag{4.4}$$

式中，h_i——仪器高；

h_r——棱镜高。

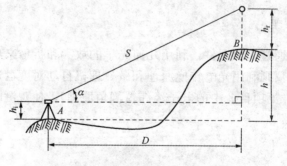

图 4.3　光电测距平距和高差测量

以上公式是未考虑大气折光和地球曲率改正时的计算公式。全站仪在进行距离测量时已顾及大气折光和地球曲率改正，大气折光和地球曲率改正均由全站仪自行完成。

3. 坐标测量

全站仪可直接测算测点的三维坐标 (X, Y, H)。如图 4.4 所示，A 为测站点，B 为后视点，两点坐标分别为 (X_A, Y_A, H_A) 和 (X_B, Y_B, H_B)，求测点 P 的坐标。

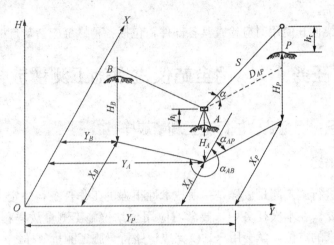

图 4.4　全站仪坐标测量示意图

在测站 A 安置全站仪，检查棱镜常数与气象改正参数；输入测站点的三维坐标和后视点的坐标（或输入已知方向 AB 的坐标方位角 α_{AB}）进行定向；输入仪器高和棱镜高；照准目标 P，即可测量 P 点的坐标。

需要说明的是，全站仪上多用 (N, E, Z) 表示点的三维坐标，其中 N 对应 X，E 对应 Y，Z 对应 H。

三、全站仪操作注意事项

1）搬运仪器时要抓住仪器的提手或支架，切不可拿仪器的镜筒，否则会影响内部固定部件而降低仪器的精度。

2）未装滤光片时不要将仪器直接对准阳光，否则会损坏仪器内部元件。

3）在未加保护的情况下决不可置仪器于高温环境中，否则仪器内部的温度会很容易高达 70℃以上，从而缩短其使用寿命。

4）仪器应存放在温度为 −30～+60℃ 的房间内。

5）在需要进行高精度观测时应采取遮阳措施，防止阳光直射仪器和三脚架。

6）仪器和棱镜遭到任何温度的突变均会降低测程，如当仪器从很热的汽车中刚取出时。

7）开箱拿出仪器时，应先将仪器箱放置水平，再开箱。

8）仪器装箱时确保仪器与箱内的白色安置标志相吻合，且仪器的目镜向上。

9）搬运仪器时要提供合适的减振措施或垫子，以防仪器受到突然的振动。

10）使用后若要清洁仪器，使用干净的毛刷扫去灰尘，然后再用软布轻擦。

11）清洁仪器透镜表面时，先用干净的毛刷扫去灰尘，再用干净无绒棉布沾酒精

（或乙醚混合液）由透镜中心向外一圈圈地轻轻擦拭。

12）不论仪器出现任何异常现象，切不可拆卸仪器或添加任何润滑剂，而应与仪器经销公司或代销商联系。

13）除去仪器箱上的灰尘时切不可使用任何稀释剂或汽油，而应用干净的布块沾中性洗涤剂擦洗。

14）三脚架伸开使用时应检查其各部件，包括各种螺旋应活动自如。

任务4.2　用全站仪进行施工测量放样

■ 工作任务：用全站仪进行施工测量放样

一、任务描述

用全站仪进行施工测量放样是一项技术性很强的工作任务，决定工程项目的质量，本任务非常重要。在本次任务中，要学习应用全站仪施工测量放样程序，要求正确放样满足精度要求的点位，学会用全站仪完成道路桥梁施工测量放样。

二、工作场景

按4~6人一组，用2学时的时间，在较为平坦的技能训练场地上，按教材和教师讲解的操作步骤学习使用全站仪进行道路桥梁施工测量放样。实习结束后每人上交全站仪的认识与技术操作实习报告一份。

三、任务目标

通过实习实训，学会用全站仪完成道路桥梁施工测量放样。

■ 实践操作

一、放样前的准备工作

1. 所需仪器与工具

1）由仪器室借领：全站仪1套，单棱镜及棱镜支架，木桩及小钉，斧子1把，对讲机2个。

2）自备：草稿纸、计算器、铅笔。

2. 注意事项

1）当气候变化较大和地区改变时，及时调整全站仪的气象改正参数。

2）在阳光下或阴雨天气进行作业时，应打伞遮阳、遮雨。

3）全站仪在迁站时，即使很近，也应关机后取下仪器装箱。

4）后视目标应选择较细的标志，以使定向准确。当后视点离测站点较远时，后视目标应采用脚架等稳固的办法，减小后视定向的偏差。

5）放样过程中，应随时检查地面放样点的坐标与理论值的偏差。

6）对重要点位，必须更换测站进行校核。

7）测量工作人员工作认真，配合默契，放样就速度快，精度高。

二、测量放样步骤

1）安置仪器。将全站仪安置到测站点上，对中、整平并开机。

2）输入测站点坐标。在坐标测量模式，选"测站坐标"，并输入测站点坐标；或在"菜单"下，选"放样"，再选"测站坐标"，并输入测站点坐标。

3）定向。输入后视点的坐标或后视方向的方位角。当设定后视点的坐标时，全站仪会自动计算后视方向的方位角，瞄准后视方向，确认后完成定向。

4）设置棱镜常数与大气改正值参数（气温、气压值）。

5）在菜单下进入放样，输入放样点的坐标，计算放样点方向的方位角与测站点至放样点的水平距离。此时显示"dHR"，即望远镜方向与放样点方向的方位角偏差；使用水平制动和水平微动螺旋，使显示的 dHR＝0°00′00″，即找到了放样点方向，指挥持棱镜者移动位置，使棱镜位于该方向上。按测量距离，显示"dHD"，即实测距离与测站点到放样点距离的偏差，指挥持棱镜者前后移动，直至 dHD＝0 时，棱镜点即为放样点的平面位置。

6）按下一点，重复 5）步继续放样。

■■ 相关知识：拓普康 GTS-300 系列全站仪简介

一、仪器操作键及符号简介

1. 仪器屏幕及键盘布置

见图 4.5。

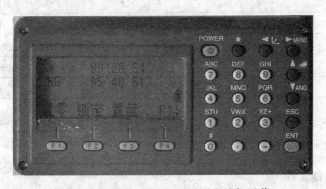

图 4.5　拓普康 GTS-300 系列全站仪屏幕

2. 仪器各操作键的名称及功能

见表 4.1。

表 4.1　拓普康 GTS-300 系列电子全站仪操作键的功能

键	名　称	功　能
★	星键	星键模式用于如下项目的设置或显示：显示屏对比度；十字丝照明；背景光；倾斜改正；定线点指示器（仅适用于有定线点指示器类型）；设置音响模式
∠	坐标测量键	坐标测量模式
◿	距离测量键	距离测量模式
ANG	角度测量键	角度测量模式
POWER	电源键	电源开关
MENU	菜单键	在菜单模式和正常测量模式之间切换，在菜单模式下可设置应用测量与照明调节、仪器系统误差改正
ESC	退出键	(1) 返回测量模式或上一层模式 (2) 从正常测量模式直接进入数据采集模式或放样模式 (3) 也可作为正常测量模式下的记录键
ENT	确认键	输入值后按此键
F1～F4	软键（功能键）	执行对应软键功能

3. 仪器显示屏显示的符号及其表示内容

见表 4.2。

表 4.2　显示符号及其表示内容

显示	内　容	显示	内　容
V%	垂直角（坡度显示）	N	北向坐标
HR	水平角（右角）	E	东向坐标
HL	水平角（左角）	Z	高程
HD	水平距离	*	EDM（电子测距）正在进行
VD	高差	m	以米为单位
SD	倾斜距离	f	以英尺为单位

拓普康 GTS-300 系列电子全站仪设有 F1～F4 共 4 个功能键（软键），其功能信息实时显示在显示屏中，按键即可实现相应功能。

二、测量准备工作

将仪器安装在三脚架上，精确整平和对中（具体步骤同经纬仪的安置）。

开机：打开电源开关（POWER 键）。

确认棱镜常数值（PSM）：仪器中输入的棱镜常数值应与实际使用棱镜的常数值相符。直接在★键模式下选【S/A】功能即可输入，也可以在测距或坐标测量模式下选

【S/A】功能进行输入。

确认大气改正值（PPM）：通常采用直接设置温度和气压的方法进行。首先测得测站周围的温度和气压，然后在★键模式下选【S/A】功能的 T-P 项输入；也可以在测距或坐标测量模式下选【S/A】功能进行输入。

仪器倾斜改正的设置：为了保证角度测量的精度，倾斜传感器必须选用（开），但当仪器处于不稳定状态或大风天气时可以关闭倾斜传感器，此时整平仪器应更加严格，具体操作方法是在★键模式或测角模式下选【倾斜】功能进行设置。

三、角度测量模式

通常设置开机后即进入测角模式，也可按"ANG"键从其他测量模式切换为测角模式。

水平角和竖直角测量：方法同经纬仪测角，直接从屏幕上读取度盘读数即可。

测角模式下各功能键（软键）功能如下。

1）"R/L"功能：HR（水平度盘顺时针刻划状态时的读数）与 HL（水平度盘逆时针刻划状态时的读数）的转换，与盘位（盘左、盘右）无关。

2）"置盘"功能：用于配置水平度盘读数，见表 4.3。

3）"V%"功能：用于竖盘读数与竖直角百分度的显示切换。

表 4.3　置盘功能使用

操作过程	操作	显示
照准目标	照准	V:　　　90° 10′ 20″ HR:　　170° 30′ 20″ 置零 锁定 置盘 P1 ↓
按 F3（置盘）键	F3	水平角设置 HR: 输入 --- --- 回车 --- --- [CLR] [ENT]
通过键盘输入所要求的水平角，如 70° 40′20″	F1 70.4020 F4	V:　　　90° 10′ 20″ HR:　　70° 40′ 20″ 置零 锁定 置盘 P1 ↓

四、距离测量模式

由其他测量模式按 ◢ 键即可进入测距模式。

距离测量：通过【S/A】功能进行棱镜常数值和大气改正值的设置，以及设置默认测距模式和次数，方法从略。距离观测完毕后再次按 ◢ 键可切换屏幕显示内容。

距离测量模式下功能键（软键）功能介绍：

1）"f/i"功能：切换距离单位。

2）"模式"功能：精测模式，是最常用的测距模式，测量时间约 2.5s，最小显示单位 1mm；跟踪模式，常用于跟踪移动目标或放样时连续测距，最小显示一般为 1cm，每次测距时间约 0.3s；粗测模式，测量时间约 0.7s，最小显示单位 1cm 或 1mm。按模式键 F2 即可切换测距模式，见表 4.4。

表 4.4　测距模式选择

操作过程	操作	显示
在距离测量模式下按 F2（模式）键，设置模式的首字符（F/T/C）将显示出来	F2	HR:　　　120° 30′ 40″ HD*　　　123.456m VD:　　　　5.678m 测量　模式　S/A　P1↓ HR:　　　120° 30′ 40″ HD*　　　123.456m VD:　　　　5.678m 精测　跟踪　粗测　F
按键选择所需模式测距即可	F1～F3	HR:　　　120° 30′ 40″ HD*　　　123.456m VD:　　　　5.678m 测量　模式　S/A　P1↓

五、坐标测量模式

按 ⌖ 键即可进入坐标测量模式。拓普康 GTS-300 系列全站仪的建站和后视定向工作只能在数据采集菜单或放样菜单中进行，而建站、定向工作完成后，进行坐标测量或数据采集只需一键操作即可，所以本说明将仅以放样测量模式为例介绍建站和后视定向的方法，此处不再详述坐标测量的过程。

六、坐标放样测量

1. 放样菜单操作流程

见图 4.6。

2. 建站（测站点输入）

可直接输入坐标数据建站，也可根据点号调用内存中的坐标数据进行测站设置，之后按屏幕提示输入仪器高。

3. 后视定向

后视点坐标输入过程同测站点输入，确认后屏幕将显示后视方位角值；也可直接输入该后视方位角值，照准后视点并确认后视方位角即完成定向，见表 4.5。

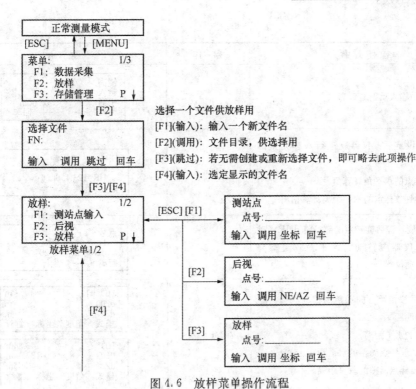

选择一个文件供放样用

[F1](输入)：输入一个新文件名

[F2](调用)：文件目录，供选择用

[F3](跳过)：若无需创建或重新选择文件，即可略去此项操作

[F4](输入)：选定显示的文件名

图 4.6 放样菜单操作流程

表 4.5 设置后视点

操作过程	操作	显　示
由放样菜单按 F2（后视）键后，可按 F1 键输入点号，调用内存数据；也可按 F3 键直接输入坐标值或方位角，再按 F4 键确认，屏幕将显示后视方位角	F2	后视 　点号：———— 输入　调用　NE/AZ 回车
照准后视点，按 F3（是）键，显示屏返回到放样菜单	F1~F4 照准后视 F3	后视 　H(B)=0° 00′ 00″ >照准?　　　[是] [否]

4. 放样步骤

见表 4.6。

表 4.6 放样步骤

操作过程	操作	显　示
由放样菜单按 F3 键输入放样点坐标	F3	放样　　　　　　　　1/2 　F1：测站点输入 　F2：后视 　F3：放样　　　　P ↓
按 F1 键输入点号调用内存数据；也可按 F3 键直接输入坐标值，再按 F4 键确认	F1 输入点号 F4	测站点 　点号：———— 输入　调用　坐标　回车

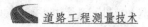

续表

操作过程	操作	显示
按屏幕提示输入反射棱镜高	F1 输入镜高	镜高 输入 镜高:　　　　0.000m 输入　---　　---　回车
当放样点设定后，仪器就进行放样元素的计算 HR：放样点的水平角计算值 HD：仪器到放样点的水平距离计算值	F4	计算 　HR= 90°10′ 20″ 　HR=123.456m 角度　距离　　---　---
按 F1（角度）键后旋转照准部，将dHR（对准放样点时仪器应转动的水平角）调整为0°00′00″时制动仪器	F1	点号：LP-100 　HR=6° 20′ 40″ 　dHR=23° 40′ 20″ 距离　---　坐标　---
指挥棱镜手按指示方向和距离移动棱镜，瞄准后按 F1 键测距 HD：实测的水平距离 dHD：对准放样点尚差的水平距离 dZ：对准放样点尚差的垂直距离	F1	HD*[t]　　　　　<m dHD:　　　　　　m dZ:　　　　　　　m 模式　角度　坐标　继续 　　　　　↓ HD*　　　　　143.84m dHD:　　　　−133.34m dZ:　　　　　−0.05m 模式　角度　坐标　继续
按屏幕显示调整棱镜位置，当dHR，dHD 和dZ 均为 0 时，放样点的测设已经完成 按 F4（继续）键，进行下一个放样点的测设	F4	N*　　　　　100.000m E:　　　　　100.000m Z:　　　　　　1.015m 模式　角度　---　继续 放样 　点号：LP-101 输入　调用　坐标　回车

■ 巩固训练：全站仪坐标放样 ■

一、训练目标

1）使用全站仪进行坐标放样。

2）用全站仪测量水平角和水平距离。

二、训练内容

1）使用全站仪坐标放样，放样一个三角形。

2）用测回法观测三角形的内角（每个角测一测回）。

3）测量每条边的水平距离。要用对向观测边长并计算边长平均值。

三、训练条件

1）领取全站仪 1 套、单棱镜及支架 2 套、对讲机 3 个。

2）训练场所布有一定数量的控制点。

3）给定相应控制点的坐标与三角形三个角点的坐标。

四、训练步骤

1. 全站仪坐标放样

1）人员分工：一人观测，一人立棱镜，一人数据准备，一人立后视。

2）将全站仪安置在方便放样的控制点上，检查并输入温度、气压值和棱镜常数。

3）建站和定向。在主菜单下选"程序"中的"设置方向角"，输入测站坐标、后视点坐标，瞄准后视点并确认，完成定向。

4）进入"程序"，选择"设置放样点"，输入放样点的坐标（二维坐标），显示待放样点的放样角度和放样距离；旋转仪器使放样角度为 0，然后指挥棱镜左右移动到放样点的方向上；测量距离并指挥棱镜前后移动，直到测量距离与标准距离差值为 0，即得到放样点位。依次放出三角形的三个角点。

2. 观测三角形的内角和边长

1）在每个角点上设站（对中和整平），用一测回测量每个三角形的内角。在角度模式下盘左瞄准左侧目标，使水平度盘归零，旋转照准部瞄准右侧目标，分别记录两个目标的度盘读数，用右侧目标读数减去左侧目标读数得到该角的上半测回值；盘右分别瞄准右侧目标和左侧目标，记录两个目标的度盘读数，用右侧目标读数减去左侧目标读数得到该角的下半测回值；取两次角值的平均值即为该内角值。

2）观测三角形的三条边长。在每个角点上设站测量完角度后，分别瞄准另外两个角点进行距离测量。对每条边的边长进行对向观测，取其平均值作为该边的边长。

3）精度要求：放样点坐标偏差≤20mm；水平角上下半测回较差≤20″；几何图形角度闭合差≤40″；边长平均值与理论值误差＜1/6000。

思考与练习

1. 全站仪有哪几种基本测量模式？
2. 用全站仪测量点的坐标时为什么要进行全站仪的定向工作？如何进行定向？
3. 结合所使用的全站仪，分别简述水平角、距离和坐标测量的步骤。
4. 叙述用全站仪放样点的平面位置的操作步骤。
5. 简述用全站仪进行后方交会建站的方法。
6. 简述全站仪坐标导线测量的操作步骤和简易平差方法。
7. 简述用全站仪测量点的高程的操作步骤。

项目 5

GPS 测量技术

教学目标

1. 知道 GPS 测量原理及系统组成。
2. 学会 GPS 测量的作业模式。
3. 知道基准站、移动站的设置方法。
4. 学会操作电子手簿控制器。

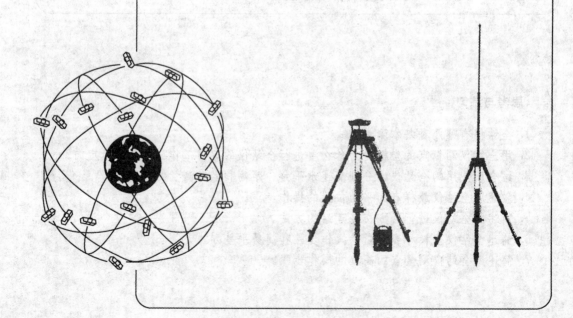

任务 5.1　静态 GPS 测量作业

▇ 工作任务：静态 GPS 测量作业 ▇

一、任务描述

静态 GPS 测量用于精度要求较高的控制网布测，如桥梁控制网或隧道控制网。本次任务要求知道 GPS 测量定位的基本原理及系统组成，学习控制网的布设、基准端和移动站的安置、坐标系统转换方法和校正方法及数据采集。

二、工作场景

用 2 学时的时间，在较为平坦的技能训练场地上，按教材和教师讲解的操作步骤，对照仪器学习 GPS 测量原理及系统组成，学习静态 GPS 测量作业模式。

三、任务目标

通过本次任务的学习，知道 GPS 测量原理及系统组成，学会静态 GPS 测量作业模式。

▇ 实践操作 ▇

一、准备测量仪器工具

1）GPS 1 套，包括基准站、移动站及电子手簿、木桩、记号笔等。
2）自备记录本、笔等。

二、选点与建立标志

选点工作遵守的原则是，观测站（即接收天线安置点）应远离大功率的无线电发射台（200m 以外）和高压输电线（50m 以外），以避免其周围磁场对 GPS 卫星信号的干扰。观测站附近不应有大面积的水域，或对电磁波反射或吸收强烈的物体，以减弱多路径效应的影响。观测站应设在易于安置接收设备的地方，并且视场要开阔。在视场内周围障碍物的高度角根据情况一般应小于 15°。观测站应选在交通方便的地方，并且便于用其他测量手段联测和扩展。

为了固定点位，以便长期利用 GPS 测量成果和进行重复观测，GPS 网点选定后一般应设置具有中心标志的标石精确标志点位，标石和标志必须稳定、坚固。

三、GPS 测量的观测

1. 安置天线

天线的妥善安置是实现精密定位的重要条件之一。天线安置要求：天线应尽可能

使用三脚架，安置在标志中心上方，直接对中观测；天线底板上的圆水准器气泡必须严格居中；天线的定向标志线应指向正北；雷雨天气安置天线时应注意将其底盘接地，以防止雷击。

天线安置后，应在各观测时段的前后各量取天线高一次。量测的方法按仪器的操作说明进行。两次量测结果之差不应超过 3mm，并取其平均值。天线高是指天线的相位中心至观测点标志中心顶端的铅垂距离，一般分为上、下两段，上段是从相位中心至天线底面的距离，为常数，由厂家给出；下段是从天线底面至观测点标志中心顶端的距离，由观测者现场测定。天线高的量测值为上、下两段距离之和。

2. 观测作业

观测开始之前，接收机一般须按规定经过预热和静置。观测作业的主要内容是捕获 GPS 卫星信号，并对其进行跟踪、处理和量测，以获取所需的定位信息和观测数据。具体操作步骤和方法随接收机的类型和作业模式不同而异。

3. 观测记录

观测记录内容分为两部分：一部分内容主要包括接收机收到的卫星信号、实时定位结果及接收机本身的有关信息等，由接收机自动保存在机内存储器中，供随时调用和处理；另一部分内容是如天线高、观测时的气象元素等有关信息，由观测者在作业过程中随时记入记录手簿中。

四、成果检核与数据处理

GPS 测量外业结束后，必须对采集的数据进行处理，以求得观测基线和观测点位的成果，同时进行质量检核，从而获得可靠的最终定位成果。数据处理是用专业软件进行的，不同的接收机以及不同的作业模式配置各自的数据处理软件。

■ 相关知识：GPS 测量原理及系统组成 ■

一、GPS 卫星定位系统概述

1957 年世界上第一颗人造卫星发射成功后，利用卫星导航定位的研究被提到了议事日程。1973 年 12 月，美国国防部在总结了海军导航卫星系统——Navy Navigation Satellite system（简称 NNSS）的优劣之后，批准美国海陆空三军联合研制新一代卫星导航系统——NAVSTAR GPS，即为目前的授时与测距导航系统/全球定位系统（Navigation Satellite Timing and Ranging/Global Positioning System），通常称为全球定位系统，简称 GPS 系统。GPS 系统的全部投资达 300 亿美元，是继"阿波罗"计划、航天飞机计划之后的又一个庞大的空间计划。1978 年 2 月 22 日，第一颗 GPS 试验卫星发射成功。1989 年 2 月 14 日，第一颗 GPS 工作卫星发射成功，宣告 GPS 系统进入了营运阶段。1994 年 3 月 28 日完成第 24 颗工作卫星的发射工作。24 颗卫星中，21 颗为工作卫星，3 颗为备用卫星，均匀地分布在 6 个相对于赤道倾角为 55°的近似圆形轨道上，每颗卫星可覆盖地球表面约 38% 的面积。这种卫星的分布可保证在地球上任何地点、任何时刻同时能观测到定位所需的至少 4 颗卫星。

在 GPS 设计之初，美国国防部的主要目的是使 GPS 系统能够为海、陆、空三军提供实时、全天候和全球性的导航服务，并用于情报收集、核暴监测和应急通信等一些军事目的，但随着 GPS 系统的开发应用，GPS 技术在大地测量、工程测量、航空摄影测量、地球动力学、海洋测量、水下地形测绘等各个领域都得到了广泛的应用。

二、GPS 定位原理

测量学中有测距交会确定点位的方法，卫星定位系统也是利用测距交会的原理确定点位的。

GPS 卫星发射测距信号和导航电文，导航电文中含有卫星的位置信息。用户用 GPS 接收机在某一时刻同时接收三颗以上的 GPS 卫星信号，测量出测站点（接收机天线中心）P 至三颗以上 GPS 卫星的距离，并解算出 GPS 卫星的空间坐标，利用距离交会法解算出测站 P 的位置。

在 GPS 定位中，GPS 卫星是高速运动的卫星，其坐标随时间快速变化，因此需要实时地由 GPS 卫星信号测量出测站至卫星之间的距离，实时地由卫星的导航电文解算出卫星的坐标值，并进行测站点的定位。依据测距的原理，其定位原理与方法主要有伪距法定位、载波相位测量定位以及差分 GPS 定位等。

三、GPS 系统的组成

1. 空间星座

GPS 卫星星座如图 5.1 所示，卫星数为 21＋3（21 颗工作卫星，3 颗备用卫星，目前的卫星数已经超过 32 颗）。工作卫星均匀分布在六个相对于赤道倾角为 55° 的近似圆轨道上，轨道面之间夹角为 60°，卫星高度为 20 200km，运行速度为 3800m/s，运行周期为 11h58min（1 恒星时），载波频率为 1.575GHz 和 1.227GHz。卫星通过天顶时的可见时间为 5h，在地球表面上任何地点任何时刻，在卫星高度角 15° 以上平均可同时观测到 6 颗卫星，最多可达 11 颗卫星。正常情况下，在我国境内全天能够见到 5～8 颗 GPS 卫星，基本能够满足我国用户进行连续不断地导航定位测量的需要。

GPS 工作卫星的主体呈圆柱形，直径为 1.5m，两侧安装有 4 片双叶太阳能电池翼板，总面积为 7.2m²，设计寿命为 7.5 年，如图 5.2 所示。卫星上设有四台高精度的原子钟（一台使用，三台备用），其中两台铷原子钟（频率稳定度为 1×10^{-12}），两台铯原子钟（频

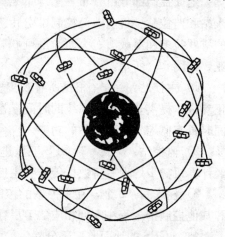

图 5.1　GPS 卫星星座

率稳定度为 1×10^{-13}）。卫星姿态采用三轴稳定方式，使螺旋天线阵列辐射的电磁波束对准地球。

GPS 工作卫星的作用：用 L 波段的两个无线载波（19cm 和 24cm 波段）向地面用户连续不断地发送导航定位信号（简称 GPS 信号），并用导航电文报告自己的位置及其他在轨卫星的概略位置；在飞越地面注入站上空时，接受由地面注入站用 S 波段（10cm 波段）发送的导航电文和其他有关信息，适时地发送给广大用户；接受由地面主控站通过注入站发送的卫星调度命令，适时地改正运行偏差或启用备用时钟等。

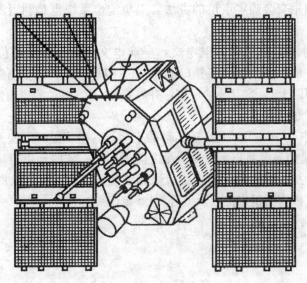

图 5.2　GPS 卫星

2. 地面监控

地面控制部分由分布在全球的若干跟踪站组成的监控系统组成，分为主控站、注入站和监控站。目前地面控制部分由五个地面监控站组成，这些监控站位于美国本土的科罗拉多和夏威夷、大西洋的阿松森群岛、太平洋的卡瓦加兰和印度洋的迭哥伽西亚，如图 5.3 所示。

1）主控站：1 个，根据所有观测资料编算各卫星的星历、卫星钟差和大气层的修正参数，提供全球定位系统的时间基准，调整卫星运行姿态，启用备用卫星。主控站同时具有监控站和注入站的功能。

2）监控站：5 个，对 GPS 卫星进行连续观测，采集数据和监测卫星的工作状况，经计算机初步处理后将数据传输到主控站。所有五个地面站都是监控站。

3）注入站：3 个，在主控站的控制下将主控站编算的卫星星历、钟差、导航电文和其他控制指令等注入到相应的卫星存储系统，并检测注入信息的正确性。

整个 GPS 的地面监控部分除主控站外均无人值守。各站间用现代化的通信网络连接，通过计算机和原子钟的精确控制，各项工作实现了高度的自动化和标准化。

图 5.3　GPS 地面监控站的分布

3. 用户设备

用户部分即接收部分，基本设备就是 GPS 信号接收机、机内软件及 GPS 数据的后处理软件包。GPS 信号接收机的任务是跟踪可见卫星的运行，捕获一定卫星高度截止角的待测卫星信号，并对 GPS 信号进行变换、放大和处理，解译出 GPS 卫星所发送的导航电文，测量出 GPS 信号从卫星到接收机天线的传播时间，实时地计算出测站的三维位置、三维速度和时间。它由天线、前置放大器、信号处理单元、控制和显示单元、记录单元和供电单元组成。

GPS 接收机发展的趋势是重量轻、体积小、耗电省、速度快、操作简单、使用方便。GPS 接收机按用途分为导航型、测地型和授时型三种，按携带形式分为袖珍式、背负式、车载式、舰用式、机载式、弹载式和星载式七种，按工作原理分为码接收机和无码接收机。按使用载波频率分为单频接收机（用一个载波频率）和双频接收机（用两个载波频率 L1、L2），按接收卫星种类分为单星接收机和多星接收机（可同时接收 GPS 和 GLONASS、北斗等卫星信号）。双频和多星接收机是目前精确定位的主要用机。

工程测量使用的 GPS 测地型接收机用于精密相对定位时，单频接收机在一定距离内精度可达 $10\text{mm}+2\times10^{-6}\times D$，双频接收机精度可达 $5\text{mm}+1\times10^{-6}\times D$。

四、GPS 控制测量

GPS 控制测量的过程为方案设计→外业观测→内业数据处理。用户可以根据测量成果的用途选择相应的 GPS 测量规范实施。此处介绍《全球定位系统城市测量技术规程》的相关规定。

1. 确定 GPS 测量精度指标

GPS 测量控制网一般是使用载波相位静态相对定位法，使用两台或两台以上的接收机同时对一组卫星进行同步观测。控制网的精度指标是以网中基线观测的距离误差 m_D 来定义的。

$$m_D = a + b \times 10^{-6} D \tag{5.1}$$

式中，a——距离固定误差；

b——距离比例误差；

D——基线距离。

城市及工程控制网的精度指标要求列于表 5.1 中。

表 5.1　城市及及工程 GPS 控制网精度指标

等　级	平均距离/km	a/mm	b/ppm	最弱边相对中误差
二等	9	≤10	≤2	1/120 000
三等	5	≤10	≤5	1/80 000
四等	2	≤10	≤10	1/45 000
一级	1	≤10	≤10	1/20 000
二级	<1	≤15	≤20	1/10 000

2. 观测要求

在同步观测中，测站从开始接收卫星信号到停止数据记录的时段称为观测时段；卫星与接收机天线的连线相对水平面的夹角称卫星高度角，卫星高度角太小时不能进行观测；反映一组卫星与测站所构成的几何图形形状与定位精度关系的数值称点位图形强度因子 PDOP(position dilution of precision)，它的大小与观测卫星高度角的大小以及观测卫星在空间的几何分布有关。观测卫星高度角越小，分布范围越大，其 PDOP值越小。综合其他因素的影响，当卫星高度角设置为 ≥15°时，点位的 PDOP 值不宜大于 6。GPS 接收机锁定一组卫星后，将自动计算出 PDOP 值并显示在屏幕上。规范对 GPS 测量作业的基本要求列于表 5.2。

表 5.2　静态 GPS 测量作业技术规定

等　级	二等	三等	四等	一级	二级
卫星高度角/(°)	≥15	≥15	≥15	≥15	≥15
PDOP	≤6	≤6	≤6	≤6	≤6
有效观测卫星数	≥4	≥4	≥4	≥4	≥4
平均重复设站数	≥2	≥2	≥1.6	≥1.6	≥1.6
时段长度/min	≥90	≥60	≥45	≥45	≥45
数据采样间隔/s	10～60	10～60	10～60	10～60	10～60

3. GPS 控制网

常规测量中，控制网的图形设计是一项重要的工作。而在 GPS 测量时，由于不要求测站点间通视，因此 GPS 控制网具有较大的灵活性。GPS 控制网主要取决于网的用途、经费、时间，接收设备的类型、数量和后勤保障等。

GPS 控制网的基本形式有点连式、边连式、网连式和边点混合连接四种。

1）点连式。如图 5.4（a）所示，是相邻的同步图形（即多台接收机同步观测卫星所获基线构成的闭合图形，又称同步环）之间仅用一个公共点连接。这种方式所构成的图形几何强度很弱，一般不单独使用。

2）边连式。如图 5.4（b）所示，是指相邻同步图形之间由一条公共基线连接。这种布网方案中，复测的边数较多，网的几何强度较高。非同步图形的观测基线可以组成异步观测环，异步环常用于检查观测成果的质量。所以边连式的可靠性优于点连式。

3）网连式。是指相邻同步图形之间有两个以上的公共点连接。这种方法要求 4 台以上的接收机同步观测。它的几何强度和可靠性更高，但所需的经费和时间也更多，一般仅用于较高精度的控制测量。

4）边点混连式。是指将点连式和边连式有机地结合起来组成 GPS 网。如图 5.4（c）所示，它是在点连式基础上加测四个时段，把边连式与点连式结合起来得到的。这种方式既能保证网的几何强度，提高网的可靠性，又能减少外业工作量，降低成本，因而是一种较为理想的布设方法。因此，在网形设计时，应根据具体要求作出选择。

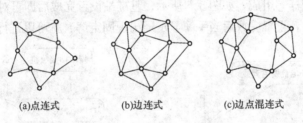

(a)点连式   (b)边连式   (c)边点混连式

图 5.4 GPS 控制网布设形式

任务 5.2 GPS 实时动态（RTK）测量作业

工作任务：GPS 实时动态（RTK）测量作业

一、任务描述

GPS 实时动态测量作业主要用于坐标采集与工程放样。体现出方便、灵活、适用、快捷。本次任务，学会基准站、移动站的安置，会使用电子手簿并能采集点位坐标和工程放样。

二、工作场景

用 2 学时的时间，在较为平坦的技能训练场地上，按教材和教师讲解的操作步骤，对照仪器学习 GPS 测量原理及系统组成学习 GPS 实时动态（RTK）测量作业模式。

三、任务目标

通过本次任务的学习，知道 GPS 测量原理及系统组成，学会 GPS 实时动态（RTK）测量作业模式。

RTK 作业

一、基准站设置

RTK 系统基准站由基准站 GPS 接收机及卫星接收天线、无线电数据链电台及发射天线、直流电源等组成，如图 5.5 所示。将基准站 GPS 接收机安置在开阔的地方，架设脚架、安置基座和卫星天线，对中、整平，用天线高量尺在天线相隔 120°的三个位置量取天线高，并记录。将基准站 GPS 接收机通过电缆与无线电数据链电台连接、电台与发射天线连接后即可开机进行基准站设置，此时可通过电子手簿控制器来完成相应设置。基准站设置完成后可将电子手簿与基准站的联系断开，进行流动站设置。

二、流动站设置

RTK 系统流动站由流动站 GPS 接收机及卫星接收天线、无线电数据链接收机及天线、电子手簿控制器等组成，如图 5.6 所示。基准站设置完成后即可对流动站通过电子手簿控制器进行设置，设置完成后当手簿显示屏出现固定解时就可以进行测量作业了。

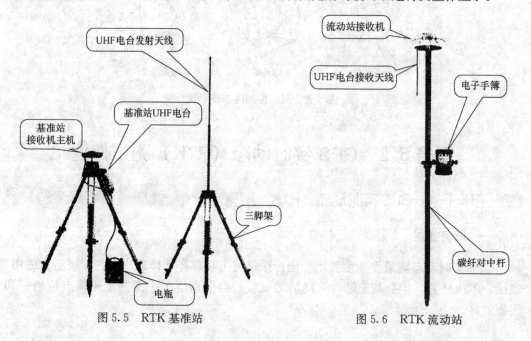

图 5.5　RTK 基准站　　　　图 5.6　RTK 流动站

三、RTK 的作业内容

RTK 定位测量有两种主要形式，即测量点和放样点（包括点的放样、直线的放样和道路的放样）。以上功能的实现由测量工作者通过对电子手簿控制器和流动站的操作来实现，具体操作办法可参阅相应说明书，在此不再详述。

相关知识：GPS 测量技术的应用

实时动态（Real Time Kinematic，RTK）定位技术是 GPS 测量技术与数据传输技术相结合的产物，是 GPS 测量技术发展的一个新突破。采用 RTK 定位技术可实时计算定位结果。

实时动态测量的基本原理是：在基准站上安置一台 GPS 接收机，对所有可见 GPS 卫星进行连续地观测，并将其观测数据通过无线电传输设备实时地发送给用户观测站。GPS 接收机在接收 GPS 卫星信号的同时通过无线电接收设备接收基准站传输的观测数据，然后根据相对定位的原理实时地计算并显示用户站的三维坐标及其精度。

一、工程控制测量

应用 GPS 建立控制网，对于特大桥、隧道、互通式立交等进行控制，宜采用静态 GPS 测量；对于一般路线的控制，可采用实时 GPS 动态测量（RTK）。

目前，国内已逐步采用 GPS 技术布设各等级的路线带状平面控制网、桥梁及隧道面控制网。很多高速公路在建设中先利用 GPS 建立首级控制网，然后用常规方法布设导线加密。实践证明，采用 GPS 技术，在几十公里范围内的点位误差只有 2cm 左右，达到了常规方法难以实现的精度，同时可大大缩短工期。GPS 技术同样应用于特大桥梁的控制测量中，由于无需通视，可构成较强的网形，提高点位精度，同时对检测常规测量的支点也非常有效。实践证明，采用 GPS 对用常规方法建立的高精度边角网进行检测，GPS 检测网可达到毫米级精度。

二、绘制大比例尺地形图

高等级公路建设之前都必须利用中比例尺地形图进行路线选线设计，路线选定后要由测量部门按所选路线走向测绘大比例尺地形图，以便设计人员进行详细设计。用传统方法测图，先要建立控制网，然后进行碎部测量，绘制成大比例尺地形图，工作量大，速度慢，花费时间长。采用 GPS 技术，以卫星作为共同基准，各点间无需通视，为点址的选择提供了极大的方便，在进行路线勘测设计或进行测图控制测量时具有布网灵活、不受气候条件限制、测量精度高、工作效率高和成本低等诸多优点。用实时动态测量（RTK），在沿线每个碎部点上仅需停留较短时间即可获得每点坐标，结合输入的点特征编码及属性信息，构成碎部点的数据，在室内即可由绘图软件成图。由于实时动态测量只需要采集碎部点的坐标和输入其属性信息，而且采集速度快，大大降低了测图的难度，既省时又省力。

三、路线中线测量

进行路线中线测量可应用实时动态测量（RTK）。目前 RTK 中都配备有丰富的专业软件可供选择，例如专门为道路测量设计的软件内置有道路设计程序，只需事先将路线交点的里程和坐标及曲线要素输入，便可由程序自动生成道路中线。采用 RTK 测量系统在野外施测中线时，可按中桩里程逐一调出待放样的中桩点坐标，根据流动台 RTK 控制器屏幕显示的导引，把需要放样的点逐一测设到地面上，精度可达 1cm。这样可以一次性地完成全部中桩的测设，每放样一个点只需几分钟，而且成果可靠。由于每个点的测量都是独立完成的，不会产生累积误差，各点放样精度趋于一致。在中桩放样的同时还可得到各中桩的地面高程，同时完成纵断面的测量。事实证明，应用 RTK 测量可以大大地提高中线测量的效率。

四、路线纵、横断面测量

路线中线确定后，可以利用测绘得到的带状数字地形图，并根据中桩点坐标，通过绘图软件绘出路线纵断面和各桩点的横断面。由于不需要再到现场进行纵、横断面测量，大大减少了外业工作；即使需要到现场进行断面测量，也可采用 RTK 快速完成。

随着 GPS 技术的不断发展及其在道路工程测量中的广泛应用，道路工程测量的手段和作业方法也产生了革命性的变革，卫星定位测量在道路勘测、施工放样、工程监理、竣工测量等方面有着广阔的应用前景。

■ 巩固训练：用GPS采集点的坐标和放样 ■

一、训练目标
能用 GPS 采集点的坐标和点的放样。

二、训练内容
1）基准站和移动站的安置。
2）电子手簿参数的设置。
3）采集点的坐标和点的放样。

三、训练条件
1）在训练场所内有一定数量的已知控制点。
2）由指导教师带领学生用 GPS 采集点的坐标和点的放样。

四、训练步骤（以南方测绘灵锐为例）
1）将基准站安置在已知点上，连接好电缆，打开基准站主机与数传电台电源，打开移动站主机与 JETT 电源，量取基准站和移动站的仪器高。

2）打开手簿进入工程之星，当有 4 颗以上数量的卫星信号时，会进行"固定解"状态。

3）使用向导方式新建工程。按提示输入新建工程名、选择椭球参数与高斯投影参数。

4）校正。GPS 所测坐标是 WGS-84 坐标系的坐标，如要将其变换为用户坐标系的坐标，则坐标测量前应先求坐标变换参数。执行下拉菜单"工具/校正向导"命令，按屏幕提示即可完成校正操作。有一点、二点和三点校正法，最好选择三点校正法，为提高校正的精度，三个已知坐标点最好均匀分布在测区外围。

5）采集点的坐标。将移动站安置在需要采集的碎部点上，当状态为"固定解"，HRMS 和 VRMS 的值较小时按 A 键，输入点名、移动站天线高与点编码，点击"确定"，即将碎部点坐标存入文件中。

6）点放样。从测量进入点放样，从坐标库中选择放样点或直接输入放样点坐标，确定后进入放样指示界面，根据提示进行移动即可放样出点的位置。

思考与练习

1. GPS 全球定位系统由哪几部分组成？

2. GPS 地面监控系统有哪些？各有什么作用？

3. 什么是 RTK 技术？

4. RTK 系统由哪几部分组成？

5. GPS 网的图形布设有哪几种基本形式？各有何特点？

测量数据误差分析与成果评价

教学目标

1. 认识测量误差的基本特性及其对观测结果的影响规律。

2. 能正确确定未知量的最可靠值及其精度。

3. 能合理制订观测方案、采取措施尽量减小测量误差对测量结果的影响。

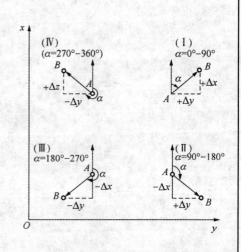

任务 测量误差分析和测量数据评价

■■ 工作任务：测量成果评价和误差分析 ■■

根据测量误差分类与特性，要求能对测量距离、角度、高差出现的误差进行判断，采取相应的措施加以消除或减小，并对测量成果进行评价和误差分析。

■■ 实践操作 ■■

1）总结并列出前面实习实训项目在测量距离、角度、高差中出现的误差。

2）对测量中出现的误差进行分类，如属于系统误差还是偶然误差。

3）独立完成测量数据误差分析与成果评价。由教师给出测量数据，参照下面的例题。

【例 6.1】 设有甲、乙两个小组对某三角形的内角和观测了 10 次，分别求得其误差如下：

甲组，$+4''$，$+3''$，$+5''$，$-2''$，$-4''$，$-1''$，$+2''$，$+3''$，$-6''$，$-2''$；乙组，$+3''$，$+5''$，$-5''$，$-2''$，$-7''$，$-1''$，$+8''$，$+3''$，$-6''$，$-1''$。试求这两组观测值的中误差。

解

$$m_{甲} = \pm\sqrt{\frac{4^2+3^2+5^2+2^2+4^2+1^2+2^2+3^2+6^2+2^2}{10}} = \pm 3.5''$$

$$m_{乙} = \pm\sqrt{\frac{3^2+5^2+5^2+2^2+7^2+1^2+8^2+3^2+6^2+1^2}{10}} = \pm 4.7''$$

比较 $m_{甲}$ 和 $m_{乙}$ 可知，甲组的观测精度比乙组高。

【例 6.2】 对某直线丈量了 6 次，丈量结果如表 6.1 所示，求算术平均值、算术平均值中误差及相对中误差。

解 根据式（6.7）～式（6.11）计算算术平均值、改正数、观测值中误差和算术平均值中误差，其结果均列于表 6.1 中。

在表 6.1 中，按步骤计算可求得等精度直接观测值的最可靠值及其中误差。

表 6.1 等精度直接观测值的最可靠值计算

测 次	距离/m	改正数/mm	vv	计 算
1	124.553	10	100	$m = \pm\sqrt{\frac{[vv]}{n}} = \pm 6.5$
2	124.565	-2	4	
3	124.569	-6	36	$M = \frac{m}{\sqrt{n}} = \pm 2.6$
4	124.570	-7	49	
5	124.559	4	16	$m = \pm\sqrt{\frac{[vv]}{n}} = \pm 6.5$
6	124.561	2	4	
平均	124.563	$[v] = +1$	$[vv] = 209$	$M = \frac{m}{\sqrt{n}} = \pm 2.6$

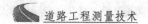 相关知识：测量误差与精度评定标准

一、测量误差的概念

在取得观测数据的过程中，由于受到多种因素的影响，在对同一对象进行多次观测时，每次的观测结果总是不完全一致或与预期目标（真值）不一致。平面三角形内角和为 180°，但三个内角的观测值之和往往不等于 180°；闭合水准测量线路各测段高差之和的真值应为 0，但经过大量水准测量的实践证明，各测段高差的观测值之和一般也不等于 0；同一人用同一台经纬仪对某一固定角度重复观测多次，各测回的观测值往往互不相等；同一组人用同样的测距工具对同一段距离重复测量多次，各次的距离值也往往有一定的差距，这些现象在测量实践中普遍存在。

这种观测量之间的差值或观测值与真值之间的差值称为测量误差，表示为

$$\Delta = l - x \tag{6.1}$$

式中，Δ——测量误差；

l——观测值；

x——真值。

二、研究测量误差的目的和意义

一般说来，人们在测量中总希望每次观测所出现的测量误差越小越好，甚至趋近于 0。但要做到这一点，就要用极其精密的测量仪器，采用十分严密的观测方法，付出高昂的代价。在生产实践中，根据不同的测量目的和要求，是允许在测量结果中含有一定程度的测量误差的。因此，实际测量工作并不是简单地使测量误差越小越好，而是根据实际需要，将测量误差限制在适当的范围内。

研究测量误差是为了认识测量误差的基本特性及其对观测结果的影响规律，建立处理测量误差的数学模型，确定未知量的最可靠值及其精度，进而判定观测结果是否可靠或合格。在认识了测量误差的基本特性和影响规律之后，能指导测量员在观测过程中如何制订观测方案、采取措施尽力减小测量误差对测量结果的影响。

三、测量误差的来源

产生测量误差的原因有多种，其主要来源可概括如下。

1. 仪器误差

观测仪器本身构造不可能十分完善，观测时测量仪器各轴系之间还存在不严格平行或垂直的问题，从而导致测量仪器误差。

2. 观测者的误差

每个人的感觉器官不可能十分完善和准确，都会产生一些分辨误差，如人眼对长度的最小分辨率是 0.1mm，对角度的最小分辨率是 60″。不同的人操作习惯不同，也会

对测量结果产生影响，主要体现在仪器的对中、照准、读数等方面。

3. 外界条件误差

测量时所处的外界环境（如风、温度、土质等）处在不断变化之中，如风影响测量仪器和观测目标的稳定，温度变化影响大气介质的变化，从而影响测量视线在大气中的传播线路等。

仪器、观测者和外界条件三方面因素综合影响观测结果，使其偏离真值而产生误差，因此把三者合称为观测条件。

观测结果的质量与观测条件的好坏有着密切的关系。观测条件好，观测时产生的误差就可能小些，因而观测结果的质量就高些；反之，则观测结果的质量就低些。当观测条件相同时观测结果的质量可以认为相同。

四、测量误差的分类及处理方法

根据测量误差的性质可将测量误差可分为系统误差和偶然误差。

1. 系统误差

系统误差是在一定的观测条件下作一系列观测时，其符号和大小均保持不变，或按一定规律变化着的误差。产生系统误差的原因有很多，主要是使用的仪器和工具不够完善及外界条件的改变等。例如，水准尺的 1m 刻划与 1m 真长不等，水准仪的视准轴与水准管轴不平行，大气折光对测角有影响等。

系统误差具有积累性，对测量结果的影响很大，因此必须给予足够地重视。处理系统误差的方法有以下几种：

1) 找出产生系统误差的原因，利用已有公式对观测值进行改正，如对距离观测值进行必要的尺长改正、温度改正、地球曲率改正等。

2) 在观测方法和观测程序上采取必要的措施，限制或削弱系统误差的影响。如在水准测量中，在测站上采用"后—前—前—后"的观测程序可以削弱仪器下沉对测量结果的影响，前后视距保持相等可削弱水准仪的视准轴与水准管轴不平行对测量结果的影响；在水平角测量时，采用盘左、盘右观测值取平均值的方法可以削弱视准轴误差的影响。

3) 将系统误差限制在一定的允许范围之内。有些系统误差既不便于计算改正，又不能采用一定的观测方法加以消除，如视准轴误差对水平角的影响、水准尺倾斜对读数的影响。对于这类误差，则必须严格遵守操作规程，对仪器进行精确检校，使其影响减小到允许范围之内。

2. 偶然误差

在相同的观测条件下作一系列的观测，如果观测误差在大小和符号上都表现出随机性，即大小不等、符号不同，但统计分析的结果都具有一定的统计规律性，这种误差称为偶然误差。

　　偶然误差是由人的感觉器官和仪器的性能受到一定的限制，以及观测时受到外界条件的影响等原因造成的。如仪器本身高燥不完善而引起的误差，观测者的估读误差，照准目标时的照准误差，不断变化着的外界环境，温度、湿度的忽高忽低，风力的忽大忽小等，均会使观测的数据有时大于被观测量的真值，有时小于被观测量的真值。

　　从单个偶然误差来看，其出现的符号和大小没有一定的规律，但对大量偶然误差进行统计分析，就可发现如下规律，并且误差个数越多规律越明显：

　　1）在一定的观测条件下偶然误差的绝对值不会超过一定的限值，即有界性。

　　2）绝对值小的误差比绝对值大的误差出现的可能性大，即单峰性。

　　3）绝对值相等的正、负误差出现的可能性相等，即对称性。

　　4）偶然误差的算术平均值随着观测次数的无限增加而趋近于 0，即补偿性。

减小偶然误差的措施有：

1）提高仪器的等级，可减小偶然误差的范围。

2）多余观测测量数据，将误差大的舍去，保留误差小的数据。

3）求最可靠值，即算术平均值。

　　测量中，有时测量员因疏忽大意、失职而引起如读数错误、记录错误、照准目标错误等，有时测量仪器自身或受外界干扰发生故障而引起的为粗差，即错误。粗差产生的原因较多，对测量结果的影响巨大，必须引起足够的重视。在观测过程中要尽力避免粗差。发现粗差的有效办法是：严格遵守国家测量规范或规程，进行必要的重复观测，通过多余观测条件，采用必要而严密的检核、验算等措施。不同的人、不同的仪器、不同的测量方法和不同的观测时间是发现粗差的最好方式。一旦发现粗差，该观测值必须舍弃并重测。测量员要养成良好的测量习惯，如记录员站在水准仪的右侧，不仅要记录数据，还要回报数据，时刻提醒观测员管水准器没有整平。

五、评定精度的标准

　　精度是指对某个量进行多次同精度观测时其偶然误差分布的离散程度。在相同的观测条件下所进行的一组观测称为等精度观测，在不相同的观测条件下所进行的一组观测称为不等精度观测。

　　测量工作中观测对象的真值只有一个，而观测值有无数个，其真误差也有相同的个数，有正有负、有大有小。以真误差的平均值作为衡量精度的标准非常不实用，因为真误差的平均值都趋近于 0；以真误差绝对值的大小来衡量精度也不能反映这一组观测值的整体优劣。因此，测量中引用了数理统计中均方差的概念，并以此作为衡量精度的标准，具体到测量工作中，以中误差、相对中误差和容许误差作为衡量精度的标准。中误差越大，精度越低；反之，中误差越小，精度越高。

1. 中误差

　　设在相同的观测条件下对某量进行了 n 次观测，其观测值为 l_1，l_2，$\cdots$，l_n，相应的真误差为 Δ_1，Δ_2，$\cdots$，Δ_n，则中误差为

$$m = \pm\sqrt{\frac{[\Delta\Delta]}{n}} \qquad (6.2)$$

式中，m——中误差；

　　$[\Delta\Delta]$——$= \Delta_1^2 + \Delta_2^2 + \cdots + \Delta_n^2$；

　　n——观测数。

中误差不同于各个观测值的真误差，它是衡量一组观测精度的指标，它的大小反映出一组观测值的离散程度。中误差 m 值小，表明误差的分布较为密集，各观测值之间的差异也较小，这组观测的精度就高；反之，中误差 m 值较大，表明误差的分布较为离散，观测值之间的差异也大，这组观测的精度就低。

用改正数计算观测值的中误差，按中误差的定义式计算中误差时，需要知道观测值的真误差 Δ，但一般情况下真值 x 是不知道的，因此也就无法求得观测值的真误差。在实际工作中通常是用观测值的改正数计算中误差，用改正数计算的观测值的中误差为

$$m = \pm\sqrt{\frac{[vv]}{n}} \qquad (6.3)$$

我国统一采用中误差作为衡量精度的指标。

2. 相对中误差

在某些情况下单用中误差还不能准确地反映出观测精度的优劣。例如，丈量了长度为 100m 和 200m 的两段距离，其中误差均为 ± 0.01m，显然不能认为这两段距离的精度相同，这时为了更客观地反映实际情况，还必须引入相对中误差的概念，以相对中误差 K 来作为衡量精度的标准。

相对中误差是中误差的绝对值与相应观测值之比，并用分子为 1 的分数来表示，即

$$K = \frac{|m|}{D} = \frac{1}{D/|m|} \qquad (6.4)$$

3. 容许误差

由偶然误差的第一个特性可知，在一定的观测条件下偶然误差的绝对值不会超过一定的限度。误差理论和大量的实践证明，在一系列等精度的观测中，绝对值大于 2 倍中误差的偶然误差出现的可能性约为 5%；绝对值大于 3 倍中误差的偶然误差出现的可能性约为 0.3%。因此，测量上常取 2 倍或 3 倍中误差为误差的限值，称为容许误差，即

$$\Delta_{极} = 3m \qquad (6.5)$$
$$\Delta_{容} = 2m \qquad (6.6)$$

在观测数据检查和处理工作中常以容许误差作为精度的衡量标准，观测值误差不应大于容许误差，否则应重测。

六、观测值的最可靠值及其中误差

1. 算术平均值

设对某量作了 n 次等精度的独立观测，观测值为 $l_1, l_2, \cdots, l_n$，则算术平均值为

$$x = \frac{l_1 + l_2 + \cdots + l_n}{n} = \frac{[l]}{n} \tag{6.7}$$

可以利用偶然误差的特性证明算术平均值比组内的任一观测值更接近于真值，我们将最接近于真值的近似值称为最或然值或称为最可靠值。

2. 算术平均值中误差

算术平均值是未知量的最可靠值，算术平均值 L 与其真值的差称为似真差 δ，似真差 δ 就是真误差的算术平均值。依据偶然误差的特性，δ 趋近于 0。

$$\delta^2 = \frac{[\Delta_1^2 + \Delta_2^2 + \cdots + \Delta_n^2]}{n^2} \tag{6.8}$$

根据统计，观测次数增加时可提高观测结果的精度，但当观测次数达到 9 次左右时，再增加观测次数，算术平均值的精度提高将很微小，因此不能单纯依靠增加观测次数来提高测量精度，还必须从测量方法和测量仪器方面来提高测量精度。

根据误差传播定律可知，算术平均值的中误差仅为一次观测值中误差的 $1/\sqrt{n}$，则算术平均值中误差 M 为

$$M = \frac{m}{\sqrt{n}} \tag{6.9}$$

■■ 巩固训练：对一组测量数据进行精度评价 ■■

一、训练目标

学会对测量数据进行精度评价。

二、训练内容

1）用 DJ_6 经纬仪对一水平角测量 4 测回。

2）计算一测回观测中误差、算术平均值及其中误差。

3）用计算器统计功能计算以上参数。

三、训练条件

1）领取 DJ_6 经纬仪 1 套、花杆 2 根。

2）训练场所布设所测水平角。

四、训练步骤

1）用 DJ_6 经纬仪测回法对地面一水平角测量 4 测回。

2）按中误差计算公式计算一测回观测中误差、算术平均值及其中误差，其计算公式见上文。

3）学习计算器的使用技巧与统计功能，用计算器统计功能计算观测中误差、算术平均值及其中误差。

思考与练习

1. 为什么测量结果中一定存在测量误差？测量误差的来源有哪些？

2. 如何区分系统误差和偶然误差？它们对测量结果有何影响？

3. 偶然误差有哪些特性？能否消除偶然误差？

4. 设用钢尺丈量一段距离，6 次丈量结果分别为 216.345m，216.324m，216.335m，216.378m，216.364m，216.319m，试计算其算术平均值、观测值中误差、算术平均值中误差及其相对中误差。

5. 用 J_6 经纬仪观测某水平角 4 个测回，其观测值分别为 $37°38'24''$，$37°38'27''$，$37°38'21''$，$37°38'42''$，试计算一测回观测中误差、算术平均值及其中误差。

项目 7

小区域控制测量

教学目标

1. 能进行经纬仪导线测量的外业工作和内业计算。

2. 能用全站仪进行坐标导线测量及成果计算。

3. 能进行高程控制测量。

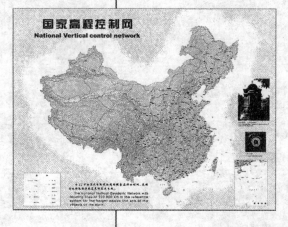

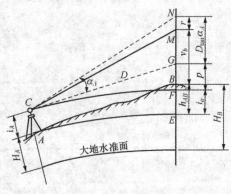

任务 7.1　经纬仪导线测量

■ 工作任务：用经纬仪进行导线测量 ■

一、任务描述

经纬仪导线测量是用经纬仪测角、钢尺量距的传统的导线测量方法。本次任务中，能够熟练的利用经纬仪进行导线测量的具体实施步骤，理解角度测量、距离测量对导线精度的影响及测量过程中应采取的提高精度的措施，学会导线的内业计算。

二、工作场景

按 4～6 人一组，分工协作，用 2～3 学时的时间，按选定的导线路线用经纬仪完成导线的角度测量任务。在测量过程中，会辨认每测站上所测角度是外角还是内角（闭合导线），是左角还是右角。利用钢尺进行导线边的测量，用观测成果和已知条件联合计算导线点的坐标，每人独立计算一份。

三、任务目标

通过经纬仪导线测量任务的完成，总结测量过程中出现的各种问题，从人员的配合、仪器操作、观测读数、记录计算等方面分析原因，深化对导线测量的理解；通过整个任务过程的训练，学会导线测量的实施与计算。

■ 实践操作 ■

一、每组所需仪器工具

1）由仪器室借领：DJ$_6$ 或 DJ$_2$ 经纬仪 1 套、钢尺 1 盒、花杆 5 根、测钎 1 束、木桩、斧子、小钉等。

2）自备：记录表、铅笔、计算器、草稿纸等。

二、操作要求

1）导线点选点布设时的注意事项：相邻点间的通视，点位便于保存，点位易于寻找，点位不要设在道路中间，导线点位应便于安置仪器及点的编号等。这些注意事项教师不仅要在任务开始时要交代清楚，而且在巡视学生选点时还应不断地观察和提醒。

2）水平角观测时对手簿记录的要求必须严格，凡是不合要求的手簿记录必须重测，使学生养成良好的工作作风。

3）整个任务期间各小组工作的地点较为分散，教师应不断地巡回检查，一方面对作业操作进行指导，另一方面则应注意对仪器安全保护状况进行检查。水平角观测时观测员离开仪器去看记录员记录的情况常有发生，必须随时注意仪器的安全保护。

三、导线测量的实施要点

1）角度观测应遵守下列规定：观测应在成像清晰、稳定的条件下进行。晴天的日出、日落和中午前后，如果成像模糊或跳动剧烈，不应进行观测。

2）观测前应晾置仪器30分钟，让仪器温度与外界温度基本一致后才能开始观测。观测过程中仪器不得受日光直接照射。

3）仪器照准部旋转时应平稳匀速；制动螺旋不宜拧得过紧；微动螺旋应尽量使用中间部位。精确照目标时微动螺旋最后应为旋进方向。

4）观测过程中仪器气泡中心偏离值不得超过一格。当偏移值接近限值时应在测回之间重新整置仪器。

四、注意事项

1）观测必须按规范要求进行，观测成果应做到记录真实、字迹工整、注记明确，观测要求及各项限差均应符合规范规定。

2）观测完后应立即检查记录，计算各项观测误差是否在限差范围内，确认全部符合规定限差方可离去，以免造成不必要的返工与重测。

五、操作方法与步骤

由于这是一次综合性的训练，教师对学生的指导应是给予导线测量的整体如识，使学生能全面了解导线测量的工作过程和主要注意事项。对于导线的布设范围，教师应对各小组进行统一安排，避免各小组间在作业时相互干扰。

就一般情况来讲，此项任务分三步进行，即场区选点、水平角观测和距离丈量。

要求施测一条至少有4个点的闭合导线。

1）水平角用2个方向的测回法观测。

2）水平角观测的位置为前进方向的左角或者内角。

3）每个水平角观测1测回（DJ$_2$）或2个测回（DJ$_6$）。

4）每人至少观测1个水平角。

5）角度闭合差 $f_\beta \leqslant 60''\sqrt{n}$ 。

6）用钢尺丈量导线边长时，每条边长要往返丈量，往返测相对误差小于$\frac{1}{2000}$。

相关知识：平面控制测量

一、平面控制测量概述

控制测量分为平面控制测量和高程控制测量，平面控制测量确定控制点的平面位

置 (x,y)，高程控制测量是确定控制点的高程（H）。

平面控制网常规的布设方法有三角网、三边网和导线网。三角网是测定三角形的所有内角以及少量边，通过计算确定控制点的平面位置；三边网则是测定三角形的所有边长，各内角通过计算求得；导线网是把控制点连成折线多边形，测定各边长和相邻边夹角，计算它们的相对平面位置。

在全国范围内布设的平面控制网称为国家平面控制网。国家平面控制网采用逐级控制、分级布设的原则，分一、二、三、四等，主要由三角测量法布设，在西部困难地区采用导线测量法。一等三角锁沿经线和纬线布设成纵横交叉的三角锁系，锁长 200～250km，构成许多锁环。一等三角锁内由近于等边的三角形组成，边长为 20～30km。二等三角测量如图 7.1 所示，有两种布网形式：一种是由纵横交叉的两条二等基本锁将一等锁环划分成 4 个大致相等的部分，这 4 个空白部分用二等补充网填充，称为纵横锁系布网方案；另一种是在一等锁环内布设全面二等三角网，称为全面布网方案。二等基本锁的边长为 20～25km，二等网的平均边长为 13km。一等锁的两端和二等网的中间都要测定起算边长、天文经纬度和方位角，所以国家一、二等网合称为天文大地网。我国天文大地网于 1951 年开始布设，1961 年基本完成，1975 年修补测工作全部结束，全网约有 5 万个大地点。在城市地区，为满足大比例尺测图和城市建设施工的需要，常布设城市平面控制网。城市平面控制网在国家控制网的控制下布设，按城市范围大小布设不同等级的平面控制网，分为二、三、四等三角网和一、二级及图根小三角网或三、四等及一、二、三级和图根导线网。城市三角测量和导线测量的主要技术要求如表 7.1 和表 7.2 所示。

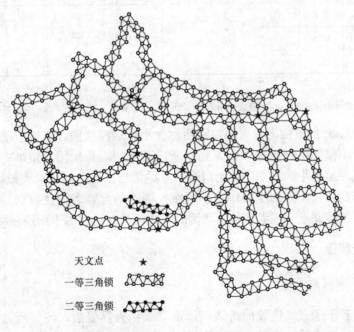

图 7.1　部分地区国家一、二等三角网

表 7.1　城市三角测量的主要技术要求

等级	平均边长/km	测角中误差/(″)	起始边相对中误差	最弱边边长相对中误差	测回数			三角形最大闭合差/(″)
					DJ₁	DJ₂	DJ₆	
二等	9	±1	1/300 000 首级	1/120 000	12	—	—	±3.5
三等	5	±1.8	1/200 000 首级	1/80 000	6	9	—	±7
四等	2	±2.5	1/200 000	1/45 000	4	6	—	±9
一级小三角	1	±5	1/40 000	1/20 000	—	2	6	±15
二级小三角	0.5	±10	1/20 000	1/10 000	—	1	2	±30
图根	最大视距的 1.7 倍	±20	1/10 000	1/10 000				±60

注：1）当最大测图比例尺为 1∶1000 时，一、二级小三角边长可适当放大，但最长不大于表中规定值的 2 倍。

2）图根小三角方位角闭合差为 $±40″\sqrt{n}$，n 为测站数。

表 7.2　经纬仪导线的主要技术要求

等级	测图比例尺	附合导线长度/m	平均边长/m	测距相对误差	测角中误差/(″)	导线全长相对闭合差	测回数		方位角闭合差/(″)
							DJ₂	DJ₆	
一级		2500	250	≤1/20 000	≤±5	≤1/10 000	2	4	≤$±10\sqrt{n}$
二级		1800	180	≤1/15 000	≤±8	≤1/7000	1	3	≤$±16\sqrt{n}$
三级		1200	120	≤1/10 000	≤±12	≤1/5000	1	2	≤$±24\sqrt{n}$
图根	1∶500	500	75			≤1/2000		1	≤$±60\sqrt{n}$
	1∶1000	1000	110						
	1∶2000	2000	180						

注：1）n 为测站数。

2）图根测角中误差为 ±30″，首级控制为 ±30″；方位角闭合差一般为 $±60″\sqrt{n}$，首级控制为 $±40″\sqrt{n}$。

在小于 10km² 的范围内建立的控制网称为小区域控制网。在这个范围内水准面可视为水平面，不需要将测量成果归算到高斯平面上，而是采用直角坐标，直接在平面上计算坐标。在建立小区域平面控制网时，应尽量与已建立的国家或城市控制网联测，将国家或城市高级控制点的坐标作为小区域控制网的起算和校核数据。如果测区内或测区周围无高级控制点，或者不便于联测时，也可建立独立的平面控制网。

二、导线测量

1. 导线的布网形式

导线是由若干条直线连成的折线，每条直线称为导线边，相邻两直线之间的水平角称为转折角。测定了转折角和导线边长之后，即可根据已知坐标方位角和已知坐标算出各导线点的坐标。按照测区的条件和需要，导线可以布置成下列几种形式：

1）闭合导线：如图 7.2（a）所示，由一个已知控制点出发，最后仍旧回到这一点，形成一个闭合多边形。在闭合导线的已知控制点上必须有一条边的坐标方位角是已知的。

2）附合导线：如图 7.2（b）所示，从一个已知控制点出发，终止于另一个已知控制点。控制点上可以有一条边或几条边是已知坐标方位角的边，也可以没有已知坐标方位角的边。

3）支导线：如图 7.2（c）所示，从一个已知控制点出发，既不附合到另一个控制点，也不回到原来的始点。支导线没有检核条件，故一般只限在地形测量的图根导线中采用。

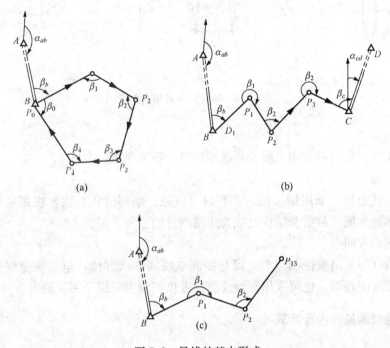

图 7.2　导线的基本形式

2. 导线测量的外业观测

导线测量的外业包括踏勘、选点、埋石、造标、测角、测边和测定方向。

（1）踏勘、选点及埋设标志

踏勘是为了了解测区范围、地形及控制点情况，以便确定导线的形式和布置方案；选点应考虑便于导线测量、地形测量和施工放样。选点的原则为：

1）相邻导线点间必须通视良好。

2）等级导线点应便于加密图根点，导线点应选在地势高、视野开阔、便于碎步测量的地方。

3）导线边长大致相同。

4）密度适宜，点位均匀，土质坚硬，易于保存和寻找。

选好点后应直接在地上打入木桩，桩顶钉一小铁钉或划"＋"作为点的标志，必要时在木桩周围灌上混凝土［图7.3（a）］。如导线点需要长期保存，则应埋设混凝土桩或标石［图7.3（b）］，埋桩后应统一进行编号。为了便于今后查找，应量出导线点至附近明显地物的距离，绘出草图，注明尺寸，称为点之记［图7.3（c）］。

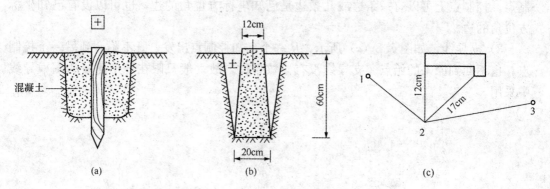

图7.3 导线点标石与点之记

（2）测角

可测左角，也可测右角。闭合导线测内角，精度要求见表7.2。

（3）测边

传统导线边长可采用钢尺法、测距仪（气象、倾斜改正）法、视距法等方法。随着测绘技术的发展，目前全站仪已成为距离测量的主要手段。

（4）测定方向

测区内有国家高级控制点时，可与控制点联测推求方位，包括测定联测角和联测边；当联测有困难时，也可采用罗盘仪测磁方位，或用陀螺经纬仪测定方向。

三、导线测量的内业计算

1. 坐标的正算和反算

如图7.4所示，已知一点 A 的坐标 x_A、y_A，边长 D_{AB} 和坐标方位角 α_{AB}，求 B 点的坐标 x_B、y_B，称为坐标正算问题。由图7.4可知

$$\left.\begin{array}{l} x_B = x_A + \Delta x_{AB} \\ y_B = y_A + \Delta y_{AB} \end{array}\right\} \tag{7.1}$$

式中，Δx——纵坐标增量；

Δy——横坐标增量。

它们是边长在坐标轴上的投影，即

$$\left.\begin{array}{l} \Delta x_{AB} = D_{AB} \cdot \cos\alpha_{AB} \\ \Delta y_{AB} = D_{AB} \cdot \sin\alpha_{AB} \end{array}\right\} \tag{7.2}$$

Δx、Δy 的正负取决于 $\cos\alpha$、$\sin\alpha$ 的符号，要根据 α 的大小、所在象限来判别，如图7.5所示。由式（7.2），式（7.1）又可写成

$$x_B = x_A + D_{AB} \cdot \cos\alpha_{AB} \atop y_B = y_A + D_{AB} \cdot \sin\alpha_{AB}} \tag{7.3}$$

如图 7.4 所示，设已知两点 A、B 的坐标，求边长 D_{AB} 和坐标方位角 α_{AB}，称为坐标反算，则可得

$$\alpha_{AB} = \arctan \frac{\Delta y_{AB}}{\Delta x_{AB}} \tag{7.4}$$

$$D_{AB} = \sqrt{\Delta x_{AB}^2 + \Delta y_{AB}^2} \tag{7.5}$$

其中，$\Delta x_{AB} = x_B - x_A$，$\Delta y_{AB} = y_B - y_A$。

由式（7.4）求得的 α 可在四个象限之内，它由 Δx 和 Δy 的正负符号确定，即

$$\begin{aligned}
\alpha &= \arctan \frac{\Delta y}{\Delta x} \,(\alpha \text{ 在第一象限时}) \\
\alpha &= 180° + \arctan \frac{\Delta y}{\Delta x} \,(\alpha \text{ 在第二象限时}) \\
\alpha &= 180° + \arctan \frac{\Delta y}{\Delta x} \,(\alpha \text{ 在第三象限时}) \\
\alpha &= 360° + \arctan \frac{\Delta y}{\Delta x} \,(\alpha \text{ 在第四象限时})
\end{aligned}\right\}$$

实际上，由图 7.5 可知，$\alpha = 180° + \arctan \left| \dfrac{\Delta y}{\Delta x} \right| = R$（象限角），将象限角换算为方位角，也可得到同样的结果，见表 7.3。

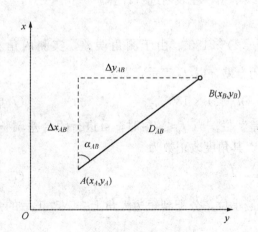

图 7.4　坐标的正、反算

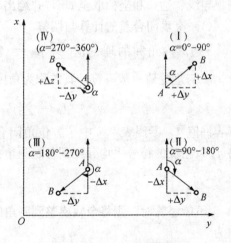

图 7.5　坐标增量的正负

表 7.3　坐标增量正、负号的规律

象　　限	坐标方位角 α	Δx	Δy
Ⅰ	0°～90°	+	+
Ⅱ	90°～180°	−	+
Ⅲ	180°～270°	−	−
Ⅳ	270°～360°	+	−

【例 7.1】 已知 $x_A = 1874.43$m，$y_A = 43\,579.64$m，$x_B = 1666.52$m，$y_B = 43\,667.85$m，求 α_{AB}。

解 由已知坐标得

$$\left.\begin{aligned}\Delta y_{AB} &= 43\,667.85 - 43\,579.64 = 88.21\text{m}\\ \Delta x_{AB} &= 1666.52 - 1874.43 = -207.91\text{m}\end{aligned}\right\}$$

由上知：α 在第二象限，则

$$\alpha_{AB} = 180° + \tan^{-1}\frac{88.21}{-207.91} = 180° - 22°59'24'' = 157°00'36''$$

【例 7.2】 已知 AB 边的边长及坐标方位角分别为 $D_{AB} = 135.62$m，$\alpha_{AB} = 80°36'54''$，若 A 点的坐标为 $x_A = 435.56$m，$y_A = 658.82$m，试计算终点 B 的坐标。

解 根据式（7.3），得

$$\left.\begin{aligned}x_B &= x_A + D_{AB}\cos\alpha_{AB} = 435.56\text{m} + 135.62\text{m} \times \cos80°36'54'' = 457.68\text{m}\\ y_B &= y_A + D_{AB}\sin\alpha_{AB} = 658.82\text{m} + 135.62\text{m} \times \sin80°36'54'' = 792.62\text{m}\end{aligned}\right\}$$

2. 闭合导线的坐标计算

导线计算的目的：推算各导线点的坐标（x_i，y_i）。下面结合实例介绍闭合导线的计算方法。计算前必须按技术要求对观测成果进行检查和核算，然后将观测的内角及边长填入表 7.4 中的第 2、6 栏，起始边方位角和起点坐标值填入第 5、11、12 栏顶上格（带有双横线的值）。对于四等以下导线，角值取至秒（'），边长和坐标取至 mm，图根导线、边长和坐标取至 cm，并绘出导线草图，在表内进行计算。

（1）高度闭合差的计算与调整

n 边形内角和的理论值 $\sum\beta_{\text{理}} = (n-2) \times 180°$。由于测角误差，实测内角和 $\sum\beta_{\text{测}}$ 与理论值一般不符，其差称为角度闭合差，以 f_β 表示，即

$$f_\beta = \sum\beta_{\text{测}} - (n-2) \times 180° \tag{7.6}$$

其容许值 $f_{\beta\text{容}}$ 参照表 7.2 中"方位角闭合差"栏。当 $f_\beta \leqslant f_{\beta\text{容}}$ 时，可进行闭合差调整，将 f_β 以相反的符号平均分配到各观测角去。其角度改正数为

$$v_\beta = -\frac{f_\beta}{n} \tag{7.7}$$

当 f_β 不能整除时，则将余数凑整到测角的最小位，分配到短边大角上去。改正后的角值为

$$\beta_i = \beta'_i + v_\beta \tag{7.8}$$

调整后的角值（填入表 7.4 中第 4 栏）必须满足 $\sum\beta = (n-2) \times 180°$，否则表示计算有误。

（2）各边坐标方位角推算

根据导线点编号、导线内角（即右角）改正值和起始边即可按公式如下公式依次计算 α_{23}、α_{34}、α_{41}，直到回到起始边 α_{12}。（填入表 7.4 第 5 栏）。经校核无误，方可继续往下计算。

表 7.4　闭合导线坐标计算

点号	观测角（左角）/(° ′ ″)	改正数/(″)	改正角 4=(2)+(3)/(° ′ ″)	坐标方位角 α/(° ′ ″)	距离 D/m	增量计算值 Δx/m	增量计算值 Δy/m	改正后增量 Δx/m	改正后增量 Δy/m	坐标值 x/m	坐标值 y/m	点号
1				335 24 00	201.60	+5 +183.30	+2 -83.92	183.35	-83.90	<u>500.00</u>	<u>500.00</u>	1
2	108 27 18	-10	108 27 08	263 51 08	263.40	+7 -28.21	+2 -261.89	-28.14	-261.87	683.35	416.10	2
3	84 10 18	-10	84 10 08	168 01 16	241.00	+7 -235.75	+2 +50.02	-235.68	50.04	655.21	154.23	3
4	135 49 11	-10	135 49 01	123 50 17	200.40	+5 -111.59	+1 +166.46	-111.54	+166.47	419.53	204.27	4
5	90 07 01	-10	90 06 51	33 57 08	231.40	+6 +191.95	+2 129.24	+192.01	+129.26	307.99	370.74	5
1	121 27 02	-10	121 26 52	335 24 00						500.00	500.00	1
Σ	540 00 50	-50	540 00 00		1137.80	-0.30	-0.90	0	0			

辅助计算

$$f_\beta = \sum \beta_测 - (n-2) \times 180° = 540°00'50'' - 540° = +50''\ ;\quad f_{\beta容} = \pm 60''\sqrt{5} = 134''$$

$$f_x = \sum \Delta X = -0.30\text{m},\quad f_y = \sum \Delta y = -0.09\text{m}$$

$$K_容 = \frac{1}{2000}\ ,\ \text{导线全长闭合差}\ f_d = \sqrt{f_x^2 + f_y^2} = 0.31\text{m}$$

$$K_容 = \frac{1}{2000}\ ,\quad \frac{0.31}{1137.80} \approx \frac{1}{3600} < K_容 = \frac{1}{2000}$$

导线全长相对闭合差 $K = \dfrac{0.31}{1137.80} \approx \dfrac{1}{3600} < K_容 = \dfrac{1}{2000}$

$$\left.\begin{array}{l}\alpha_{前} = \alpha_{后} + \beta_{左} - 180° \\ \alpha_{前} = \alpha_{后} - \beta_{右} + 180°\end{array}\right\} \tag{7.9}$$

注意 α 的取值范围，当计算的 α 为负时加 $360°$，当计算的 α 超过 $360°$ 时减去 $360°$。

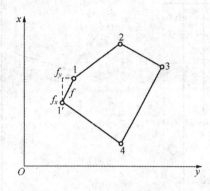

图 7.6　闭合导线坐标增量及闭合差

（3）坐标增量的计算

根据各边长及其方位角，用公式（7.2）计算纵、横坐标增量（填入表 7.4 第 7、8 栏）。

（4）坐标增量闭合差的计算与调整

如图 7.6 所示，闭合导线纵横坐标增量的总和的理论值应等于零，即

$$\sum \Delta x_{理} = 0, \quad \sum \Delta y_{理} = 0$$

由于量边误差和改正角值的残余误差，计算的观测值 $\sum \Delta x_{测}$，$\sum \Delta y_{测}$ 不等于零，其与理论值之差称为坐标增量闭合差，即

$$\left.\begin{array}{l}f_x = \sum \Delta x_{测} - \sum \Delta x_{理} = \sum \Delta x_{测} \\ f_y = \sum \Delta y_{测} - \sum \Delta y_{理} = \sum \Delta y_{测}\end{array}\right\} \tag{7.10}$$

如图 7.6 所示，由于 f_x、f_y 的存在，导线不闭合而产生 f_D，称为导线全长闭合差，即

$$f_D = \sqrt{f_x^2 + f_y^2} \tag{7.11}$$

f_D 值与导线长短有关。通常以全长相对闭合差 k 来衡量导线的精度，即

$$k = \frac{f_D}{\sum D} = \frac{1}{\dfrac{\sum D}{f_D}} \tag{7.12}$$

式中，$\sum D$——导线全长（即表 7.4 第 6 栏总和）。

当 k 在容许值（表 7.2）范围内，可将 f_x、f_y 以相反符号按边长成正比分配到各增量中去，其改正数为

$$\left.\begin{array}{l}v_{xi} = \left[-\dfrac{f_x}{\sum D}\right] \times D_i \\ v_{yi} = \left[-\dfrac{f_y}{\sum D}\right] \times D_i\end{array}\right\} \tag{7.13}$$

按增量的取位要求，改正数凑整至 cm 或 mm（填入表 7.4 第 7、8 栏相应增量计算值尾数的上方），凑整后的改正数总和必须与反号的增量闭合差相等。然后将表 7.4 中第 7、8 栏相应的增量计算值加改正数计算改正后的增量（填入表 7.4 第 9、10 栏）。

（5）坐标计算

根据起点已知坐标和改正后的增量，按公式（7.1）依次计算 2、3、4 直至 1 点的坐标（填入表 7.4 第 11、12 栏），以供检查。

3. 附合导线的坐标计算

附合导线的坐标计算步骤与闭合导线的（2）、（3）、（5）步计算相同，（1）、（4）

步不同，即高度闭合差的计算与调整、坐标增量闭合差的计算不同，现分述如下。

（1）角度闭合差的计算与调整

如图 7.7 所示，已知始边和终边方位角 α_{MA}（α_{M1}）、α_{BN}（α_{6N}）及导线各转折角（左角）β，根据公式 $\alpha_前 = \alpha_后 + \beta_左 - 180°$，有

$$\alpha_{12} = \alpha_{MA} + \beta_1 - 180°$$
$$\alpha_{23} = \alpha_{12} + \beta_2 - 180°$$
$$\vdots$$

将上式取和，得

$$\alpha'_{BN} = \alpha_{MA} + \sum \beta - 6 \times 180°$$

所以，用观测导线的左角来计算方位角，其公式为

$$\alpha'_{BN} = \alpha_{MA} + \sum \beta_左 - n \times 180° \tag{7.14}$$

用观测导线的右角来计算方位角，其公式为

$$\alpha'_{BN} = \alpha_{MA} - \sum \beta_右 + n \times 180° \tag{7.15}$$

由于测角有误差，推算的 α'_{BN} 与已知的 α_{BN} 不可能相等，其差数即为附合导线的角度闭合差 f_β，即

$$\left. \begin{array}{l} f_\beta = \alpha'_{BN} - \alpha_{BN} \\ f_\beta = (\alpha_始 - \alpha_终) + \sum \beta_左 - n \times 180° \\ f_\beta = (\alpha_始 - \alpha_终) - \sum \beta_左 + n \times 180° \end{array} \right\} \tag{7.16}$$

附合导线角度闭合差的调整方法：观测角为左角时与闭合导线相同。需要注意的是，若观测角为右角时，改正数应按角度闭合差同号平均分配。

（2）坐标增量闭合差的计算与调整

如图 7.7 所示，导线各边在纵横坐标轴上投影的总和，其理论值应等于终、始点坐标之差，即

$$\left. \begin{array}{l} \sum \Delta x_理 = x_终 - x_始 \\ \sum \Delta y_理 = y_终 - y_始 \end{array} \right\}$$

由于测角和量边有误差存在，计算的各边纵、横坐标增量代数和不等于理论值，产生纵、横坐标增量闭合差，其计算公式为

$$\left. \begin{array}{l} f_x = \sum \Delta x_算 - (x_B - x_A) \\ f_y = \sum \Delta y_算 - (y_B - y_A) \end{array} \right\} \tag{7.17}$$

附合导线坐标增量闭合差的调整方法与闭合导线相同。

【例 7.3】 如图 7.7 所示为一附合导线，其两端点 A、B 的坐标已知，起始边与终止边的坐标方位角已知，观测角与各边边长已测出，见表 7.5，试计算各导线点的坐标。

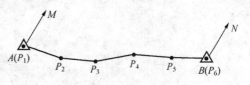

图 7.7 附合导线

表 7.5 附合导线已知数据

点号	观测角（左角）/(°′″)	坐标方位角/(°′″)	边长/m	Δx	Δy	x	y
M		237 59 30	225.85				
A（P_1）	99 01 00					2507.69	1215.63
P_2	167 45 36		139.03				
P_3	123 11 24		172.57				
P_4	189 20 36		100.07				
P_5	179 59 18		102.48				
B（P_6）	129 27 24					2166.74	1757.27
N		46 45 30					

解 $\alpha_{MA} = 237°59'30''$, $\alpha_{BN} = 46°45'30''$

1）计算角度闭合差。

$$\alpha'_{BN} = \alpha_{MA} + \sum \beta_i - n \cdot 180° = 46°44'48''$$

$$f_\beta = \alpha'_{BN} - \alpha_{BN} = -42''$$

$$f_{\beta容} = \pm 40'' \sqrt{6} = \pm 1'38''$$

$$v_{\beta_i} = -\frac{f_\beta}{n} = 7''$$

$$\hat{\beta}_i = \beta_i + v_{\beta_i}$$

2）计算各边的坐标方位角。β 为左角，按如下公式计算，即

$$\alpha_{i,i+1} = \alpha_{i-1,i} + \beta_左 - 180°$$

3）计算坐标增量、坐标增量闭合差，并分配。

$$\left. \begin{aligned} \Delta x_{i,i+1} = S_{i,i+1} \cos \alpha_{i,i+1} \\ \Delta y_{i,i+1} = S_{i,i+1} \sin \alpha_{i,i+1} \end{aligned} \right\}$$

$$\left. \begin{aligned} f_{\Delta x} = \sum_1^5 \Delta x_{i,i+1} - (x_B - x_A) = -0.15 \\ f_{\Delta y} = \sum_1^5 \Delta y_{i,i+1} - (Y_B - Y_A) = +0.14 \end{aligned} \right\}$$

$$\left. \begin{aligned} v_{x_{i,i+1}} = \frac{-f_x}{[S]} S_{i,i+1} \\ v_{y_{i,i+1}} = \frac{-f_x}{[S]} S_{i,i+1} \end{aligned} \right\}$$

计算结果见表 7.6。

表 7.6 附合导线各点坐标计算

点号	观测角/(°′″)	坐标方位角/(°′″)	边长/m	Δx	Δy	x	y
M		237 59 30					
A (P_1)	99 01 00+7	157 00 37	225.85	−207.91+5	+88.21−4	2507.69	1215.63
P_2	167 45 36+7	144 46 20	139.03	−113.57+3	+80.20−3	2299.83	1303.80
P_3	123 11 24+7	87 57 51	172.57	+6.13 +3	+172.46−3	2186.29	1383.97
P_4	189 20 36+7	97 18 34	100.07	−12.73+2	+99.26−2	2192.45	1556.40
P_5	179 59 18+7	97 17 59	102.48	−13.02+2	+101.65−2	2179.74	1655.64
B (P_6)	129 27 24+7					2166.74	1757.27
		46 45 30					

$$f_\beta = -42'', f_{\beta容} = \pm 40'' \sqrt{6} = \pm 1'38'', v_{\beta_i} = -\frac{f_\beta}{n} = 7''$$

$$f_{\Delta x} = -0.15, f_{\Delta y} = 0.14; f_S = 0.21; K = \frac{1}{3700}$$

任务 7.2 全站仪坐标导线测量

■ 工作任务：用全站仪进行导线测量

一、任务描述

全站仪坐标导线测量是应用全站仪中的程序，在坐标导线测量程序下，依次测量导线点的坐标，再进行坐标平差。本次任务进一步熟悉全站仪的操作，掌握全站仪坐标导线测量的操作方法，能用全站仪坐标导线测量测各导线点的坐标，并能进行坐标平差计算。

二、工作场景

按 4～6 人一组，分工协作，用 2～3 学时的时间，按选定的导线路线用全站仪完成导线的坐标测量任务。每人上交一份含有合格观测记录的实习报告。

三、任务目标

通过全站仪导线测量任务的完成，总结测量过程中出现的各种问题，从人员的配合、仪器操作、观测读数、记录计算等方面分析原因，深化对导线测量的理解；通过整个过程的训练，学会全站仪导线测量的实施，理解全站仪坐标测量的原理。

实践操作

一、每组所需仪器工具

1) 由仪器室借领：全站仪1套、对中架2副、棱镜2个、花杆1根、记录板1个。
2) 自备：记录表、铅笔、计算器、草稿纸等。

二、操作要求

1) 选点要符合导线点选择的基本要求，方便观测。
2) 坐标记录必须规范，凡是不合要求的手簿记录必须重测，要养成良好的工作作风。
3) 整个实习期间各小组工作的地点较为分散，教师应不断地巡回检查，一方面对操作进行指导，另一方面则应注意对仪器安全保护状况进行检查。学生必须随时注意仪器的安全保护。

三、全站仪导线测量的实施要点

1) 用于控制测量的全站仪的精度要达到相应等级控制测量的要求。
2) 测量前要对仪器按要求进行检定、校准；出发前要检查仪器电池的电量。
3) 必须使用与仪器配套的反射棱镜测距。
4) 在等级控制测量中不能使用气象、倾斜、常数的自动改正功能，应把这些功能关闭，而在测量数据中人工逐项改正。
5) 测量前要检查仪器参数和状态设置，如角度、距离、气压、温度的单位，最小显示、测距模式、棱镜常数、水平角和垂直角形式、双轴改正等。可提前设置好仪器，在测量过程中不再改动。
6) 手工记录，以便检核各项限差。内存记录用作对照检查。

四、注意事项

1) 观测必须按规范要求进行，观测成果应做到记录真实、字迹工整、注记明确。
2) 观测完后应立即检查记录，计算各项观测误差是否在限差范围内，确认全部符合规定限差方可离去，以免造成不必要的返工与重测。

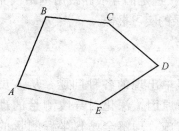

图7.8 闭合导线

五、操作方法与步骤

1) 在实习区域内选取A、B、C、D、E点，A、E通视，A、B、C、D相互通视，如图7.8所示，组成闭合导线，假设AE为已知方位边，A为已知点。
2) 在A点架设全站仪，对中、整平后输入测站坐标。后视E点，设置后视已知方位角。观测B点，测量并记录其平面坐标及AB的距离。

3）搬站至 B 点，以 B 为测站，以 A 为后视，观测 C 点，记录其平面坐标及 BC 的距离。

4）搬站至 C 点，以 C 为测站，以 B 为后视，观测 D 点，记录其平面坐标及 CD 的距离。

5）搬站至 D 点，以 D 为测站，以 C 为后视，观测 A 点，记录其平面坐标及 DA 的距离。

6）计算坐标闭合差，评定导线精度。

记录、计算表格见表 7.7。

表 7.7　全站仪坐标导线测量记录、计算表

测站点	后视点号	后视方位角 /(°′″)	测点号	x 坐标/m	y 坐标/m	距离
A	E	60 30 45		1000.000	2000.000	AB=
			B			
B	A		C			BC=
C	B		D			CD=
D	C		A			DE=

相关知识：全站仪导线测量

目前，全站仪作为先进的测量仪器已在公路工程测量中得到了广泛的应用。由于全站仪具有坐标测量的功能，在外业观测时可直接得到观测点的坐标，在成果处理时可将坐标作为观测值，因此得到了广泛应用。

全站仪坐标导线测量近似平差计算过程如下。

在图 7.9 中，设 A 点坐标的已知值为（x_A，y_A），由于其坐标的观测值为（x'_A，y'_A），则纵、横坐标闭合差为

图 7.9　导线闭合差

$$\left.\begin{array}{l} f_x = x'_A - x_A \\ f_y = y'_A - y_A \end{array}\right\} \tag{7.18}$$

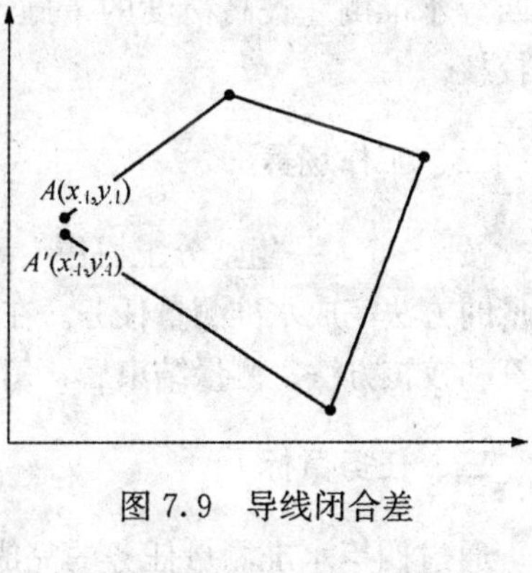

由此可计算出导线全长闭合差为

$$f_D = \sqrt{f_x^2 + f_y^2} \tag{7.19}$$

导线全长闭合差 f_D 是随着导线长度的增大而增大的，所以导线测量的精度是用导线全长相对闭合差 k 来衡量的，即

$$k = \frac{f_D}{\sum D} = \frac{1}{\dfrac{\sum D}{f_D}} \tag{7.20}$$

式中，$\sum D$——导线全长（即表 7.4 第 6 栏总和）。当 k 在容许值（表 7.2）范围内，

可将 f_x、f_y 以相反符号按边长成正比分配到各增量中去，其改正数为

$$v_{xi} = \left[-\frac{f_x}{\sum D}\right] \times \sum D_i \Bigg\}$$
$$v_{yi} = \left[-\frac{f_y}{\sum D}\right] \times \sum D_i \Bigg\}$$

$$\tag{7.21}$$

式中，$\sum D$——导线的全长；

$\sum D_i$——第 i 点之前导线边长之和。

根据起始点的已知坐标和各点坐标的改正数，可按下列公式依次计算各导线点的坐标，即

$$x_j = x'_i + v_{xi} \Bigg\}$$
$$y_j = y'_i + v_{yi} \Bigg\}$$

$$\tag{7.22}$$

式中，x'_i，y'_i——第 i 点的坐标观测值。

任务 7.3　高程控制测量

▰ 工作任务：四等水准测量的施测与计算 ▰

一、任务描述

四等水准测量是高程控制测量的一种方法，用于测量控制点高程。本次任务，理解四等水准测量提高精度的措施，能够熟练地进行四等水准测量的施测、记录、计算及校核。

二、工作场景

按 4~6 人一组，分工协作，用 2 学时的时间，按规定的水准测量路线，用四等水准测量的方法完成水准测量任务。在测量过程中学会每测站的读数规律、记录方法、立尺、计算和校核方法。测量结束后，每组上交测量成果一份，每人上交实习报告一份。

三、任务目标

通过四等水准测量任务的完成，总结测量过程中出现的各种问题，从人员的配合、仪器操作、观测读数、记录计算等方面分析原因，深化对四等水准测量的理解；通过整个过程的训练，学会四等水准测量的实施与计算。三等水准测量比四等水准测量高一级的水准测量，本任务主要学习四等水准测量。

▰ 实践操作 ▰

一、每组所需仪器工具

1) 由仪器室借领：DS₃ 型水准仪 1 套，双面尺 1 对，记录板 1 个。

2）自备：记录表、铅笔、计算器、草稿纸等。

二、操作要求

1）四等水准测量作业一般 4～6 人为一组，每组的集体观念要强，全组人员一定要互相合作、密切配合、相互体谅。

2）记录者要认真负责，当听到观测值所报读数后要回报给观测者，经认可后方可记入记录表中。如果发现有超限现象，立即告诉观测者进行重测。

3）严禁为了快出成果转抄、照抄、涂改原始数据。记录的字迹要工整、清洁。

三、测量的实施要点

1）三、四等水准测量除支线水准必须进行往返和单程双转点观测外，对于闭合水准和附合水准路线均可单程观测。每个观测程序也可为"后—后—前—前"，即黑—红—黑—红。采用单面尺，用"后—前—前—后"的读数程序时，在两次前视之间必须重新整置仪器，用双仪高法进行测站检查。当沿土质坚实的路线进行测量时，也可以用"后—后—前—前"的观测顺序。

2）三、四等水准测量每一测段的测站数均应为偶数，否则应加入标尺点误差改正。如往返测时，两根标尺必须互换位置，并应重新安置仪器。

3）在每一测站上二等水准测量不得两次对光。四等水准测量尽量少做两次对光。

4）工作间歇时，最好能在水准点上结束观测，否则应选择两个坚固可靠、便于放置标尺的固定点作为间歇点，并作出标记。间歇后应进行检查。如检查两点间歇点高差不符值三等水准小于 3mm，四等小于 5mm，则可继续观测，否则须从前一水准点起重新观测。

5）在一个测站上，只有当各项检核符合限差要求时才能迁站。如其中有一项超限，可以在本站立即重测，但须变更仪器高。如果仪器已迁站才发现超限，则应在前一水准点或间歇点重测。

6）当每公里测站数小于 15 时，闭合差按平地限差公式计算；如超过 15 站，则按山地限差公式计算。

7）当成像清晰、稳定时，三、四等水准的视线长度可容许按规定长度放大 20%。

8）水准网中，结点与结点之间或结点与高级点之间的附合水准路线长度应为规定的 0.7 倍。

9）当采用单面标尺进行三、四等水准观测时，变更仪器高前后所测两尺垫高差之差的限值，与红黑面所测高差之差的限差相同。

四、注意事项

1）每站观测结束后应当即计算检核，若有超限则重测该测站。全路线施测计算完毕，各项检核均已符合，路线闭合差也在限差之内，即可收测。

2）四等水准测量有关技术指标的限差规定见表 7.8。

表 7.8　四等水准测量技术指标

等级	视线高度 /m	视距长度 /m	前后视距差 /m	前后视距累积差/m	黑、红面分划读数差/mm	黑、红面分划所高差之差/mm	路线闭合差 /mm
四	>0.2	≤80	≤3.0	≤10.0	3.0	5.0	$\pm 20\sqrt{L}$（平原）$\pm 6\sqrt{n}$（山区）

注：表中 L 为路线总长，以 km 为单位；n 为测站数。

3）四等水准测量记录表 7.9 内括号中的数，表示观测读数与计算的顺序，其中（1）～（8）为记录顺序，（9）～（18）为计算顺序。

4）仪器前后尺视距一般不超过 80m。

5）双面水准尺每两根为一组，其中一根尺常数 K_1 为 4.687m，另一根尺常数 K_2 为 4.787m，两尺的红面读数相差 0.100m（即 4.687 与 4.787 之差）。当第一测站前尺位置决定以后，两根尺要交替前进，即后变前，前变后，不能搞乱。在记录表中的方向及尺号栏内要写明尺号，在备注栏内写明相应尺号的 K 值。起点高程可采用假定高程，即设 $H_0=100.00$m。

6）四等水准测量的记录、计算比较复杂，要多想多练，步步校核，熟中取巧。

五、操作方法与步骤

1. 选定路线

选定一条闭合或附合水准路线，其长度以安置 4～6 个测站为宜，沿线标定待定点的地面标志。

2. 设站，安置仪器，观测并记录

在起点与第一个立尺点之间设站，安置好水准仪后按以下顺序观测：

后视黑面尺，精平，读取下、上、中丝读数，分别记入表 7.9（1）、（2）、（3）栏中；

前视黑面尺，精平，读取下、上、中丝读数，分别记入表 7.9（4）、（5）、（6）栏中；

前视红面尺，精平，读取中丝读数，记入表 7.9（7）栏中；

后视红面尺，精平，读取中丝读数，记入表 7.9（8）栏中。

这种观测顺序简称"后—前—前—后"，也可采用"后—后—前—前"的观测顺序。

3. 一测站的计算与校核

（1）视距的计算与校核

$$后视距（9）=[（1）-（2）]\times 100$$
$$前视距（10）=[（4）-（5）]\times 100（四等 \not> 100m）$$

前、后视距差 $(11) = (9) - (10)$（四等 $\not> 5\text{m}$）

前、后视距差累积 $(12) = $ 本站 $(11) + $ 上站 (12)（四等 $\not> 10\text{m}$）

（2）水准尺读数的校核

同一根水准尺的黑面与红面中丝读数之差：

前尺黑面与红面中丝读数之差 $(13) = (6) + K - (7)$

后尺黑面与红面中丝读数之差 $(14) = (3) + K - (8)$（四等 $\not> 3\text{mm}$）

（上式中的 K 为红面尺的起始读数，分别为 4.687m 或 4.787m）

（3）高差的计算与校核

黑面测得的高差 $(15) = (3) - (6)$

红面测得的高差 $(16) = (8) - (7)$

黑、红面高差之差 $(17) = (15) - [(16) \pm 0.100]$

或

$(17) = (14) - (13)$（四等 $\not> 5\text{mm}$）

高差的平均值 $(18) = [(15) + (16) \pm 0.100]/2$

在测站上，当后尺红面起始读数为 4.687m，前尺红面起始读数为 4.787m 时取 $+0.100$，反之取 -0.100。

4. 每页计算校核

（1）高差部分

在每页上，后视红、黑面读数总和与前视红、黑面读数总和之差应等于红、黑面高差之和。

对于测站数为偶数的页，有

$$\sum[(3)+(8)] - \sum[(6)+(7)] = \sum[(15)+(16)] = 2\sum(18)$$

对于测站数为奇数的页，有

$$\sum[(3)+(8)] - \sum[(6)+(7)] = \sum[(15)+(16)]$$
$$= 2\sum(18) \pm 0.100$$

（2）视距部分

在每页上后视距总和与前视距总和之差应等于本页末站视距差累积值与上页末站视距差累积值之差。

5. 计算

全路线施测完毕后计算：

1）路线总长（即各站前、后视距之和）。

2）路线闭合差（应符合限差要求）。

3）各站高差改正数及各待定点的高程。

记录计算实例参见表 7.9。

表 7.9 三、四等水准测量手簿（双面尺法）

日期＿＿＿＿＿＿＿＿ 仪器＿＿＿＿＿＿＿＿ 观测＿＿＿＿＿＿＿＿

天气＿＿＿＿＿＿＿＿ 地点＿＿＿＿＿＿＿＿ 记录＿＿＿＿＿＿＿＿

测站编号	点号	后尺 上丝／下丝 后视距 视距差	前尺 上丝／下丝 前视距 $\sum d$	方向及尺号	水准尺读数 黑面	水准尺读数 红面	$K+$黑 一红	平均高差/m	备注
		(1) (2) (9) (11)	(4) (5) (10) (12)	后 前 后—前	(3) (6) (15)	(8) (7) (16)	(14) (13) (17)	(18)	
1	BM.1—TP.1	1 571 1 197 37.4 −0.2	0 739 0 363 37.6 −0.2	后 12 前 13 后—前	1 384 0 551 +0.833	6 171 5 239 +0.932	0 −1 +1	+0.8325	
2	TP.1—TP.2	2 121 1 747 37.4 −0.1	2 196 1 821 37.5 −0.3	后 13 前 12 后—前	1 934 2 008 −0.074	6 621 6 796 −0.175	0 −1 +1	−0.0745	K：水准尺尺常数表中：$K_{12}=4.787$ $K_{13}=4.687$
3	TP.2—TP.3	1 914 1 539 37.5 −0.2	2 055 1 678 37.7 −0.5	后 12 前 13 后—前	1 726 1 866 −0.140	6 513 6 554 −0.041	0 −1 +1	−0.1405	
4	TP.3—A	1 965 1 700 26.5 −0.2	2 141 1 874 26.7 −0.7	后 13 前 12 后—前	1 832 2 007 −0.175	6 519 6 793 −0.274	0 +1 −1	−0.1745	
每页检核	$\sum (9) = 138.8$ $-) \sum (10) = 139.5$ $= -0.7 = 4$ 站 (12) $\sum (18) = +0.443$	$\sum [(3) + (8)] = 32.700$ $-) \sum [(6) + (7)] = 31.814$ $= +0.886$ $2 \sum (18) = +0.886$			$\sum [(15) + (16)] = +0.886$ 总视距 $\sum (9) + \sum (10) = 287.3$				

相关知识：高程控制测量概述

为了进行各种比例尺的测图和工程放样，要建立平面控制网和高程控制网。高程控制测量的任务就是在测区内布设一批高程控制点，即水准点，用精确方法测定它们的高程，构成高程控制网。高程控制测量的主要方法有普通水准测量、三四等水准测量和三角高程测量等。

一、国家高程控制网

国家高程控制网是用精密水准测量方法建立的，所以又称国家水准网。国家水准网的布设也是采用从整体到局部，由高级到低级，分级布设、逐级控制的原则。国家水准网分为一、二、三、四4个等级。一等水准网是沿平缓的交通路线布设成周长约1500km的环形路线，是精度最高的高程控制网，是国家高程控制的骨干，同时也是地学科研工作的主要依据；二等水准网是布设在一等水准环线内，形成周长为500～750km的环线，它是国家高程控制网的全面基础；三、四等级水准网直接为地形测图或工程建设提供高程控制点。三等水准一般布置成附合在高级点间的附合水准路线，长度不超过200km。四等水准均为附合在高级点间的附合水准路线，长度不超过80km。图7.10是各级水准路线布置示意图。

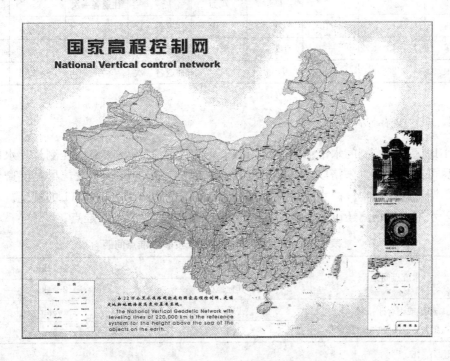

图 7.10　国家各级水准路线布置示意图

二、工程建设中的高程控制网

城市规划、土建、工矿企业等局部地区的高程控制也是按照由高级到低级分级布设的原则。按照《工程测量规范》规定，高程控制网的等级分为二、三、四、五等水准及图根水准。视测区的大小，各等级水准均可作为测区的首级高程控制。首级网应布设成环形路线，加密时宜布设成附合路线或结点网。独立的首级网应以不低于首级网的精度与国家水准点联测。水准点应有一定的密度，一般沿水准路线每1～3km埋设一点，埋设后应绘制点之记。水准观测须待埋设的水准点稳定后方可进行。各级水准测量的主要技术要求见表7.10。在丘陵或山地，高程测量也可采用三角高程测量。目前广泛采用的光电测距三角高程测量已应用于（代替）四、五等水准测量。

表 7.10　水准测量主要技术要求

等级	每公里高差中误差/mm	路线长度/mm	水准仪的型号	水准尺	观测次数		往返校差、附合或环线闭合差	
					与已知点联测	附合路线或环境	平地/mm	山地/mm
二等	2	—	DS_1	因瓦	往返各一次	往返各一次	$4\sqrt{L}$	—
三等	6	≤50	DS_1	因瓦	往返各一次	往一次	$12\sqrt{L}$	$4\sqrt{n}$
			DS_3	双面		往返各一次		
四等	10	≤16	DS_3	双面	往返各一次	往一次	$20\sqrt{L}$	$6\sqrt{n}$
五等	15	—	DS_3	单面	往返各一次	往一次	$30\sqrt{L}$	—
图根	20	≤5	DS_{10}		往返各一次	往一次	$40\sqrt{L}$	$12\sqrt{n}$

1. 三、四等水准测量

　　小地区高程控制的水准测量主要有三、四等水准测量及图根水准测量。水准路线一般尽可能沿铁路、公路以及其他坡度较小、施测方便的路线布设，尽可能避免穿越湖泊、沼泽和江河地段。水准路线长度和水准点的间距可参照表 7.11 的规定。对于工矿区，水准点的距离还可适当减小。一个测区至少应埋设三个水准点。

表 7.11　三、四等水准路线长度和水准点间距

水准点间距	建筑物	1～2km
	其他地区	2～4km
环线或附合于高级点水准线的最大长度	三等	50km
	四等	16km

　　水准测量的任务是从已知高程的水准点开始，测量其他水准点或地面点的高程，测量前应根据要求布置并选定水准点的位置，埋设好水准点标石，拟定水准测量进行的路线。水准路线有以下几种形式，见图 7.11。

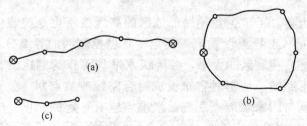

图 7.11　水准路线的主要形式

2. 三角高程测量

　　三角高程测量是根据两点间的水平距离或斜距离以及竖直角，按照三角公式来求出两点间的高差。如图 7.12 所示，已知 A 点高程 H_A，欲求 B 点高程 H_B，在 A 点安置经纬仪或测距仪，仪器高为 i_a，在 B 点设置觇标或棱镜，其高度为 v_b，望远镜瞄准觇标或棱镜的竖直角为 α_a，则 AB 两点的高差为

$$h_{ab} = h' + i_a - v_b \tag{7.23}$$

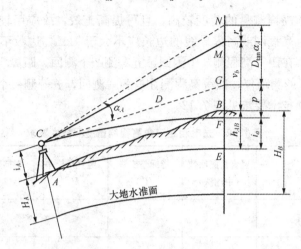

图 7.12　三角高程测量原理

式中，h' 的计算因观测方法不同而异：利用平面控制已知的边长 D，用经纬仪测量竖角 α 求两点高差，称为经纬仪三角高程测量，$h' = D\sin\alpha$；利用测距仪测定斜距 S 和 α，求算 h_{ab}，称为光电测距三角高程测量，它通常与测距仪导线一起进行，$h' = S\sin\alpha$。此外，当 AB 距离较长时，式 (7.23) 还须加上地球曲率和大气折光的合成影响，称为球气差，按 $f = 0.43D^2/R$，故上式可写为

$$h_{ab} = D\tan\alpha_a + i_a - v_a + f_a \tag{7.24}$$

和

$$h_{ab} = S\sin\alpha_a + i_a - v_a + f_a \tag{7.25}$$

为了消除或削弱球气差的影响，通常三角高程进行对向观测。由 A 向 B 观测得 h_{ab}，由 B 向 A 观测得 h_{ba}，当两高差的校差在容许值内则取其平均值，得

$$h_{AB} = \frac{1}{2}(h_{ab} - h_{ba}) = \frac{1}{2}\{(h' - h'') + (i_a - i_b)$$
$$+ (v_a - v_b) + (f_a - f_b)\} \tag{7.26}$$

当外界条件相同，$f_a = f_b$，上式的最后一项为零，消除了其影响。但在检查高差校差时计算中仍须加入球气差改正，这一点应引起注意。最后 B 点高程

$$H_B = H_A + h_{AB} \tag{7.27}$$

三角高程控制网一般是在平面网的基础上布设成三角高程网或高程导线。为保证三角高程网的精度，应采用四等水准测量联测一定数量的水准点，作为高程起算数据。三角高程网中任一点到最近高程起算点的边数，当平均边长为 1km 时不超过 10 条，平均边长为 2km 时不超过 4 条。竖直角观测是三角高程测量的关键工作，对竖直角观测

的要求见表 7.12。为减少垂直折光变化的影响，应避免在大风或雨后初晴时观测，也不宜在日出后和日落前 2h 内观测，在每条边上均应作对向观测。觇标高和仪器高用钢尺丈量两次，读至毫米，其校差对于四等三角高程不应大于 2mm，对于五等三角高程不大于 4mm。

光电测距三角高程测量的精度较高，且可提高工效，故应用较广。高程路线应起闭于高级水准点，高程网或高程导线的边长应不大于 1km，边数不超过 6 条。竖直角用 DJ_2 级经纬仪，在四等高程测 3 个测回，五等测 2 个测回。距离应采用标称精度不低于 $5mm+5\times10^{-6}$ 的测距仪，四等高程测往返各一测回，五等测一个测回。光电测距三角高程测量的各项技术要求见表 7.12。

表 7.12 光电测距三角高程测量主要技术要求

等级	仪器	竖直角测回数（中丝法）	指标差校差 /(″)	竖直角校差 /(″)	对向观测高差校差/mm	附合路线或环线闭合差/mm
四等	DJ_2	3	≤7	≤7	$40\sqrt{D}$	$20\sqrt{\sum D}$
五等	DJ_2	2	≤10	≤10	$60\sqrt{D}$	$30\sqrt{\sum D}$
图根	DJ_6	2	≤25	≤25	$400D$	$40\sqrt{\sum D}$

注：D 为光电测距边长度（km）。

三角高程路线各边的高差计算示例见表 7.13。高差计算后再计算路线闭合差，并进行闭合差的分配和高程的计算。

表 7.13 三角高程路线高差计算表

测站点	Ⅲ10	401	401	402	402	Ⅲ12
觇点	401	Ⅲ10	402	401	Ⅲ12	402
觇法	直	反	直	反	直	反
α	+3°24′15″	-3°22′47″	-0°47′23″	+0°46′56″	+0°27′32″	-0°25′58″
S/m	577.157	577.137	703.485	703.490	417.653	417.697
$h'=S\sin\alpha/m$	+34.271	-34.024	-9.696	+9.604	+3.345	-3.155
i/m	1.565	1.537	1.611	1.592	1.581	1.601
v/m	1.695	1.680	1.590	1.610	1.713	1.708
$f=0.34\dfrac{D^2}{R}/m$	0.022	0.022	0.033	0.033	0.012	0.012
$h=h'+i-v+f/m$	+34.163	-34.145	-9.642	+9.942	+3.225	-3.250
$h_{平均}/m$	+34.154		-9.630		+3.238	

■ **巩固训练：对一闭合导线进行控制测量** ■

一、训练目标

1) 学会闭合导线的平面控制测量。

2) 学会高程控制测量。

二、训练内容

1) 用全站仪测量水平角、水平距离，用水准仪测量导线间的高差。

2) 闭合导线控制点的坐标计算。

3) 高差闭合差的调整和导线点的高程计算。

三、训练条件

1) 领取全站仪 1 套、水准仪 1 套、棱镜及支架 2 套、水准尺 1 对。

2) 在工程测量实训基地每组布设一 5 边形的闭合导线，给定一点坐标和高程。

四、训练步骤

1) 用全站仪测回法测量闭合导线的内角，每一角测两测回。

2) 用全站仪对向观测每条边的边长。

3) 用水准仪普通水准测量的方法，按闭合水准路线的形式测量导线点间的高差。以上三项外业观测的具体要求与采集数据的精度按本书相关内容。

4) 按闭合导线内业计算步骤计算导线点的坐标。

5) 按闭合水准路线作高差闭合差的调整，计算导线点的高程。

思考与练习

1. 小区域控制测量中导线的布设形式有哪几种？各适用于什么情况？

2. 选择导线点应注意哪些事项？导线的外业工作有哪几项？

3. 如何计算闭合导线和附合导线的角度闭合差？

4. 如何根据导线各边的坐标方位角确定坐标增量的正负号？

5. 何谓导线坐标增量闭合差？何谓导线全长相对闭合差？坐标增量闭合差是根据什么原则进行分配的？

6. 闭合导线与附合导线的内业计算有何异同点？

7. 什么是坐标正算？什么是坐标反算？坐标反算时坐标方位角如何确定？

8. 叙述三、四等水准测量一个测站的观测顺序，并说明如何记录，如何计算，要满足哪些要求。

9. 如图 7.13 所示，已知 AB 边的坐标方位角 $\alpha_{AB}=149°40'00''$，又测得 $\angle 1=168°03'14''$，$\angle 2=145°20'38''$，BC 边长为 236.02m，CD 边长为 189.11m，且已知 B 点的坐标为 $x_B=5806.00$m，$y_B=9785.00$m，求 C、D 两点的坐标。

10. 如图7.14所示的闭合导线，已知12边的坐标方位角 $\alpha_{12}=46°57'02''$，1点的坐标为 $x_1=540.38m$，$y_1=1236.70m$，外业观测边长和角度资料如图示，计算闭合导线各点的坐标。

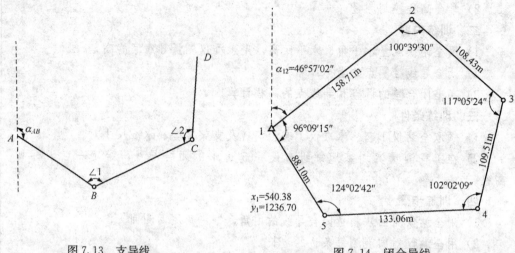

图 7.13　支导线　　　　　　　　　图 7.14　闭合导线

11. 如图7.15所示的附合导线，已知始、终边的坐标方位角 $\alpha_{AB}=45°00'00''$，$\alpha_{CD}=283°51'33''$，B、C 两点的坐标分别为 $x_B=864.22m$，$y_B=413.35m$，$x_C=970.21m$，$y_C=986.42m$，外业观测的边长和角度资料如图示，计算附合导线1、2、3点的坐标。

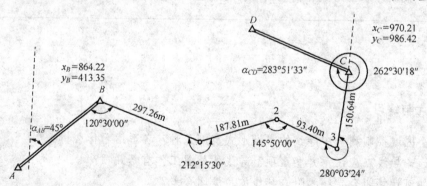

图 7.15　附合导线

項目 *8*

大比例尺地形图测绘及应用

教学目标

1. 能够识别地形图标识符号并掌握地形图的基本应用。
2. 能进行经纬仪视距测量的外业工作和内业计算。
3. 能通过经纬仪测绘法完成地形图碎部测绘。
4. 能组织实施大比例尺地形图的测绘。

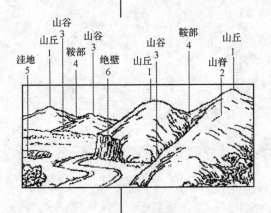

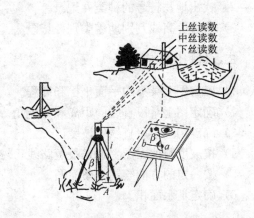

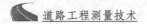
任务 8.1　识别地形图标识符号及识读地形图

工作任务：识读地形图

一、任务描述

识读地形图是地形图测绘的基础。本次任务，能够识别地形图图示符号，识读地形特征及形态，掌握地形图在工程中的基本应用。

二、工作场景

每人一份地形图，用 2 学时的时间对所给地形图进行识读，识读结束后每人上交地形图应用成果一份，实习报告一份。

三、任务目标

通过地形图应用任务的完成，总结识图过程中出现的各种问题，及时进行解决，最终通过整个过程的训练真正掌握地形图的基本应用。

实践操作

一、识读地形图准备工作

1）给定一幅大比例尺地形图。
2）自备：直尺、计算器、草稿纸、铅笔等。

二、识别地形图标识符号

1）按照给定的大比例尺地形图，记录地形图的基本组成要素。
2）找出地物符号的种类并记录。
3）通过等高线判别地貌类别并记录。

三、地形图的应用

1）确定图上某点的平面坐标和高程。
2）确定图上某段直线的距离和方位角。
3）确定图上某段直线的坡度。
4）按坡度限值在图上选定最短路线。
5）按一定的方向绘制纵断面图。
6）确定汇水面积。

四、操作要求

1）识图要认真、仔细，不要漏掉图中所反映的地形信息。

2）记录的字迹要工整、整齐、清洁。

3）计算结果要准确。

▇ 相关知识：地形图基本知识及地形图的应用 ▇▇▇▇▇▇

一、地形图基本知识

1. 地形、地形图、平面图

地球表面有高低起伏变化的各种地貌，还有自然形成和人工构造的各种地物，地形就是地物和地貌的总称。在测区建立控制网后，根据控制点的位置，通过实地观测，按照一定的比例尺和规定的图示符号将测区内地形以正射投影的方法缩绘在图纸上，这种表示地物和地貌的图称为地形图，只测地物不测地貌的图称为平面图。

2. 比例尺、比例尺精度

在测绘地形图之前先要明确测图比例尺的概念。比例尺就是图上某一线段的长度 d 与地面上相应线段的水平距离 D 之比，常以分子等于 1 的分数形式表示，即

$$d/D = 1/M \tag{8.1}$$

式中，M——比例尺分母。

地形图比例尺可分为大、中、小三种。通常把 1：500、1：1000、1：2000、1：5000 的地形图称为大比例尺地形图，目前多采用全站仪或 GPS RTK 测量，主要用于道路工程建设的详细规划和设计；把 1：1 万、1：2.5 万、1：5 万、1：10 万的地形图称为中比例尺地形图，采用航空摄影或航天遥感数字摄影测量，是国家基本地形图；把 1：20 万、1：50 万、1：100 万比例尺的地形图称为小比例尺地形图，它是根据较大比例尺地形图及各种资料编绘而成的。

根据比例尺的定义，在测图时可将实地的水平距离 D 换算为图上长度 d，在用图时也可将图上长度 d 换算为实地相应的水平距离 D，其公式为

$$d = D/M \quad 或 \quad D = dM \tag{8.2}$$

正常情况下，人眼在图纸上能分辨出的最小距离为 0.1mm，因此在地形图上 0.1mm 所代表的实地水平距离称为地形图的比例尺精度，即

$$比例尺精度 = 0.1M(mm) \tag{8.3}$$

比例尺精度对测图与用图都具有十分重要的意义。首先，根据测图比例尺可以知道在地面上量距应精确到什么程度。如测绘 1：2000 比例尺地形图时，其比例尺的精度为 0.1×2000（mm）＝0.2m，因此测量地面上距离的绝对精度只需 0.2m。其次，也可按照地面距离的规定精度来确定采用多大比例尺的地形图。如果要求在图上能表示出地面上 0.5m 的细节，则由比例尺精度可知所用的测图比例尺应不小于 0.1/（0.5×1000）＝1/5000，也就是用 1：5000 比例尺来测绘地形图就能满足要求。由此可知，比例尺越大，表示地形变化的状况越详细，精度越高。所以，测图比例尺应根据需要来确定。

二、地物地貌在图上的表示方法

1. 地物的表示方法

地面上的地物在地形图上都是用简明、准确、易于判断实物的符号表示的，这些符号称为地形图图式，由国家测绘主管部门统一编制、印刷发行。地形图图式的符号有比例符号、半比例符号和非比例符号。

1）比例符号：将地物按照地形图比例尺缩绘到图上的地物符号，如房屋、农田、湖泊等。比例符号能表示地物的位置、形状和大小。

2）半比例符号：将地物按照地形图比例尺缩小后，其长度能按照比例尺而宽度不能按照比例尺表示的地物符号，如公路、铁路、管道、电力或电信线路等延伸的带状地物的符号。

3）非比例符号：将地物按照地形图比例尺缩小后其长度和宽度都不能依比例尺表示出来的地物符号。如电杆、独立树、测量控制点等地物，按测图比例尺缩小后在图上无法表示出来，必须采用一种特定的符号来表示。

2. 地貌的表示方法

地貌是指地球表面的各种起伏形态，包括山地、丘陵、高原、平原、盆地等，一般可归纳为五种基本形状，如图 8.1（a）所示。

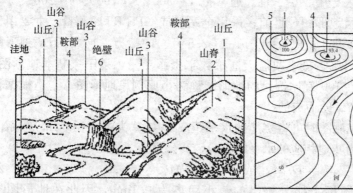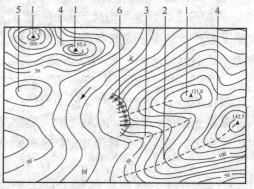

图 8.1　典型地貌

1）山。较四周显著凸起的高地称为山。大的叫山峰，山的侧面叫山坡（斜坡）。山坡的倾斜度在 $20°\sim45°$ 的叫陡坡，几乎成竖直形态的叫峭壁，下部凹入的峭壁叫悬崖，山峰与平地相交处叫山脚。

2）山脊。山的凸棱，由山顶伸延到山脚者叫山脊，山脊最高的棱线称为分水线（或山脊线）。

3）山谷。两山脊之间的凹部称为山谷。两侧称谷坡，两谷坡相交部分叫谷底。谷底最低点连线称为山谷线（又称集水线）。谷地与平地相交处称为谷口。

4）鞍部。两个山顶之间的低洼处形状像马鞍，称为鞍部或垭口。

5）盆地（洼地）。四周高中间低的地形叫盆地，最低处称盆底。盆地没有泄水道，水都停滞在盆地中最低处。湖泊实际上就是汇集有水的盆地。

地貌的形状虽然千差万别，但实际都可以看作是一个不规则的曲面，这些曲面是由不同方向和不同倾斜度的平面所组成的。两相邻倾斜面相交处即为棱线，这些棱线就是地貌的特征线或地性线，如山脊线、山谷线、山脚线、变坡线等。如果将这些棱线端点的高程和平面位置测出，则棱线的方向和坡度也就确定了。在地面坡度变化处的点，如山顶点、盆地中心点、鞍部最低点、谷口点、山脚点、坡度变换点等都称为地貌特征点。

这些特征点和特征线就构成地貌的轮廓特征。在地貌测绘中，立尺点就应选择在这些特征点上，将这些特征点的平面位置测绘在图上，并注记它们的高程，这样地貌特征线的平面位置和坡度也就随之确定下来了。

3. 等高线、等高距和等高线平距

测量工作中常用等高线来表示地貌，等高线就是地面上高程相同的相邻各点连接而成的闭合曲线，如图8.1（b）所示。

相邻等高线之间的高差称为等高距，常以 h 表示。在同一幅地形图上等高距 h 是相同的。

相邻等高线之间的水平距离称为等高线半距，常以 d 表示。

h 与 d 的比值就是地面坡度，即

$$i = \frac{h}{d \cdot M} \times 100\% \tag{8.4}$$

式中，M——比例尺分母。

坡度 i 一般以百分数表示，向上为正，向下为负。同一张地形图的基本等高距 h 是相同的，所以地面坡度 i 与等高线平距 d 的大小有关。等高线平距越小，地面坡度就越大，平距越大则坡度越小，平距相等则坡度相同。因此，可以根据地形图上等高线的疏密来判定地面坡度的缓陡。此外，采用不同比例尺在不同地貌区绘图，其基本等高距的选取也有所不同，如表8.1所示。

表 8.1 测图基本等高距

地形类别	不同比例尺的基本等高距/m			
	1：500	1：1000	1：2000	1：5000
平原区	0.5	0.5	1.0	2.0
微丘区	0.5	1.0	2.0	5.0
重丘区	1.0	1.0	2.0	5.0
山岭区	1.0	2.0	2.0	5.0

4. 等高线的分类

等高线根据绘图需要可分为以下几种，如图8.2所示。

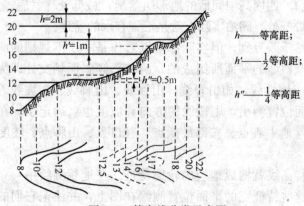

图 8.2　等高线分类示意图

（1）首曲线

在同一幅图上，按规定的基本等高距描绘的等高线称为首曲线，也称基本等高线，它用细实线表示。

（2）计曲线

凡是高程能被5倍基本等高距整除的等高线称为计曲线。为了读图方便，计曲线要加粗描绘。

（3）间曲线和助曲线

当首曲线不能很好地显示地貌的特征时，按 1/2 基本等高距描绘的等高线称为间曲线，在图上用长虚线表示。有时为显示局部地貌的需要，按 1/4 基本等高距描绘等高线，称为助曲线，一般用短虚线表示。间曲线和助曲线可不闭合。

5. 等高线的特性

等高性：同一条等高线上各点的高程相等。

闭合性：等高线均为闭合曲线，如不在本幅图内闭合，也在相邻图幅内闭合。

非交性：不同高程的等高线不会相交。当等高线重叠时表示陡坎或绝壁。

正交性：山脊线（分水线）、山谷线（集水线）均与等高线垂直相交。

密陡疏缓性：坡度陡的地方等高线密，坡度缓的地方等高线稀。

三、大比例尺地形图的分幅和编号

大比例尺地形图一般采用正方形分幅和矩形分幅，它们是按统一的直角坐标格网划分的，其分幅的规格如表 8.2 所示。

表 8.2　大比例尺地形图分幅的规格

比例尺	矩形分幅		正方形分幅		
	图幅大小/(cm×cm)	实地面积/km²	图幅大小/(cm×cm)	实地面积/km²	分幅数
1∶5000	50×40	5	40×40	4	1
1∶2000	50×40	0.8	50×50	1	4

续表

比例尺	矩形分幅		正方形分幅		
	图幅大小/(cm×cm)	实地面积/km²	图幅大小/(cm×cm)	实地面积/km²	分幅数
1∶1000	50×40	0.2	50×50	0.25	16
1∶500	50×40	0.05	50×50	0.0625	64

正方形或矩形分幅的地形图的图幅编号，一般采用图廓西南角坐标公里数编号法。编号时 x 坐标公里数在前，y 坐标公里数在后。对于 1∶5000 的地形图，西南角坐标值取至整公里；对于 1∶2000 和 1∶1000 的地形图，坐标值取至 0.1km；对于 1∶500 的地形图，坐标值取至 0.01km。例如，某 1∶2000 的地形图，西南角坐标值为 $x=$ 10 000m，$y=$19 000m，其图号为 10.0.19.0。

测区不大、图幅不多时，可在整个测区内按从上到下、从左到右采用流水数字顺序编号。也可采用行列编号，即将测区所有的图幅以字母为行号、以数字为列号进行编号。

四、地形图的应用

由于地形图全面、客观地反映了地面的地形情况，被广泛应用于道路工程等各种工程建设中。利用地形图可以获取很多工程建设中所需的信息。

1. 求点的坐标

如图 8.3 所示，欲求图上 A 点的坐标，可利用图廓坐标格网的坐标值。首先找出 A 点所在方格的西南角坐标 (x_0, y_0)，然后通过 A 点作出坐标格网的平行线 ab、cd，再按测图比例尺（1∶2000）量取 aA 和 dA 的长度，则

$$x = x_0 + dA$$
$$y = y_0 + aA$$

(8.5)

考虑到图纸伸缩的影响及检核量测的误差，还应量取 ab、cd 的长度。从理论上讲，$ab=cd=l$，l 为坐标格网边长（一般为 10cm）。由于图纸伸缩以及量测长度有一定误差，上式一般不成立，则 A 的坐标为

$$x_A = x_0 + \frac{l}{cd} \times cA$$

(8.6)

$$y_A = y_0 + \frac{l}{ab} \times aA$$

2. 求两点间的水平距离

（1）解析法

在图 8.3 中，要求 AB 的水平距离，

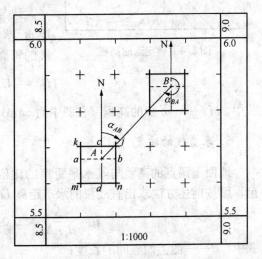

图 8.3　确定点的坐标

可先按式（8.6）分别求出 A、B 两点的坐标值（x_A，y_A）和（x_B，y_B），然后用下式计算 AB 的水平距离，且水平距离不受图纸伸缩的影响，即

$$D_{AB} = \sqrt{(x_B - x_A)^2 + (y_B - y_A)^2} \tag{8.7}$$

（2）图解法

图解法即在图上直接量取 AB 两点的长度，或用卡规卡出 AB 线段的长度，再与图示比例尺比量，即可得出 A、B 间的水平距离。

3. 确定直线的方位

（1）解析法

如图 8.3 所示，欲求直线 AB 的坐标方位角，可按式（8.6）分别求出 A、B 两点的坐标，再利用坐标反算求得坐标方位角为

$$\alpha_{AB} = \arctan \frac{y_B - y_A}{x_B - x_A} \tag{8.8}$$

（2）图解法

当精度要求不高时，可用图解法在图上直接量取角度。分别过 A、B 两点作坐标纵轴的平行线，然后用量角器分别量取 AB、BA 的坐标方位角 α_{AB} 和 α_{BA}，此时若两角相差 $180°$，可取此结果为最终结果，否则取两者的平均值作为最终结果。

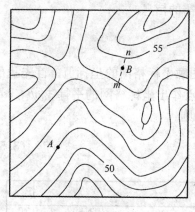

图 8.4　确定点的高程

4. 求点的高程

在地形图上求点的高程，可根据等高线和高程注记来完成。如果所求点恰好在某一条等高线上，则该点的高程就等于该等高线的高程。在图 8.4 中，A 点的高程为 51m。如果所求点位于两条等高线之间，则可以按比例关系求得其高程。图 8.4 中的 B 点位于 54m 和 55m 两根等高线之间，可通过 B 点作一大致与两根等高线相垂直的直线，交两条等高线于 m、n 两点，从图上量得 $mn = d$，$mB = l$，设等高线的等高距为 h（该图 $h = 1m$），则 B 点的高程为

$$H_B = H_m + h \times \frac{l}{d} \tag{8.9}$$

式中，H_m——m 点的高程（在图中为 54m）。

5. 求直线的坡度

地面上两点的高差与其水平距离的比值称为坡度，用 i 表示。欲求图上直线的坡度，可按前述方法求出直线段的水平距离 D 与高差 h，则其坡度为

$$i = \frac{h}{d \cdot M} \times 100\% = \frac{h}{D} \times 100\% \tag{8.10}$$

式中，d——图上两点间的长度；

M——比例尺分母。

通常直线段所通过的地形有高低起伏，是不规则的，因而若直线两端点位于相邻等高线上，则求得的坡度可认为符合实际坡度。若直线较长，中间通过许多条等高线，且等高线平距不等，则所求的直线坡度是两端点间的平均坡度。

6. 按坡度限值选定最短路线

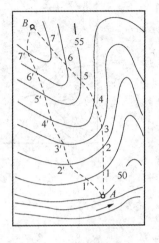

在山地或丘陵地区进行道路、管线等工程设计时，常遇到坡度限值的问题。为了减小工程量，降低施工费用，要求在不超过某一坡度限值 i 的条件下选择一条最短路线。如图8.5所示，在比例尺为 1∶2000 的地形图上等高线的等高距为 1m，需从 A 点到 B 点选出一条最短路线，要求坡度限值为 4%。为了满足坡度限值的要求，先求出符合该坡度限值的两等高线间的最短平距为

$$D = \frac{h}{i} = \frac{1}{4\%} = 25\text{m}$$

或

$$d = \frac{h}{i \cdot M} = \frac{1}{0.04 \times 2000} = 12.5\text{mm}$$

图 8.5 选定等坡度路线

按地形图的比例尺，用两脚规截取实地 25m 对应于图上的长度为 25/2000＝1.25cm，然后在地形图上以 A 点为圆心，以 1.25cm 长为半径作圆弧，圆弧与高程为 51m 的等高线相交，得到 1 点。再以 1 点为圆心，用同样的方法截交高程为 52m 的等高线，得到 2 点。依此进行，直至 B 点，然后将相邻点连接，便得到 4% 的等坡度路线为 $A.1.2.3.\cdots.B$。在该图上，按同样方法尚可沿另一方向定出第二条路线 $A.1'.2'.3'.\cdots.B.$，可以当作一个比较方案。在实际工作中，还需考虑工程上的其他因素，最后确定一条合理路线。

7. 按一定的方向绘制纵断面图

所谓路线纵断面图，就是过一指定方向（路线方向）的竖直面与地面的交线，它反映了在这一指定方向上地面的高低起伏形态。在进行道路工程设计时，为了合理地设计竖向曲线和坡度，概算工程的填挖土石方，需要了解路线上地面的起伏情况，这时可根据大比例尺地形图中的等高线来绘制纵断面图。

如图 8.6（a）所示，要了解 A、B 之间的起伏情况，在地形图上作 A、B 两点的连线，与各等高线相交，各交点的高程即各等高线的高程，而各交点的平距可在图上用比例尺量得。作地形纵断面图，如图 8.6（b）所示，先在毫米方格纸上画出两条相互垂直的轴线，以横轴 Ad 表示平距，以纵轴 AH 表示高程，然后在地形图上量取 A 点至各交点及地形特征点（例如 a、b 等点）的平距，并把它们分别转绘在横轴上，以相应的高程作为纵坐标，得到各交点在断面上的位置。连接这些点，即得到 AB 方向上的地形断面图。

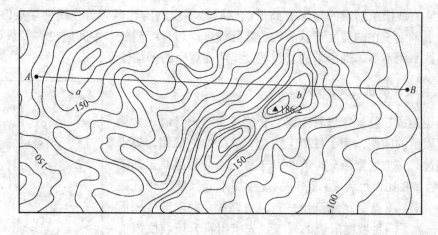

(a)

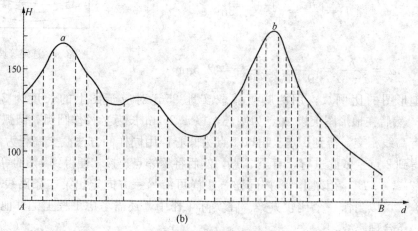

(b)

图 8.6　纵断面图的绘制

图 8.7　确定汇水面积

8. 确定汇水面积

当公路、铁路要跨越河流或山谷时，就需要建桥或修涵洞，桥梁、涵洞的大小与结构形式都取决于这个地区的水流量，而水流量又是根据汇水面积来计算的。雨水是在山脊线（又称分水线）向两侧山坡分流的，所以汇水面积边界线是由一系列的山脊线连接而成的，并且通过山顶和鞍部。如图 8.7 所示，一条公路经过一山谷，拟在 MN 处架桥或修涵洞，现确定汇水面积。由图 8.7 中可以看到，山脊线 AB、BC、CD、DE、EF（图中虚线连接）与公路中线 AF 线段所围成的区域就是这个山谷的汇水区，此区域的面积为汇水面积。求出汇水面积后，再依据当地的水文气象资料便可求出流经 MN 处的水量。

9. 图上面积量算

在工程规划、设计和建设中常需要在地形图上量测一定轮廓范围内的面积，如规划设计区域的面积，道路工程中的填、挖断面的面积及汇水面积等。在地形图上量算面积的方法有解析法、图解法、仪器法等。解析法是根据图形轮廓转折点的坐标，用公式进行计算；图解法是根据图形的特点，将图形分成若干便于计算的简单图形，分别量算后再求总和；仪器法是使用求积仪或计算机数字化仪等对图形面积进行计算。

（1）解析法

当求积图形为任意多边形、图形轮廓转折点的坐标已在地形图上量出或实地测出时，可以用解析公式计算图形面积。

如图 8.8 所示，五边形 12345 各顶点坐标已知，点号为逆时针编号。由图可见，多边形 12345 的面积 S 为梯形 $1'155'$ 加上梯形 $5'544'$ 的面积减去梯形 $1'122'$、梯形 $2'233'$ 及梯形 $3'344'$ 的面积，即

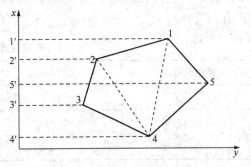

图 8.8　解析法求面积示意图

$$S = (y_1 + y_5)(x_1 - x_5)/2 + (y_5 + y_4)(x_5 - x_4)/2$$
$$- (y_1 + y_2)(x_1 - x_2)/2 - (y_2 + y_3)(x_2 - x_1)/2$$
$$- (y_3 + y_4)(x_3 - x_4)/2$$

整理后得

$$S = [y_1(x_2 - x_5) + y_2(x_3 - x_1) + y_3(x_4 - x_2)$$
$$+ y_4(x_5 - x_3) + y_5(x_1 - x_4)]/2$$

或

$$S = [x_1(y_5 - y_2) + x_2(y_1 - y_3) + x_3(y_2 - y_4)$$
$$+ x_4(y_3 - y_5) + x_5(y_4 - y_1)]/2 \tag{8.11}$$

推广至 n 边形，则有

$$S = \sum x_k(y_{k-1} - y_{k+1})/2$$

或

$$S = \sum y_k(x_{k+1} - x_{k-1})/2 \tag{8.12}$$

应用上面两个公式计算出两个结果，从而可相互检核。

若点号为顺时针编号，则有

$$S = \sum x_k(y_{k+1} - y_{k-1})/2$$

或

$$S = \sum y_k(x_{k-1} - x_{k+1})/2 \tag{8.13}$$

应用上述公式计算时，当 $k=1$，$k-1=n$；当 $k=n$，$k+1=1$。

（2）几何图形法

若图形是由直线连接的多边形，则可将图形划分为若干种简单的几何图形，如三角形、四边形、梯形等，然后量取计算时所需的元素（长、宽、高等），应用面积计算公式求出各个简单几何图形的面积，再汇总出多边形的面积。

图形边线如为曲线，可近似地用直线连接成多边形，再按上述方法计算面积。当用几何图形法量算线状物面积时，可将线状物看作长方形，用分规量出其总长度，乘以实量宽度，即可得线状地物面积。

为了进行校核和提高面积量算的精度，应对同一几何图形重新划分，按两种方案计算，两次结果相差在允许范围以内（表 8.3），取两次的平均值作为最终的量算值。

表 8.3　两次量算面积较差的容许范围

图上面积/mm²	相对误差	图上面积/mm²	相对误差
<100	<1/30	100~400	<1/50
400~1000	<1/100	1000~3000	<1/150
3000~5000	<1/200	>5000	<1/250

（3）透明格网法

如曲线包围的是不规则图形，可用绘有边长为 1mm 或 2mm 的正方形格网的透明膜片，通过数格法量算图形的面积。将透明方格纸覆盖在被量测的图形上，先数出图形内整方格数 n_1，再数出不完整的方格数 n_2（通常把不完整方格均作半格计），则该图形所代表的实地面积为

$$S = \left(n_1 + \frac{n_2}{2}\right) \times a \times M^2 \tag{8.14}$$

式中，a——一个整方格的图上面积；

M——地形图比例尺分母。

（4）平行线法

平行线法又称积距法。将绘有间隔 1mm 或 2mm 平行线的透明纸覆盖在被量测图形上，转动和平移透明纸，使图形与上下平行线相切，则整个图形被平行线分成若干个等高的近似梯形，梯形的高为平行线的间距 h，底分别为图形截割各平行线的长度 L_1、L_2、L_3、…、L_n，则各梯形的面积分别为

$$S_1 = h(0 + L_1)/2$$
$$S_2 = h(L_1 + L_2)/2$$
$$S_3 = h(L_2 + L_3)/2$$
$$\vdots$$
$$S_n = h(L_{n-1} + L_n)/2$$
$$S_{n+1} = h(L_n + 0)/2$$

图形总面积为

$$S = S_1 + S_2 + S_3 + \cdots + S_n + S_{n+1}$$

(8.15)

$$= (L_1 + L_2 + \cdots + L_n)h = h\sum_{i=1}^{n} L_i$$

（5）求积仪法

求积仪是一种应用积分求面积原理测定图形面积的仪器，它能测定任意形状的图形面积，操作简便，速度快，且能保证一定的精度。

任务8.2 地形图的测绘

工作任务：经纬仪测绘地形图

一、任务描述

经纬仪测绘地形图是最基础最常用的方法。本次任务，要求能够熟悉经纬仪测图的施测过程，掌握视距测量法每测站的立尺、读数、记录、计算方法，掌握用经纬仪测绘法施测碎部点的具体操作步骤，并学会相关的记录、计算及绘制碎部点的方法。

二、工作场景

按 4～6 人一组，分工协作，用 2 学时的时间，在指导教师划定的区域利用场地内已有的图根控制点按经纬仪测绘法完成地形图测绘任务。测量结束后每组上交经纬仪测绘法测图记录表和所测原图各一份。

三、任务目标

通过经纬仪测绘法完成地形图测绘任务进行，总结测量过程中出现的各种问题，从人员的配合、仪器操作、观测读数、记录计算等方面分析原因，深化对经纬仪测绘法的理解；通过整个过程的训练，掌握经纬仪测绘法的实施。

实践操作

一、每组所需仪器工具

1）由仪器室借领：经纬仪 1 套，水准尺 1 根，花杆 1 根，钢尺 1 盒，绘图板 1 个。
2）自备：比例尺、计算器、记录表、铅笔、量角器、草稿纸等。

二、操作要求

1）此测图方法中经纬仪负责全部观测任务，小平板只起绘图作用。
2）起始方向选好后，经纬仪在此方向上要严格设置成 $0°00'00''$。观测期间要经常检查，发现问题及时纠正或重测。
3）使用的经纬仪必须进行竖盘指标差的检校。对有竖盘指标水准管的，应转动微动螺旋，使竖盘指标水准管气泡居中，再读取竖盘读数；对有竖盘指标自动归零装置的仪器，应打开自动归零装置后再读数。

　　4）记录、计算要迅速、准确、无误。

　　5）测图中要保持图纸清洁，尽量少画无用线条。

　　6）跑尺者与观测者要按预先约定好的旗语手势进行作业。

三、测图前的准备工作

1. 准备图纸

现在施工单位已经用聚酯薄膜替代了传统的纸质图纸。薄膜图纸伸缩性小，无色透明，结实耐用，不怕潮湿，便于携带和保存。测图时，先在图板上垫一硬胶板和浅色薄纸，再将聚酯薄膜蒙在上面，用胶带纸固定在图板上。

2. 绘制坐标方格网

绘制坐标方格网的目的是将已知控制点精确地展绘在图纸上，以此为基础进行地形图测绘。坐标方格网常用对角线法和坐标格网尺来绘制。下面介绍坐标格网尺绘制坐标方格网的方法。

（1）坐标格网尺

如图 8.9 所示，坐标格网尺是一种带有方孔的金属直尺，上有间隔为 10cm 的六个小孔，起始孔斜面边缘为一直线，并刻有一细线，表示该尺的起点（或零点）。其余各孔斜面的边缘是以零点为圆心，以 10cm、20cm、30cm、40cm 和 50cm 为半径的弧线。尺子另一端距零点 70.711cm，是边长为 50cm 的正方形对角线的长度。

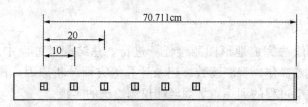

图 8.9　坐标格网尺示意图

（2）用坐标格网尺绘制坐标方格网的方法

以绘制 50cm×50cm 方格网为例。如图 8.10 所示，先在图下方的合适位置绘一直线 [图 8.10（a）]，左端取一点 A，使格网尺零点与之重合，并使格网尺各孔斜面中心均通过该直线，然后沿各孔斜边画弧线与直线相交，定出间距为 10cm 的 1、2、3、4、B 五个点。然后将尺子的零点对准 B 点，并使尺子大致与 AB 直线垂直，再依次沿各孔斜边画弧线 [图 8.10（b）]。第三步，将尺子零点对准 A 点，使尺子末端（70.711cm 处）斜边与右边最上短弧线相交，定出 C 点，此时连接 BC，该直线与各短弧线的交点即为右边各点 [图 8.10（c）]。第四步，用同第三步的方法定出左边各点，并检查 C、D 之间的距离是否为 50cm [图 8.10（d、e）]。最后，将上下、左右对应各点相互连接，绘制出 10cm×10cm 的坐标格网。

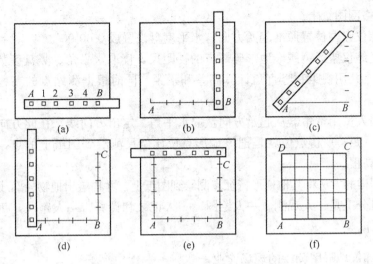

图 8.10　坐标格网绘制示意图

坐标格网绘好以后应立即进行检查。各方格的角点应在一条直线上，偏离不应大于 0.2mm；各方格的对角线长度应为 141.4mm，容许误差为±0.3mm，图廓对角线长度与理论长度之差的容许误差为±0.3mm。若误差超过容许值，则应将方格网进行修改或重绘。

（3）展绘图廓点和控制点

按照比例将图廓点和控制点的位置展绘在图纸上，展绘时一定要仔细、认真，保证控制点展绘的质量。

在展点时，先确定控制点所在的方格，如图 8.11 所示。若控制点 1 的坐标为 $x_1 = 5674.10$m，$y_1 = 8662.72$m，根据点 1 的坐标，确定它在 $kjnm$ 方格内，从 m、n 点分别按比例尺沿 mk、nj 方向量取 74.10m，得到 a、b 两点。从 k、m 点分别按比例尺沿 kj、mn 方向量取 62.72m，得到 c、d 两点。ab 和 cd 的交点即为控制点 1 的位置。用同样的办法，可以将其他控制点一一展绘出来。各控制点展绘后应作必要的检查，一般是量取相邻两控制点的距离，与已知边长对比，其最大误差不超过图纸上 0.3mm，否则应重新展绘。控制点的平面位置确定后，还应当标注相应的点号和高程（标注方式见地形图图式）。

四、操作方法与步骤

1）在选定的测站上安置经纬仪，量取仪器高，并在经纬仪旁边架设小平板（图纸已裱糊在小平板上）。

2）用大头针将量角器中心与小平板图纸上已展绘出的该测站点固连。

3）选择好起始方向（另一控制点），并标注

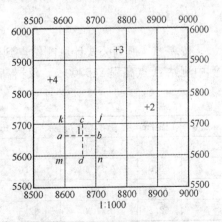

图 8.11　控制点展绘示意图

在小平板的格网图纸上。

4）经纬仪盘左位置照准起始方向，水平度盘设置成0°00′00″。

5）用经纬仪望远镜照准地形碎部点的视距尺，读取水平角、竖盘读数、视距间隔及中丝读数，并用视距和竖直角计算高差和平距，同时根据测站点的高程计算出此地形点的高程。

6）绘图人员用量角器从起始方向量取水平角，定出方向线，在此方向线上依测图比例尺量取平距，所得点位就是把该地形点按比例尺测绘到图纸上的点，然后在点的右边标注其高程。

7）用同样的方法将其他地形特征点测绘到图纸上，并描绘出地物轮廓线或等高线。

8）人员分工是一人观测、一人绘图、一人记录和计算、一人跑尺，每人测绘数点后再交换工作。

五、经纬仪地形图测绘的现场作业

1. 安置仪器

将经纬仪安置于测站点（已展绘到图纸上的控制点）A 上，如图8.12所示，量取仪器高 i，并测定竖直度盘的指标差 x，然后照准另一控制点 B，作为起始方向，并在该方向上使水平度盘读数配置成0°00′00″。

图8.12 经纬仪测绘法示意图

2. 观测

照准立在碎部点1上的视距尺，读取水平度盘读数或直接读取水平角、中丝读数（一般使中丝对准尺上仪器高 i 处）、视距间隔和竖盘读数，分别记入地形碎部点测量记录表中，见表8.4。观测20个左右的碎部点后应检查起始方向，归零差不得大于±1.5′。

3. 计算

按表8.4所列公式计算测站点到碎部点的水平角、水平距离和碎部点的高程。（本例中测站 A 点高程245.00m，仪器高1.51m，指标差24″。）

表8.4 地形碎部点测量记录表

点号	视距/m	竖直角/(° ′ ″)	水平距离/m	$D \cdot \tan\alpha$/m	$\Delta = i - v$/m	水平角/(° ′ ″)	高程/m	备注
1	64.9	0 34 00	64.9	0.64	0	26 28	245.64	房角
2	58.0	0 33 00	58.0	0.56	0	27 35	245.56	房角
3	71.2	1 21 00	71.2	1.68	−1	32 43	245.68	房角
4	62.5	0 31 00	62.5	0.56		344 56	245.56	路边

4. 展绘碎部点

绘图员将裱有图纸的绘图板安置在测站边，根据计算出的测站点到碎部点的水平角和水平距离，按照极坐标法，仍以图上的 ab 方向为零方向，用透明半圆仪量测水平角，得到自测站点到碎部点 1 的方向线。沿此方向线从 A 点截取水平距离在图上的长度，即得碎部点 1 的点位，展绘碎部点 1。碎部点的高程标注在该点位的右侧，同时还要避免与地物符号重叠，也不要标注在图廓外。用同样方法可测绘其他碎部点。

绘图员应边展绘边对照实物检查核对，按照规定的地物、地貌图式绘图，这种方法叫做经纬仪测绘法。也可以先在野外用经纬仪观测碎部点的数据，做好记录并画出草图，然后在室内根据记录数据和草图来绘制地形图，这种方法叫做经纬仪测记法。

经纬仪测绘（记）法测图操作简单、方便，工作效率高，任务紧迫时可分组进行，因此得到了广泛的应用。注意最后成图后要进行现场核对，以保证成图质量。

相关知识：视距测量原理及地形图的拼图、整饰

一、视距测量原理

视距测量是用望远镜内视距丝装置，根据几何光学原理同时测定两点间的水平距离和高差的一种方法。这种方法虽然精度不高，但具有速度快、操作简便、不易受地形条件限制等优点，因此广泛用于地形图碎部点的测量。

1. 视线水平时的视距和高差公式

经纬仪（或水准仪）望远镜筒内十字丝分划板的上、下两条短丝就是用来测量距离的，这样的两条短横丝称为视距丝，如图 8.13（a）所示。

在 A 点安置经纬仪，B 点立视距尺，当望远镜水平时视线与尺子垂直，经对光后尺的像落在十字丝平面上。根据光学原理，通过平行于物镜光轴的上、下视距丝（m，n）光线经过物镜折射后通过物镜的前焦点 F 而交于视距尺上的 M、N 两点，如图 8.13（b）所示。设 M、N 间距为 n，称为视距间隔，视距丝间距为 p，物镜焦距为 f，物镜前焦点 F 到视距尺的距离为 d，仪器中心至物镜的距离为 δ，由于三角形

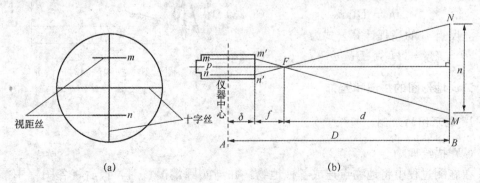

图 8.13　十字丝分划板

△MFN 和三角形△m′Fn′相似，得

$$d = \frac{f}{p}n \qquad (8.16)$$

从图中可知 A、B 两点间的水平距离 D 为

$$D = d + f + \delta \qquad (8.17)$$

因此

$$D = \frac{f}{p}n + (f+\delta) \qquad (8.18)$$

令 $\frac{f}{p}=K$，K 为视距乘常数，多数仪器 $K=100$；$f+\delta=C$ 为视距加常数，经设计上的处理，使大量使用的内对光望远镜的 $C \to 0$，则上式可写为

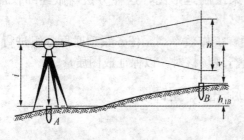

图 8.14　望远镜水平时读数

$$D = Kn \qquad (8.19)$$

由图 8.14 可知，当望远镜水平时，设仪器高（测站中心之仪器横轴的高度）为 i，十字丝中丝读数（即目标高）为 v，则 A、B 两点间的高差为

$$h = i - v \qquad (8.20)$$

2. 视线倾斜时的视距和高差公式

在地面起伏较大的地区进行视距测量时，必须将望远镜倾斜才能读出视距间隔，如图 8.15 所示。这时必须经过视距间隔的转换才能计算出倾斜距离，然后再根据竖直角计算出水平距离 D，即

$$D = Kn\cos^2\alpha \qquad (8.21)$$

两点间的高差为

$$h = D\tan\alpha + i - v \qquad (8.22)$$

如果令 $\Delta = i - v$，即在实际工作中，只要能使所观测的中丝在尺上读数 v 等于仪器高 i，就可使 Δ 等于零，上式可化简为

$$h = D\tan\alpha \qquad (8.23)$$

立尺点 B 的高程计算公式为

$$H_B = H_A + D\tan\alpha + i - v \qquad (8.24)$$

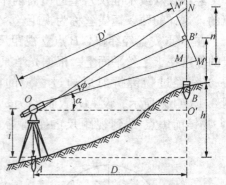

图 8.15　视线倾斜时的读数

二、地形图的拼图和整饰

1. 地形图的绘制

（1）描绘地物

在施测过程中将地物点连成各种地物，并与实际情况核对，最后将各图幅中漏描的部分补描，按《图式》符号绘制完成。

（2）勾绘等高线

由于山脊线和山谷线对描绘出的山地地貌是否真实影响较大，故勾绘等高线时先将这一类地性线先行描出，然后绘制其等高线。

勾绘等高线常用的方法有图解法、目估法及解析法三种。

1）图解法。在一张透明纸上画等距离的平行线十根，依次注明 0、1、2、…、9，如图 8.16 所示。如欲在两点间插绘等高距为 2m 的等高线，设已测得点 a 高程为 221.60m，点 b 高程为 228.30m，将透明纸覆在底图上移动，使底图上 a 点位于 1.60 处，同时 b 点位于 8.30 处，则 ab 连线与平行线 2、4、6、8 各线交点即应为等高线 222.0m、224.0m、226.0m、228.0m 必经过之点。用针尖刺出各点，移去透明纸，底图上留下的针孔即为上述各高程点，与相邻同高程的点相连即可描绘出需要的各等高线。

2）目估法。目估法是根据测点位置及高程目估插绘等高线。图 8.17 所示，a 点高程为 127.50m，b 点高程为 126.70m，欲在其间插绘高程为 127m 的等高线。因两点高程差为 0.8m，可将连线目估分为八等分。又 127.0 高程与 b 点高程之差为 0.3m，故 127.0m 等高线必经过图中距 b 点为三等分的 c 点。目估法较便捷，但精度不如图解法。实际工作中只要细致一些，用目估法勾绘的等高线仍能满足要求。

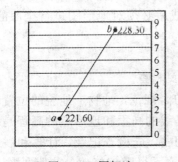

图 8.16　图解法

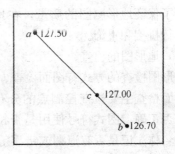

图 8.17　目估法

3）解析法。等高线的勾绘是根据两个碎部点的高程，在两个碎部点间找出等高线通过的地方，如图 8.18（b）中 A 点高程为 130.2m，B 点高程为 138.4m，若测图的基本等高距为 2m，则 A、B 两点间有 132m，134m，136m，138m 四条等高线通过。由于两点间的地面坡度均匀，这些点在图上的位置可以用比例计算法求得。可绘如图 8.18（a）的图形，图中 A、B 两点高差为 $138.4-130.2=8.2m$，由图上量得两点的平距为 33mm，132m 的点与 A 点的高差为 $132-130.2=1.8m$，则点 A 到 132m 等高线通过的点的平距 d_1 为

$$d_1 = \frac{33}{8.2} \times 1.8 = 7.2mm$$

同理，B 点与 138m 点的高差为 $138.4-138=0.4m$，则其平距 d_2 为

$$d_2 = \frac{33}{8.2} \times 0.4 = 1.6mm$$

从 A、B 两点分别量取 7.2mm 和 1.6mm，便得出 132m 与 138m 两等高线所通过的位置，这种方法叫做取头定尾。然后将 132m 和 138m 两点间的平距分为三等分，即

得出 134m 和 136m 两条等高线通过的位置，称为等分中间。其他各点均用此法，即可把各点勾绘出来，如图 8.18 （b）所示。

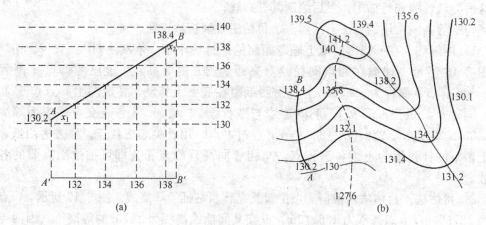

图 8.18　解析法绘制等高线示意图

2. 地形图的拼接和整饰

为了保证地形测图的质量，在地形图测绘完成后必须对地形图进行全面的检查，然后进行拼接和整饰。

（1）地形图的检查

地形图检查的方式有图面检查、野外巡查和设站检查。

图面检查主要检查控制点的分布、展绘是否符合规范，地物、地貌的位置和形状绘制是否正确，图式符号使用是否符合规定，等高线的高程和地形点的高程是否存在矛盾，名称注记是否有遗漏或错误等。一旦发现问题，先检查记录、计算和展绘有无错误。如果不是记录、计算和展绘所造成的错误，不得随意修改，待野外检查后再确定。

野外巡查即在野外将地形图与实际地形对照，核对地物和地貌的表示是否清晰合理，检查是否存在遗漏、错误等。对图面检查发现的疑问必须重点检查。如果等高线表示的地貌与实际略有差异，可立即修改，重大错误必须用仪器检查后再修改。

设站检查即检查在图面检查和野外检查时发现的重大疑问，找出问题后再进行修改。对漏测、漏绘的，补测后填入图中。另外，为评判测图的质量，还应重新设站，挑选一定数量的点进行观测，其精度应符合表 8.5 的规定，仪器抽查量不应少于测图总量的 10%。

表 8.5　地形图的精度

图上地物点位置中误差/mm		等高线的高程中误差/mm			
主要地物	一般地物	平原区	微丘区	重丘区	山岭区
±0.6	±0.8	$\frac{1}{3}H_d$	$\frac{1}{2}H_d$	$\frac{2}{3}H_d$	H_d

注：表中 H_d 为等高距。

（2）地形图的拼接

经质量检查后的原图要进行拼接。由于测量误差的影响，相邻图幅拼接时接图边上的地物和等高线一般会出现接边差，如图 8.19 所示。接边差小于表 8.4 规定值的 $2\sqrt{2}$ 倍时两幅图才可以拼接，若超过此限值，必须用仪器检查、纠正图上的错误后再拼接。拼接时，先用宽 5cm 的透明纸作为接边纸，蒙在相邻的某幅图上，将要拼接图边的坐标格网线、图边的地物轮廓线、表示地貌的等高线等用铅笔透绘在透明纸上，再将透明纸蒙在要拼的另幅图边上，使透明纸与底图的坐标格网线对齐，透绘地物轮廓、地貌的等高线。若接边差不超限，则在透明纸上用彩色笔平均分配，纠正接边差，并将接图边上纠正后的地物、地貌位置用针刺于相邻的接边图上，以此修正图内的地物和地貌。若超限，则应持图到现场检查核对。

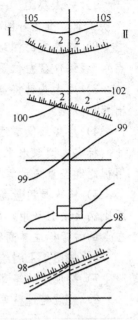

图 8.19 地形图的拼接

（3）地形图的整饰

拼接后的原图需要进行清绘和整饰，使图面清晰、整洁、美观，以便验收和保存原图。整饰的顺序是"先图内后图外，先地物后地貌，先注记后符号"。具体做法是：擦去多余的线条，如坐标格网线，只保留交点处纵横 1.0cm 的"+"；靠近内图廓保留 0.5cm 的短线，擦去用实线和虚线表示的地性线，擦去多余的碎部点，只保留制高点、河岸重要的转折点、道路交叉点等重要的碎部点。加深地物轮廓线和等高线，加粗计曲线，并在计曲线上注记高程，注记高程的数字应成列，字头朝向高处。按照图式规范要求填注符号和注记，各种文字注记标在适当位置，一般要求字头朝北，字体端正。在等高线通过注记和符号时等高线必须断开。最后应按照图式要求绘制图廓，填写图名、图号、比例尺、等高距、坐标及高程系统、图例、施测单位、测量者、测量日期等。

巩固训练：经纬仪测绘法测地形图

一、训练目标

1）学会经纬仪测绘法施测碎部点的方法。

2）学会地物的表示与等高线的勾绘。

二、训练内容

1）用经纬仪测绘法施测碎部点。

2）在图上绘制地物与等高线的勾绘。

三、训练条件

1）借领经纬仪 1 套、花杆 1 根、水准尺 1 根、钢尺 1 盒。

2）在训练场所布设有测图导线。

四、训练步骤

1) 一人观测、一人绘图、一人记录和计算、一人跑尺，每人测绘数点后，再交换工作。准备好图板（图纸已裱糊在图板上）。

2) 在选定的测站上安置经纬仪，量取仪器高，选择好起始方向（另一控制点），经纬仪盘左位置照准起始方向后，水平度盘设置成0°00′00″。

3) 用大头针将量角器中心与图纸上已展绘出的该测站点固连，在图纸上标注出起始方向。

4) 用经纬仪望远镜的十字丝中丝照准所测地形点视距尺上的"便利高"分划处的标志，读取水平角、竖盘读数（计算出竖直角）及视距间隔，算出视距，并用视距和竖直角计算平距和高差，同时根据测站点的高程计算出此地形点的高程。

5) 图人员用量角器从起始方向量取水平角，定出方向线，在此方向线上依测图比例尺量取平距，所得点位就是把该地形点按比例尺测绘到图纸上的点，然后在点的右旁标注其高程。

6) 按图纸上测绘的特征点，描绘出地物轮廓线或用规定符号表示地物。

7) 按规定的等高距，用目估法勾绘等高线，并在计曲线上标注高程。

8) 最后经过整理、加深、检查成图。

思考与练习

1. 什么叫地物？地物在地形图上如何表示？

2. 什么叫地貌？地貌有哪几种基本形式？地貌在地形图上如何表示？

3. 什么是地形图比例尺？什么是地形图比例尺精度？研究地形图比例尺精度的意义是什么？

4. 叙述经纬仪测绘法测绘地形图的方法及步骤。

5. 什么是等高线、等高线平距、等高距？等高线有哪些特性？

6. 在图8.20中完成如下作业：

（1）根据等高线按比例内插法求出 A、C 两点的高程。

（2）用图解法求 A、B 两点的坐标。

（3）求 A、B 两点间的水平距离。

（4）求 AB 连线的坐标方位角。

（5）求 A 点至 C 点的平均坡度。

（6）从 A 点至 B 点选定一条坡度为 8% 的路线。

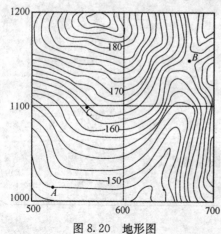

图 8.20　地形图

7. 试述如何用透明方格法和平行线法计算面积。

8. 根据表 8.6 中的观测数据算出碎部点的水平距离和高程，已知竖直角计算公式为 $\alpha = 90° - L$，测站高程 $H_B = 1044.78$m，仪器高 $i = 1.50$m，水平距离及高程计算至 dm 和 cm。

表 8.6   观测数据

测站	测点	视距读数			竖盘读数/ (°′)
		下丝	上丝	中丝	
B	1	0.902	0.766	0.830	84 32
	2	2.165	0.555	1.360	86 13
	3	2.871	1.128	2.000	93 45
	4	2.221	0.780	1.500	92 18
	5		0.462	1.250	87 24
	6	1.834		1.530	88 30

9. 按图 8.21 所给碎部点的高程及位置，用目估法勾绘等高线（等高距 $h = 1$m）。

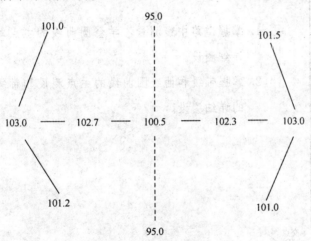

图 8.21   勾绘等高线

道路中线测量

1. 掌握道路中线测量，学会圆曲线的主点测设和圆曲线的详细测设。

2. 掌握带缓和曲线圆曲线的主点测设和带缓和曲线圆曲线的详细测设。

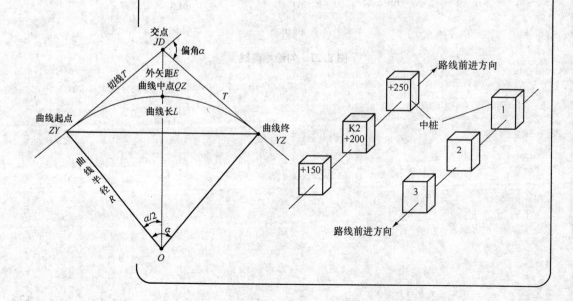

任务 9.1 圆曲线的测设

■ 工作任务：圆曲线的曲线要素计算与测设

一、任务描述

圆曲线的测设是在圆曲线上设备中桩并将圆曲线的位置标定在地面上。该任务是中线测量的重点，是曲线测设的基础。本次任务中，能够熟练利用经纬仪（全站仪）进行圆曲线主点测设，在测量过程中会辨认每测站上所测角度是左角（以路线的走向为准）还是右角，掌握圆曲线主测测设和详细测设数据的计算与测设方法。

二、工作场景

按 4~6 人一组，分工协作，用 2~3 学时的时间，按选定的路线交点，用经纬仪（全站仪）完成导线的角度测量任务。利用钢尺（全站仪）进行相邻交点间的距离测量。用观测成果和已知条件联合计算圆曲线的主点与详细测设要素，每组独立计算一份。

三、任务目标

通过经纬仪（全站仪）圆曲线测设任务的完成，总结测量过程中出现的各种问题，从人员的配合、仪器操作、观测读数、记录计算等方面分析原因，深化对圆曲线测设过程的认识。通过整个过程的训练，学会圆曲线测设的实施与计算。

■ 实践操作

一、每组所需仪器工具

1）由仪器室借领：经纬仪 1 套（或全站仪 1 套），花杆 3 根，钢尺 1 盒，测钎 1 束，木桩 3 个，斧子 1 把及小钉。

2）自备：记录表、计算器、铅笔、草稿纸等。

二、圆曲线测设的实施要点

1）角度观测应遵守下列规定：观测应在成像清晰、稳定的条件下进行。晴天的日出、日落和中午前后，如果成像模糊或跳动剧烈，不应进行观测。

2）观测前应晾置仪器 30 分钟，让仪器温度与外界温度基本一致后才能开始观测。观测过程中仪器不得受日光直接照射。

3）仪器照准部旋转时应平稳匀速；制动螺旋不宜拧得过紧；微动螺旋应尽量使用中间部位。精确照目标时微动螺旋最后应为旋进方向。

4）观测过程中仪器气泡中心偏离值不得超过一格。当偏移值接近限值时应在测回之间重新整置仪器。

三、注意事项

1）观测必须按规范要求进行，观测成果应做到记录真实、字迹工整、注记明确，观测要求及各项限差均应符合规范规定。

2）观测完后应立即检查记录，计算各项观测误差是否在限差范围内，确认全部符合规定限差方可离去，以免造成不必要的返工与重测。

四、操作要求

1）交点布设时的注意事项：相邻点间通视，路线的转角要适中，点位应便于安置仪器。这些注意事项教师不仅在实习开始时要交代清楚，在巡视学生选点时还应不断地观察和提醒。

2）整个实习期间各小组工作的地点较为分散、教师应不断地巡回检查，一方面对操作进行指导，另一方面则应注意对仪器安全保护状况进行检查。水平角观测时，观测员离开仪器去看记录员记录的情况常有发生，必须随时注意仪器的安全保护。

五、操作方法与步骤

由于这是一次综合性的实训，教师对学生的指导应是给予曲线测设的整体知识，使学生全面掌握道路中线测量的工作过程和主要注意事项。对于交点的布设范围，教师应对各小组进行统一安排，避免各小组在作业时相互干扰。

就一般情况来讲，此项任务分三步进行，即场区选点、水平角观测和距离测量。

要求测设一条至少由 4 个交点构成的圆曲线路线，方法与步骤如下：

1）在测区选择交点 JD_1、JD_2、JD_3、JD_4（图 9.1）。

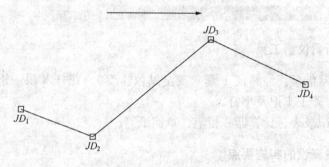

图 9.1　路线导线

2）观测路线前进方向的左角或者右角（图 9.2）β_1、β_2，计算 α_1、α_2。DJ_2 测 1 测回、DJ_6 测 2 个测回。

3）用钢尺丈量相邻交点间边长时每条边长要往返丈量，往返测相对误差小于 $\frac{1}{2000}$。

4）完成圆曲线要素与主点里程的计算。

5）完成偏角计算。由几何学可知，曲线偏角等于其弦长所对圆心角的一半。

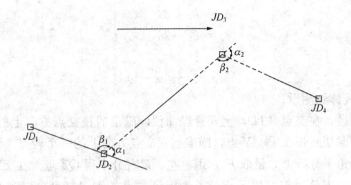

图 9.2 路线转角

图 9.3 中，$ZY\sim1$ 点的曲线长为 K，它所对的圆心角为 $\varphi_1 = \dfrac{K}{R} \cdot \dfrac{180°}{\pi}$，则其对应的偏角为

$$\left. \begin{array}{l} \delta_1 = \dfrac{\varphi_1}{2} = \dfrac{K}{2R} \cdot \dfrac{180°}{\pi} \\ \delta = \dfrac{\varphi}{2} = \dfrac{S}{2R} \cdot \dfrac{180°}{\pi} \end{array} \right\} \tag{9.1}$$

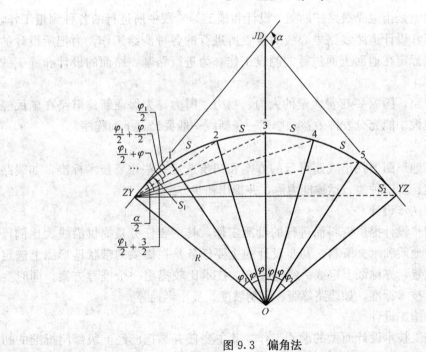

图 9.3 偏角法

式中，R——曲线半径；

K——置镜点至测设点的曲线长。

若测设点间曲线长相等，设第 1 点偏角为 δ_1，则各点偏角依次为

$$\left.\begin{aligned}\delta_2 &= \delta_1 + \delta \\ \delta_3 &= \delta_1 + 2\delta \\ &\vdots \\ \delta_n &= \delta_1 + (n-1)\delta\end{aligned}\right\} \tag{9.2}$$

6) 圆曲线详细测设。

主点的测设：在交点（JD）上安置经纬仪，瞄准后视交点方向上的一个转点，在视线方向上量取切线长 T 得 ZY 点，瞄准前视交点方向上的一个转点，量 T 得 YZ 点；将视线转至内角平分线上，量取 E_0，用盘左、盘右分中得 QZ 点。在 ZY、QZ、YZ 点均要打方木桩，上钉小钉，以示点位。为保证主点的测设精度，以利曲线详细测设，切线长度应往返丈量，其相对较差不大于 1/2000 时取其平均位置。

圆曲线详细测设：以已测设好的曲线主点 ZY、QZ、YZ 为依据，通常以 ZY（YZ）为测站，由计算的偏角分别测设 $ZY{\sim}QZ$ 和 $YZ{\sim}QZ$ 曲线段，并闭合于 QZ 作检核。

▨ 相关知识：道路中线测量概述 ▨

一、新线路修建程序

道路路线测量是指道路线路在勘测、设计和施工等阶段中所进行的各种测量工作，主要包括为选择和设计道路线路中心线的位置所进行的各种测绘工作，为把所设计的道路线路中心线标定在地面上而进行的测设工作，为进行路基、路面的设计和施工的测绘和测设工作。

修建一条道路，国家要花费大量的人力、物力、财力，为保证新建道路在国民经济建设和国防建设中能充分发挥效益，修建一条新线一般要经过下列程序。

（1）方案研究

在小比例尺地形图上找出线路可行的方案和初步选定一些重要技术标准，如线路等级、限制坡度、牵引种类、运输能力等，并提出初步方案。

（2）初测和初步设计

初测是为初步设计提供资料而进行的勘测工作，其主要任务是提供沿线大比例尺带状地形图以及地质和水文资料。初步设计的主要任务是在提供的带状地形图上选定线路中心线的位置，亦称纸上定线。经过经济、技术比较提出一个推荐方案，同时要确定线路的主要技术标准，如线路等级、限制坡度、最小半径等。

（3）定测和施工设计

定测是为施工技术设计而做的勘测工作，其主要任务是把已经上级部门批准的初步设计中所选定的线路中线测设到地面上去，并进行线路的纵断面和横断面测量；对个别工程还要测绘大比例尺的工点地形图。施工技术设计是根据定测所取得的资料，对线路全线和所有个体工程作出详细设计，并提供工程数量和工程预算。该阶段的主要工作是线路纵断面设计和路基设计，并对桥涵、隧道、车站、挡土墙等作出单独设计。

"精心勘测、精心设计、精心施工"是我们应遵循的准则，因为每一个环节上的差错都会给工作带来不应有的损失。

二、道路中线测量

中线测量是新线定测阶段的主要工作，它的任务是把在带状地形图上设计好的线路中线测设到地面上，并用木桩标定出来。

中线测量包括放线和中桩测设两部分工作。放线是把纸上定线各交点间的直线段测设于地面上；中桩测设是沿着直线和曲线详细测设中线桩。

1. 放线测量

放线的任务是把中线上直线部分的控制桩（JD、ZD）测设到地面，以标定中线的位置。放线的方法有多种，常用的有拨角法、支距法和极坐标法三种，可根据地形条件、仪器设备及纸上定线与初测导线距离的远近等情况选择一种或几种交替使用。

2. 中线测设

放线工作完成之后，地面上已有了控制中线位置的转点桩 ZD 和交点桩 JD，依据 ZD 和 JD 桩即可将中线桩详细测设在地面上，这项工作通称中线测量，它包括直线和曲线两部分。

中线上应钉设公里桩、百米桩和加桩。直线上中桩间距不宜大于 50m；在地形变化处或按设计需要应另设加桩，加桩一般宜设在整米处。中线距离应用光电测距仪或钢尺往返测量，在限差以内时取平均值。百米桩、加桩的钉设以第一次量距为准。中桩桩位误差按《测规》要求不超过下列限差：纵向为 $\left(\dfrac{s}{2000}+0.1\right)$m，横向为 10cm。其中，$s$ 为转点至桩位的距离，以 m 计。

定测控制桩——直线转点、交点、曲线主点桩一般都应用固桩。固桩可埋设预制混凝土桩或就地浇筑混凝土桩，桩顶埋入铁钉。

三、里程桩的设置

为了确定路线中线的具体位置和路线的长度，满足后续纵、横断面测量的需要，以及为以后路线施工放样打下基础，中线测量中必须由路线的起点开始每隔一段距离钉设木桩标志，其桩点表示路线中线的具体位置。桩的正面写有桩号，背面写有编号，桩号表示该桩点至路线起点的里程数。如某桩点距路线起点的里程为 2456.257m，则桩号记为 K2＋456.257。编号反映桩间的排列顺序，宜按 0～9 为一组循环标注，以避免后续工作里程桩漏测。由于桩号即为里程数，故称里程桩。又因里程桩设在路线中线上，所以也称中桩。

1. 里程桩的类型

里程桩可分为整桩和加桩两种。

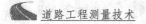

（1）整桩

在公路中线中的直线段上和曲线段上，按相应规定要求桩距而设置的桩称为整桩，它的里程桩号均为整数，且为要求桩距的整倍数。

《公路勘测细则》（JTG/TC10—2007）规定：路线中桩间距不应大于表 9.1 的规定。

表 9.1　中间桩距

直　线　段		曲　线　段			
平原微丘区	山岭重丘区	不设超高的曲线	$R>60$	$60>R>30$	$30>R$
≤50	≤25	25	20	10	5

注：表中的 R 为曲线半径，以 m 计。

在实测过程中为了测设方便，里程桩号应尽量避免采用零数桩号，一般宜采用 20m 或 50m 及其倍数。当量距至每百米及每公里时，要钉设百米桩及公里桩。

（2）加桩

加桩又分为地形加桩、地物加桩、曲线加桩、地质加桩、断链加桩和行政区域加桩等。

1）地形加桩：沿路线中线在地面起伏突变处、横向坡度变化处以及天然河沟处等均应设置的里程桩。

2）地物加桩：沿路线中线在有人工构造物处（如拟建桥梁、涵洞、隧道、挡土墙等构造物处，路线与其他公路、铁路、渠道、高压线、地下管道等交叉处，拆迁建筑物处，占用耕地及经济林的起终点处）均应设置的里程桩。

3）曲线加桩：曲线上设置的起点、中点、终点桩等。

4）地质加桩：沿路线在土质变化处及地质不良地段的起、终点处要设置的里程桩。

5）断链加桩：由于局部改线或事后发现距离错误或分段测量中由于假设起点里程等原因，路线的里程不连续，桩号与路线的实际里程不一致，这种现象称为"断链"，为说明该情况而设置的桩称为断链加桩。测量中应尽量避免出现"断链"现象。

6）行政区域加桩：在省、地（市）县级行政区分界处应加桩。

7）改、扩建路加桩：在改、扩建公路地形特征点、构造物和路面面层类型变化处应加的桩。

加桩应取位至米，特殊情况下可取位至 0.1m。

2. 里程桩的书写及钉设

对于中线控制桩，如路线起（终）点桩、公里桩、转点桩、大中桥位桩以及隧道起（终）点等重要桩，一般采用尺寸为 5cm×5cm×30cm 的方桩，其余里程桩一般多用（1.5～2）cm×5cm×25cm 的板桩。

（1）里程桩的书写

所有中桩均应写明桩号和编号，在桩号书写时，除百米桩、公里桩和桥位桩要写明公里数外，其余桩可不写。另外，对于交点桩、转点桩及曲线基本桩，还应在桩号之前标明桩号（一般标其缩写名称）。目前，我国公路工程上桩名采用汉语拼音的缩写名称，见表 9.2 所列。

表 9.2 路线主要标志桩名称

标志桩名称	简称	汉语拼音缩写	英文缩写	标志桩名称	简称	汉语拼音缩写	英文缩写
转角点	交点	JD	IP	公切点	—	GQ	CP
转点	—	ZD	TP	第一缓和曲线起点	直缓点	ZH	TS
圆曲线起点	直圆点	ZY	BC	第一缓和曲线终点	缓圆点	HY	SC
圆曲线中点	曲中点	QZ	MC	第二缓和曲线起点	圆缓点	YH	CS
圆曲线终点	圆直点	YZ	EC	第二缓和曲线终点	缓直点	HZ	ST

桩志一般用红色油漆或记号笔书写（在干旱地区或马上施工的路线也可用墨汁书写），书写字迹应工整、醒目，一般应写在桩顶以下 5cm 范围内，否则将被埋于地面以下而无法判别里程桩号。

（2）里程桩的钉设

新线桩志打桩不要露出地面太高，一般以 5cm 左右、能露出桩号为宜。钉设时将写有桩号的一面朝向路线起点方向，如图 9.4 所示。对起控制作用的交点桩、转点桩以及一些重要的地物加桩，如桥位桩、隧道定位桩等，桩顶钉一小铁钉，表示点位。在距方桩 20cm 左右设置指示桩，上面书写桩的名称和桩号，字面朝向方桩。

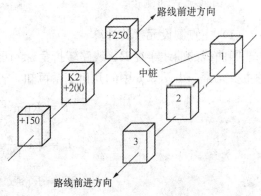

图 9.4 桩号和编号方向

改建桩志位于旧路上时，由于路面坚硬，不宜采用木桩，此时常采用大帽钢钉。钉桩时一律打桩至与地面齐平，然后在路旁一侧打上指示桩，桩上注明距中线的横向距离及桩号，并以箭头指示中桩位置。在直线上，指示桩应钉在路线的同一侧；交点桩的指示桩应在圆心和交点连线方向的外侧，字面朝向交点；曲线主点桩的指示桩均应钉在曲线的外侧，字面朝向圆心。

遇到岩石地段无法钉桩时，应在岩石上凿刻"⊕"标记，表示桩位并在其旁边，写明桩号、编号等。在潮湿或有虫蚀地区，特别是近期不施工的路线，对重要桩位（如路线起终点、交点、转点等）可改埋混凝土桩，以利于桩的长期保存。

四、圆曲线的测设

当道路由一个方向转到另一方向时，必须用曲线来连接。曲线的形式有多种，如圆曲线、缓和曲线、综合曲线和回头曲线等。曲线测设一般分两步进行，先测设曲线主点，然后依据主点详细测设曲线。曲线测设常用的方法有偏角法、切线支距法和极坐标法等。如图 9.5 所示为各种曲线。

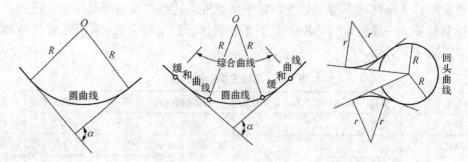

图 9.5　曲线的形式

　　圆曲线是最常用的一种平面曲线，又称单曲线。圆曲线的测设工作一般分两步进行，先定出圆曲线的主点，即曲线的起点（ZY）、中点（QZ）和终点（YZ），然后以主点为基础进行加密，定出曲线上其他各点，称为详细测设。

1. 曲线主点的测设

（1）主点测设元素的计算

　　圆曲线的曲线半径 R、线路转折角 α、切线长 T、曲线长 L 和外矢距 E 是测设曲线的主要元素。由图 9.6 中的几何关系可知，若 α、R 已知，则曲线元素的计算公式为

$$\left.\begin{aligned} T &= R\tan\frac{\alpha}{2} \\ L &= R\alpha\,\frac{\pi}{180°} \\ E &= R\left(\sec\frac{\alpha}{2} - 1\right) \\ D &= 2T - L \end{aligned}\right\} \tag{9.3}$$

　　这些元素值可用计算器计算，亦可查《公路曲线测设用表》求得。

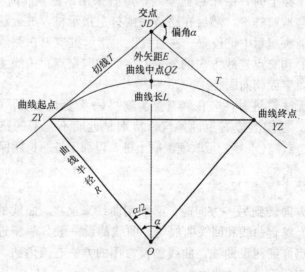

图 9.6　圆曲线要素

（2）圆曲线主点桩号的计算

圆曲线主点的桩号是根据交点桩号推算出来的，由图 9.6 可知

$$
\begin{array}{rl}
 & JD \quad 桩号 \\
-) & \quad T \\
\hline
 & ZY \quad 桩号 \\
+) & \quad L \\
\hline
 & YZ \quad 桩号 \\
-) & \quad L/2 \\
\hline
 & QZ \quad 桩号 \\
+) & \quad D/2 \\
\hline
 & JD \quad 桩号（检核）
\end{array}
$$

【例 9.1】　某线路交点 JD_1（1+385.50m）位置已定，测得转角 $\alpha_右=42°25'$，圆曲线半径 $R=120$m，求曲线元素 T、E、L 和 D 及曲线各主点的桩号。

解　1）曲线元素按式（9.3）计算，得

$$
T = R\tan\frac{\alpha}{2} = 120 \times \tan\frac{42°25'}{2} = 46.57\text{m}
$$

$$
L = R\alpha\frac{\pi}{180°} = 120 \times \frac{42°25'}{180°}\pi = 88.84\text{m}
$$

$$
E = R\left(\sec\frac{\alpha}{2} - 1\right) = 120 \times \left(\sec\frac{42°25'}{2} - 1\right) = 8.72\text{m}
$$

$$
D = 2T - L = 2 \times 46.57 - 88.84 = 4.30\text{m}
$$

2）曲线主点桩号的计算如下：

$$
\begin{array}{rl}
 & JD \qquad\qquad 1+385.50 \\
- & T \qquad\qquad\quad 46.57 \\
\hline
 & ZY \qquad\qquad 1+338.93 \\
+ & L \qquad\qquad\quad 88.84 \\
\hline
 & YZ \qquad\qquad 1+427.77 \\
- & L/2 \qquad\qquad 44.42 \\
\hline
 & QZ \qquad\qquad 1+383.35 \\
+ & D/2 \qquad\qquad 2.15 \\
\hline
 & JD \qquad\qquad 1+385.50
\end{array}
$$

经检核，计算无误。

（3）圆曲线主点的测设

如图 9.7 所示，圆曲线主点的测设方法如下：

1）测设曲线起点 ZY。在交点 JD_1 安置经纬仪，瞄准后一方向的相邻交点 JD_0，自测站起沿此方向量切线长 T，得曲线起点 ZY，打一木桩。

2）测设曲线终点 YZ。经纬仪瞄准前一方向相邻交点 JD_2，自测站起沿该方向丈量切线长 T，打曲线终点 YZ 桩。

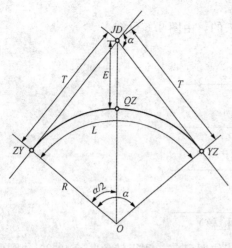

图 9.7　圆曲线主点的测设

3）测设曲线中点 QZ。安置水平度盘为 $0°00'00''$，经纬仪仍瞄准前一方向相邻交点 JD_2，松开照准部，顺时针转动望远镜，使度盘读数对准 β 的平分角值 $\dfrac{\beta}{2}$，视线即指向圆心方向。自测站点起沿此方向量出 E 值，定出曲线中点 QZ，打一木桩。

2. 圆曲线的详细测设

在圆曲线的主点设置后即可进行详细测设，其桩距 l_0 应符合表 9.1 的规定。

按桩距 l_0 在曲线上设桩，通常有两种方法：

1）整桩号法：将曲线上靠近起点（ZY）的第一个桩的桩号凑整成为 l_0 倍数的整桩号，且与 ZY 点的桩距小于 l_0，然后按桩距 l_0 连续向曲线终点 YZ 设桩。这样设置的桩的桩号均为整数。

2）整桩距法：从曲线起点 ZY 和终点 YZ 开始，分别以桩距 l_0 连续向曲线中点 QZ 设桩。由于这样设置的桩的桩号一般为零数，在实测中应注意加设百米桩和公里桩。

目前公路中线测量中一般均采用整桩号法。

圆曲线的详细测设的方法很多，下面介绍两种常用的测设方法。

（1）偏角法

偏角法是一种极坐标定点的方法，它是用偏角和弦长来测设圆曲线的。

1）计算测设数据。如图 9.8 所示，圆曲线的偏角就是弦线和切线之间的夹角，以

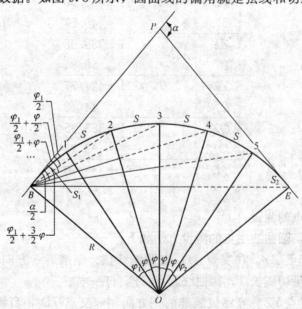

图 9.8　偏角法测设圆曲线

δ 表示。为了计算和施工方便，把各细部点里程凑整，曲线可分为首尾两段零头弧长 l_1、l_2 和中间几段相等的整弧长 l 之和，即

$$L = l_1 + nl + l_2 \tag{9.4}$$

弧长 l_1、l_2 及 l 所对的相应圆心角为 φ_1、φ_2 及 φ，可按下列公式计算，即

$$\left.\begin{aligned} \varphi_1 &= \frac{180°}{\pi} \times \frac{l_1}{R} \\ \varphi_2 &= \frac{180°}{\pi} \times \frac{l_2}{R} \\ \varphi &= \frac{180°}{\pi} \times \frac{l}{R} \end{aligned}\right\}$$

曲线上各点的偏角等于相应弧长所对圆心角的一半，即

$$\left.\begin{aligned} &\text{第 1 点的偏角为} \ \delta_1 = \frac{\varphi_1}{2} \\ &\text{第 2 点的偏角为} \ \delta_2 = \frac{\varphi_1}{2} + \frac{\varphi}{2} \\ &\text{第 3 点的偏角为} \ \delta_3 = \frac{\varphi_1}{2} + \frac{\varphi}{2} + \frac{\varphi}{2} = \frac{\varphi_1}{2} + \varphi \\ &\qquad\qquad\qquad \vdots \\ &\text{终点 } YZ \text{ 的偏角为} \ \delta_r = \frac{\varphi_1}{2} + \frac{\varphi}{2} + \cdots + \frac{\varphi_2}{2} = \frac{\alpha}{2} \end{aligned}\right\} \tag{9.5}$$

相应于弧长 l_1、l_2、l 的弦长 d_1、d_2、d 的计算公式为

$$\left.\begin{aligned} d_1 &= 2R \times \sin\frac{\varphi_1}{2} \\ d_2 &= 2R \times \sin\frac{\varphi_2}{2} \\ d &= 2R \times \sin\frac{\varphi}{2} \end{aligned}\right\} \tag{9.6}$$

【例 9.2】　参考图 9.8，设 $\alpha = 45°16'$，圆曲线半径 $R = 100\text{m}$。已知交点 JD_1 的里程为 $2+687.89\text{m}$。按式（9.3）计算，得起点 ZY 的里程为 $2+646.20\text{m}$，终点 YZ 的里程为 $2+725.20\text{m}$，试计算首尾两段分弧长 l_1、l_2 和中间 20m 整弧长 l 所对的圆心角，其相应的弦长 d_1、d_2 和 d，及曲线上各里程桩的偏角 δ。

解　因为 ZY 的里程为 $2+646.20\text{m}$，在曲线上它前面最近的整里程为 $2+660\text{m}$，即图 9.8 中 1 点，所以起始弧长为

$$l_1 = (2+660\text{m}) - (2+646.20\text{m}) = 13.8\text{m}$$

又因 YZ 的里程为 $2+725.20\text{m}$，在曲线上它后面最近的整里程为 $2+720\text{m}$，所以终了弧长为

$$l_2 = (2+720.20\text{m}) - (2+720\text{m}) = 5.20\text{m}$$

计算各弧长所对的圆心角为

$$\varphi_1 = \frac{180°}{\pi} \times \frac{l_i}{R} = \frac{180°}{\pi} \times \frac{13.8\text{m}}{100\text{m}} = 7°54'25''$$

$$\varphi_2 = \frac{180°}{\pi} \times \frac{l_2}{R} = \frac{180°}{\pi} \times \frac{5.20m}{100m} = 2°58'46''$$

$$\varphi = \frac{180°}{\pi} \times \frac{l}{R} = \frac{180°}{\pi} \times \frac{20m}{100m} = 11°27'33''$$

应用式（9.6），可求得相应于弧长 l_1、l_2、l 的弦长为

$$d_1 = 2R\sin\frac{\varphi_1}{2} = 2 \times 100m \times \sin\frac{7°54'25''}{2} = 13.79m$$

$$d_2 = 2R\sin\frac{\varphi_2}{2} = 2 \times 100m \times \sin\frac{2°58''46''}{2} = 5.20m$$

$$d = 2R\sin\frac{\varphi}{2} = 2 \times 100m \times \sin\frac{11°27'33''}{2} = 19.97m$$

根据式（9.5）计算求得的曲线上各里程桩的偏角列表 9.3 中，供测设曲线用，表中偏角累计值是设仪器安置于 ZY 时所求得的。

表 9.3　测设圆曲线偏角

里程桩	点名	偏角/（° ′ ″）		弧长/m	弦长/m	备　注
		单　值	累计值			
2+646.20	ZY	3　57　12	3　57　12	13.80	13.79	JD 的里程桩为 2+687.89
+660	1					
+680	2	5　43　47	9　40　59	20	19.97	$\alpha = 45°16'$ $R = 100m$ $T = 41.69m$ $L = 79.00m$
+700	3	5　43　47	15　24　46	20	19.97	
+720	4	5　43　47	21　08　33	20	19.97	
2+725.20	YZ	1　29　23	22　37　56	5.20	5.20	

2）测设方法。用偏角法进行细部测设的方法如下：

① 将经纬仪安置于曲线起点 ZY 上，以 0°00′后视交点 JD_1。

② 松开照准部，置水平度盘读数为 1 点的偏角值 δ_1，在此方向上用钢尺量取弦长 d_1，桩钉 1 点。

③ 将角拨到 1 点的偏角值 δ_2，将钢尺零刻划对准 1 点，以弦长 d 为半径，摆动钢尺到经纬仪方向线上，定出 2 点。

④ 再拨 3 点的偏角 δ_3，钢尺零刻划对准 2 点，以弦长 d 为半径，摆动钢尺到经纬仪方向线上，定出 3。其余以此类推。

⑤ 最后拨角 $\alpha/2$，视线应通过曲线终点 YZ。最后一个细部点到曲线终点的距离为 d_2，以此来检查测设的质量。

用偏角法测设曲线细部点时，常因遇障碍物挡住视线或因距离太长而不能直接测设，如图 9.9 所示，经纬仪在曲线起点 ZY 测设出细部点 1、2、3 后，视线被建筑物挡住，这时可把经纬仪移到 3 点，使水平度盘读数对在 0°00′，用盘右位置后视 ZY 点，然后纵转望远镜，并使水平度盘读数对在 4 点的偏角值 δ_4 上，此时视线即在 3—4 点方

向上，量取弦长 d，即可桩钉出 4 点。其余各点以此类推。

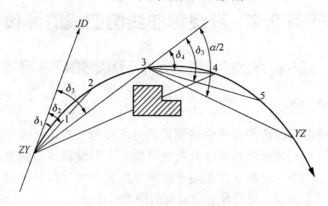

图 9.9　视线受阻时的测设

（2）切线支距法

切线支距法又称直角坐标法，它是以曲线起点或终点为坐标原点，以该点切线为 x 轴，以过原点的半径为 y 轴建立的坐标系，如图 9.10 所示，根据曲线上各细部点的坐标 (x, y)，按直角坐标法测设点的位置。

1）计算测设数据。从图 9.10 中可以看出，圆曲线上任一点的坐标为

$$\left.\begin{array}{l} \varphi_i = \dfrac{180°}{\pi} \times \dfrac{l_i}{R} \\[2mm] x_i = R\sin\varphi_i \\[2mm] y_i = R(1-\cos\varphi_i) \end{array}\right\} \tag{9.7}$$

式中，i——细部点的点号，$i=1$，2，3，…。

2）测设方法。用切线支距法进行细部测设的方法如下：

① 在 ZY 点安置经纬仪，定出切线方向。以 ZY 为零点，沿切线方向分别量出 x_1、x_2、x_3、…，桩钉各点。

② 在桩钉出的各点上安置经纬仪，拨直角方向，分别量取支距 y_1、y_2、y_3、…，由此得到曲线上 1、2、3、…各点的位置。

③ 曲线另半部分以 YZ 为原点，同上法进行测设。

④ 量曲线上相邻点间的距离（弦长），它们应相等，作为测设工作的校核。

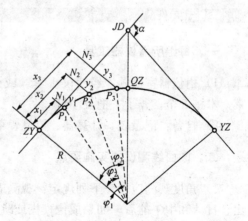

图 9.10　切线支距法详细测设圆曲线

支距法测设曲线的优点在于：计算、操作简单、灵活，且可自行闭合、自行检核，具有测点误差不累计的优点，宜用于平坦开阔地区。

任务9.2　带缓和曲线圆曲线的测设

一、任务描述

带缓和曲线圆曲线的测设是平曲线测设的基本线型。本次任务中，要求能够熟练利用经纬仪（全站仪）进行缓和曲线及圆曲线的主点测设和详细测设数据的计算与测设方法。在测量过程中，会辨认每测站上所测角度是左角（以路线的走向为准）还是右角。利用钢尺（全站仪）进行相邻交点间的距离测量。

二、工作场景

按4～6人一组，分工协作，用3～4学时的时间，按选定的路线交点，用经纬仪（全站仪）完成导线的角度测量任务。用观测成果和已知条件联合计算缓和圆曲线的主点与详细测设要素，每组独立计算一份。

三、任务目标

通过经纬仪（全站仪）缓和曲线测设任务的完成，总结测量过程中出现的各种问题，从人员的配合、仪器操作、观测读数、记录计算等方面分析原因，深化对缓和曲线测设过程的认识。通过整个过程的训练，学会缓和曲线测设的实施与计算。

实践操作

一、每组所需仪器工具

1）由仪器室借领：经纬仪1套（或全站仪1套），花杆3根，钢尺1盒，测钎1束，木桩5个，斧子1把及小钉。

2）自备：记录表、计算器、铅笔、草稿纸等。

二、圆曲线测设的实施要点

1）角度观测应遵守下列规定：观测应在成像清晰、稳定的条件下进行。晴天的日出、日落和中午前后，如果成像模糊或跳动剧烈，不应进行观测。

2）观测前应晾置仪器30min，让仪器温度与外界温度基本一致后才能开始观测。观测过程中仪器不得受日光直接照射。

3）仪器照准部旋转时应平稳匀速；制动螺旋不宜拧得过紧；微动螺旋应尽量使用中间部位。精确照目标时微动螺旋最后应为旋进方向。

4）观测过程中仪器气泡中心偏离值不得超过一格。当偏移值接近限值时应在测回之间重新整置仪器。

三、注意事项

1) 计算测设数据时要细心。曲线元素经复核无误后才可计算主点桩号，主点桩号经复核无误后才可计算各桩的测设数据，各桩的测设数据经复核无误后才可进行测设。

2) 曲线加桩的测设是在主点桩测设的基础上进行的，因此测设主点桩时要十分细心。

3) 在丈量切线长、外距、弦长时尺身要水平。

4) 设置起始方向的水平度盘读数时要细心。

5) 平曲线的闭合差一般不得超过以下规定：半径方向，$\pm 0.1\mathrm{m}$；切线方向，$\pm \dfrac{l}{1000}$，l 为曲线长。

6) 当时间较紧时应在实习前计算好测设曲线所需的数据，不能在实习中边算边测，以防时间不够或出错（如时间允许，也可不用实例，而在现场直接选定交点，测定转角后进行曲线测设）。

四、操作要求

1) 交点布设时的注意事项：相邻点间通视，路线的转角要适中，点位应便于安置仪器。这些注意事项教师不仅在实习开始时要交代清楚，在巡视学生选点时还应不断地观察和提醒。

2) 整个实习期间各小组工作的地点较为分散，教师应不断地巡回检查，一方面是对操作的指导，另一方面则应注意对仪器安全保护状况进行检查。水平角观测时观测员离开仪器去看记录员记录的情况常有发生，必须随时注意仪器的安全保护。

五、操作方法与步骤

由于这是一次综合性的实训，教师应对学生给予缓和曲线测设的整体知识，使学生能全面掌握缓和曲线测设的工作过程和主要注意事项。

1) 假设带缓和曲线的圆曲线半径为 $R=300\mathrm{m}$，交点 JD_2 的里程为 K6+396.96，缓和曲线的缓和段长度 $l_s=60\mathrm{m}$。

2) 在实习场地选定 3 个交点 JD_1、JD_2、JD_3，并在所选点上用木桩标定其位置。路线导线边长要大于 80m，目估 $\beta<145°$。

3) 在交点 JD_2 上安置经纬仪，用测回法观测出 $\beta_右$，并计算出转角 α。

$$\alpha = 180° - \beta_右 \tag{9.8}$$

4) 计算带缓和曲线的主点测设要素和主点里程，并测设带缓和曲线的主点。

5) 按照设桩的规则，在预先准备好的木桩上写上各个测设桩的桩号。

6) 计算各桩的测设数据偏角 δ_i、弦长 c_i 和对应的水平度盘读数。

① $ZH\sim HY$ 段。以 ZH 为测站点，$ZH-JD_2$ 为零方向，以弧长代替弦长，用下式计算偏角，即

$$\delta_i = \frac{l^2}{6Rl_s} \times \frac{180°}{\pi} \tag{9.9}$$

式中，l = 待测桩桩号－ZH 桩号。

② HZ～YH 段。以 HZ 为测站点，HZ—JD_2 方向为零方向，用弧长代替弦长，用上式计算偏角。式中，l = HZ 桩号－待测桩桩号。

③ HY～YH 段。以 HY 为测站点，HY—ZH 方向为零方向，用下式计算偏角、弦长，即

$$
\left.
\begin{aligned}
\delta_i &= \frac{l}{2R} \times \frac{180°}{\pi} \\
C_i &= 2R\sin\frac{l}{2R}
\end{aligned}
\right\}
\tag{9.10}
$$

式中，l = 待测桩桩号－HY 桩号。

7) 缓和曲线 ZH—HY 段的详细测设。

① 在 ZH 点安置经纬仪，以 ZH—JD_2 方向为起始方向，将该方向的水平度盘读数设为 $0°00'0''$，如图 9.11 所示。

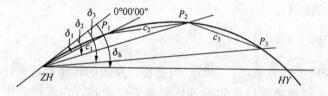

图 9.11　偏角法测设第一缓和曲线

② 转动照准部，找到 P_1 对应的水平度盘读数 δ_1 或 $360° - \delta_1$，得 ZHP_1 方向，自 ZH 沿此方向量 ZHP_1 对应的弦长，得 P_1 桩位，钉木桩或用测钎标记。

③ 转动照准部，找到 P_2 对应的水平度盘读数 δ_2 或 $360° - \delta_2$，得 ZHP_2 方向，自 P_1 点量 P_1P_2 对应的弦长，与此方向交会得 P_2，钉木桩或用测钎标记。

④ 按③所述方法测设 ZH～HY 段其余各中桩。

⑤ 转动照准部，找到 HY 对应的水平度盘读数 δ_h 或 $360° - \delta_h$，得 ZH—HY 方向，沿此方向量 c_h 即得 HY 点。

⑥ 丈量 HY 与前一中桩之间的弦长，进行校核，若误差超限，则应重测 ZH～HY 段。

8) 缓和曲线 HZ～YH 段的详细测设。测设方法与测设 HZ～YH 段类同（在 HZ 点安置经纬仪，将 HZ—JD_2 方向的水平度盘读数设置为 $0°00'00''$，P_h 方向的水平度盘读数应为 δ_h 或 $360° - \delta_h$）。

9) 缓和曲线 HY～YH 段的详细测设。

① 在 HY 点安置经纬仪，以 HY—ZH 方向为起始方向，将该方向的水平度盘读数设置为 $180° - \frac{2}{3}\beta_0$ 或 $180° + \frac{2}{3}\beta_0$，转动经纬仪，当水平度盘读数为 $0°00'00''$ 时望远镜所指的方向即为 HY 点的切线方向，如图 9.12 所示。

② 拨 P_1 对应的偏角 δ_1，即转动照准部，找到 δ_1 对应的水平度盘读数 δ_1 或 $360° - \delta_1$，得 HYP_1 的方向，自 HY 沿此方向量 HYP_1 对应的弦长得 P_1，钉木桩或用

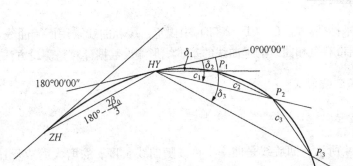

图 9.12 偏角法测设第二缓和曲线

测钎标记。

③ 转动照准部，找到 P_2 对应的水平度盘读数 δ_2 或 $360°-\delta_2$，得 HYP_2 方向，自 P_1 点量 P_1P_2 对应的弦长，与此方向交会得 P_2，钉木桩或用测钎标记。

④ 按③所述方法测设 $HY \sim QZ$ 段其余各桩，并测出 QZ，与用主点测设方法测出的 QZ 位置比较，若误差超限，应重测 $HY \sim QZ$ 段。

⑤ 继续按③所述方法测设至 YH 点，并与已测出的 YH 位置比较，若误差超限，应重测 $QZ \sim YH$ 段。

10）校核。目测所测平曲线是否顺适，并丈量弦长，进行校核。

相关知识：缓和曲线平曲线的测设

一、缓和曲线的作用

车辆在行驶中，当从直线驶入圆曲线时，由力学知识可知车辆将产生离心力，由于离心力的作用，车辆有向曲线外侧倾倒的趋势，使得安全性和舒适感受到一定的影响。为了减小离心力的影响，曲线段的路面要做成外侧高、内测低，呈单向横坡形式，此即弯道超高。超高不能在直线进入曲线段或曲线进入直线段突然出现或消失，以免使路面出现台阶，引起车辆振动，产生更大的危险。因此，超高必须在一段长度内逐渐增加或减少，在直线段与圆曲线段之间插入一段半径由无穷大逐渐减少至圆曲线半径 R（或在圆曲线段与直线段间插入一段由圆曲线半径 R 逐渐增加至无穷大）的曲线，这种曲线称缓和曲线。带有缓和曲线的平曲线，其基本形式由三部分组成，如图 9.13 所示，包括由直线终点到圆曲线起点的缓和段，称为第一缓和段，由圆曲线起点到圆曲线终点的单曲线段，以及由圆曲线终点到下一段直线起点的缓和段，称为第二缓和段。因此，带有缓和曲线的平曲线的基本线形的主点有直缓点（ZH）、缓圆点（HY）、曲中点（QZ）、圆缓点（YH）和缓直点（HZ），参见表 9.3。我国交通运输部颁布实施的

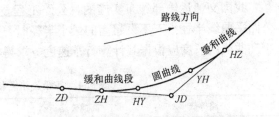

图 9.13 带有缓和曲线的平曲线基本线性

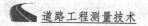

《公路工程技术标准》（JTG B01—2003）中规定：缓和曲线采用回旋曲线，亦称辐射螺旋线。下面介绍带有缓和曲线的平曲线的基本线形测设数据计算与测设方法。

二、缓和曲线公式

1. 基本公式

如图 9.14 所示，回旋线是曲率半径 ρ 随曲线长度 l 的增大而成反比地均匀减小的曲线，即在回旋线上任一点的曲率半径 ρ 为

$$\rho = \frac{c}{l}$$

或写成

$$c = \rho \cdot l \tag{9.11}$$

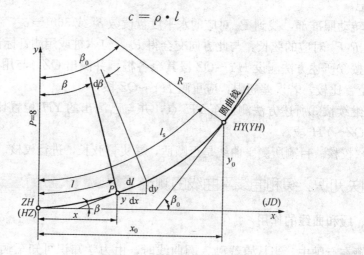

图 9.14 缓和曲线

式中，c 为常数，表示缓和曲线曲率半径 ρ 的变化率，与行车速度有关。目前我国公路采用 $c = 0.035 v^3$（v 为计算行车速度，以 km/h 为单位）。而在曲线上，c 值又可按以下方法确定，在第一缓和曲线终点即 HY 点（或第二缓和曲线起点 YH 点）的曲率半径等于圆曲线半径 R，即 $\rho = R$，该点的曲线长度即是缓和曲线的全长 l，由式（9.11）可得

$$c = R \cdot l_s \tag{9.12}$$

$$l_s = \frac{0.035 v^3}{R} \tag{9.13}$$

我国交通运输部颁布实施的《公路工程技术标准》（JTG B01—2003）中规定：当公路平曲线半径小于不设超高的最小半径时，应设缓和曲线。缓和曲线采用回旋曲线。缓和曲线的长度应根据其计算行车速度 v 求得，并尽量采用大于表 9.4 所列数值。

表 9.4 各级公路缓和曲线最小长度

公路等级	高速公路				一		二		三		四	
计算行车速度/(km/h)	120	100	80	60	100	60	80	40	60	30	40	20
缓和曲线最小长度/m	100	85	70	50	85	50	70	35	50	25	35	20

2. 切线角公式

缓和曲线上任一点 P 处的切线与曲线的起点（ZY）或终点（HZ）切线的交角 β 称为缓和曲线的切线角。由图 9.14 知，任一点 P 处的切线角 β 与缓和曲线上该点至曲线起点或终点的曲线长所对的中心角相等。为求切线角 β，可在曲率半径为 ρ 的 P 点处取一微分弧段 $\mathrm{d}l$，其所对应的中心角 $\mathrm{d}\beta$ 为

$$\mathrm{d}\beta = \frac{\mathrm{d}l}{\rho} = \frac{l \cdot \mathrm{d}l}{c}$$

积分得到公式

$$\beta = \frac{l^2}{2c} = \frac{l^2}{2Rl_s}(\mathrm{rad}) \tag{9.14}$$

当 $l = l_s$ 时，则缓和曲线全长 l_s 所对应中心角即为缓和曲线的切线角，亦称为缓和曲线角 β_0，为

$$\beta_0 = \frac{l_s}{2R}(\mathrm{rad})$$

以角度表示为

$$\beta_0 = \frac{l_s}{2R} \times \frac{180°}{\pi} \tag{9.15}$$

3. 参数方程

如图 9.14 所示，设以缓和曲线的起点（ZH 点）为坐标原点，过 ZH 点的切线为 x 轴，半径方向为 y 轴，缓和曲线上任一点 P 的坐标为 (x, y)，仍在 P 点处取一微分弧段 $\mathrm{d}l$，由图可知，微分弧段在坐标轴上的投影为

$$\left.\begin{array}{l}\mathrm{d}x = \mathrm{d}l \times \cos\beta \\ \mathrm{d}y = \mathrm{d}l \times \sin\beta\end{array}\right\}$$

将式中 $\cos\beta$、$\sin\beta$ 按级数展开为

$$\left.\begin{array}{l}\cos\beta = 1 - \dfrac{\beta^2}{2!} + \dfrac{\beta^4}{4!} - \cdots \\ \sin\beta = \beta - \dfrac{\beta^3}{3!} + \dfrac{\beta^5}{5!} - \cdots\end{array}\right\}$$

则 $\mathrm{d}x$、$\mathrm{d}y$ 可表示成

$$\left.\begin{array}{l}\mathrm{d}x = \left[1 - \dfrac{1}{2}\left(\dfrac{l^2}{2Rl_s}\right)^2 + \dfrac{1}{24}\left(\dfrac{l^2}{2Rl_s}\right)^4 - \cdots\right]\mathrm{d}l \\ \mathrm{d}y = \left[\dfrac{l^2}{2Rl_s} - \dfrac{1}{6}\left(\dfrac{l^2}{2Rl_s}\right)^3 + \dfrac{1}{1200}\left(\dfrac{l^2}{2Rl_s}\right)^5 - \cdots\right]\mathrm{d}l\end{array}\right\}$$

积分后略去高次项，得

$$\left.\begin{array}{l}x = l - \dfrac{l^5}{40R^2 l_s^2} \\ y = \dfrac{l^3}{6Rl_s} - \dfrac{l^7}{336R^3 l_s^3}\end{array}\right\} \tag{9.16}$$

上式称为缓和曲线的参数方程。

当 $l = l_s$ 时，则第一缓和曲线的终点（HY）的直角坐标为

$$x_0 = l_s - \frac{l_s^3}{40R^2} \left.\begin{matrix} \\ \\ \end{matrix}\right\}$$
$$y_0 = \frac{l_s^2}{6R} - \frac{l_s^4}{336R^3}$$

(9.17)

三、带有缓和曲线的平曲线的主点测设

1. 内移值 p 和切线增长值 q 的计算

如图 9.15 所示，当圆曲线加设缓和曲线段后，为使缓和曲线起点与直线段的终点相衔接，必须将圆曲线向内移动一段距离 p（称为内移值），这时曲线发生变化，使切线增长距离 q（称为切线增长值）。

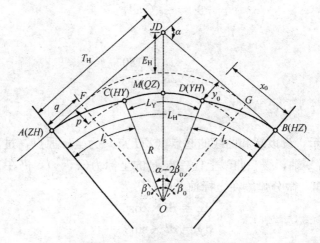

图 9.15 缓和曲线主点测设

圆曲线内移有两种方法：一种是圆心不动，半径相应减小；另一种是半径不变，而改变原圆心的位置。目前公路工程中一般采用圆心不动、半径相应减小的平行移动方法，即未设缓和曲线时的圆曲线为 FG，其半径为（$R+p$），插入两段缓和曲线 AC 和 DB 后圆曲线内移，保留部分为 CDM 段，半径为 R，该段所对的圆心角为（$\alpha - 2\beta_0$），由图 9.15 中几何关系可知

$$R + p = y_0 + R \cdot \cos\beta_0 \left.\begin{matrix} \\ \\ \end{matrix}\right\}$$
$$q + R \cdot \sin\beta_0 = x_0$$

即

$$p = y_0 - R(1 - \cos\beta_0) \left.\begin{matrix} \\ \\ \end{matrix}\right\}$$
$$q = x_0 - R \cdot \sin\beta_0$$

(9.18)

将式（9.18）中的 $\cos\beta_0$、$\sin\beta_0$ 展开为级数，略去高次项，并将式（9.15）中 β_0 和

式 (9.17) 中的 x_0、y_0 代入后整理，可得

$$p = \frac{l_s^2}{24R}$$
$$q = \frac{l_s}{2} - \frac{l_s^3}{240R^2}$$

$$(9.19)$$

2. 测设元素的计算

在圆曲线上增设缓和曲线后，要将圆曲线与缓和曲线作为一个整体考虑。如图 9.15 所示，当通过测算得到转角 α，并确定圆曲线半径 R 和缓和曲线长 l_s 后，即可按式 (9.15) 和式 (9.19) 求得切线角 β_0 内移值 p 和切线增长值 q，此时必须有 $\alpha \geqslant 2\beta_0$，否则无法设置缓和曲线。应重新调整 R 或 l_s，直至满足 $\alpha \geqslant 2\beta_0$，然后按下式计算测设元素，即

切线长　　　　　$T_H = (R + p) \cdot \tan\frac{\alpha}{2} + q$

曲线长　　　　　$L_H = R(\alpha - 2\beta_0)\frac{\pi}{180°} + 2l_s$

其中圆曲线长　　$L_Y = R(\alpha - 2\beta_0)\frac{\pi}{180°}$　　　　　　　　　　(9.20)

外距　　　　　　$E_H = (R + p) \cdot \sec\frac{\alpha}{2} - R$

切曲差　　　　　$D_H = 2T_H - L_H$

3. 主点里程计算与测设

根据交点已知里程和曲线的测设元素值，即可按下式计算各主点里程，即

直缓点　　　　ZH 里程 $= JD$ 里程 $- T_H$

缓圆点　　　　HY 里程 $= ZH$ 里程 $+ l_s$

圆缓点　　　　YH 里程 $= HY$ 里程 $+ L_Y$

缓直点　　　　HZ 里程 $= YH$ 里程 $+ l_s$　　（检核）　　(9.21)

曲中线　　　　QZ 里程 $= HZ$ 里程 $- L_H/2$

交点　　　　　JD 里程 $= QZ$ 里程 $+ D_H/2$

主点 ZH、HZ、QZ 的测设方法与圆曲线主点测设方法相同。HY、YH 点根据缓和曲线终点坐标 $(x_0$、$y_0)$ 用切线支距法测设。

四、带有缓和曲线的平曲线的详细测设

1. 切线支距法

切线支距法是以 ZH 点（对于前半曲线）或 HZ 点（对于后半曲线）为坐标原点，以过原点的切线为 x 轴，过原点的半径为 y 轴，利用缓和曲线段和圆曲线段上的各点的坐标 $(x，y)$ 测设曲线。

在缓和曲线段上各点坐标 $(x，y)$ 可按缓和曲线的参数方程求得，即

$$x = l - \frac{l^5}{40R^2 l_s^2} \left.\vphantom{\frac{l^5}{40R^2 l_s^2}}\right\}$$
$$y = \frac{l^3}{6Rl_s} - \frac{l^7}{336R^3 l_s^3} \left.\vphantom{\frac{l^7}{336R^3 l_s^3}}\right\} \tag{9.22}$$

在圆曲线段上各点的坐标可由图 9.16 按几何关系求得，即

$$x = R \cdot \sin\varphi + q \left.\vphantom{R(1-\cos\varphi)}\right\}$$
$$y = R(1 - \cos\varphi) + p \left.\vphantom{R(1-\cos\varphi)}\right\} \tag{9.23}$$

式中，$\varphi = \dfrac{l - l_s}{R} \times \dfrac{180}{\pi} + \beta_0$；

l——该点至 ZH 点或 HZ 点的曲线长。

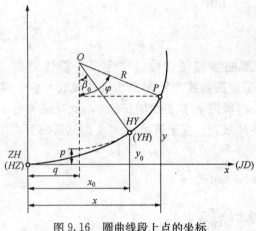

图 9.16　圆曲线段上点的坐标

在计算出缓和曲线段上和圆曲线段上各点的坐标 (x, y) 后，即可按与切线支距法测设圆曲线同样的方法进行测设。

另外，圆曲线上各点也可以缓圆点 HY 或圆缓点 YH 为坐标原点，用切线支距法进行测设，此时只要将 HY 或 YH 点的切线定出：如图 9.17 所示，计算出 T_d 之长度后，HY 或 YH 点的切线即可确定。T_d 可由下式计算，即

$$T_d = x_0 - \frac{y_0}{\tan\beta_0} = \frac{2}{3}l_s + \frac{l_s^3}{360R^2} \tag{9.24}$$

2. 偏角法

用偏角法详细测设带有缓和曲线的平曲线时，其偏角应分为缓和曲线段上的偏角与圆曲线段上的偏角两部分进行计算。

（1）缓和段上各点的测设

对于测设缓和曲线段上的各点，可将经纬仪安置于缓和曲线的 ZH 点（或 HZ 点）上进行测设。如图 9.18 所示，设缓和曲线上任一点 P 的偏角值为 δ，由图可知

$$\tan\delta = \frac{y}{x} \tag{9.25}$$

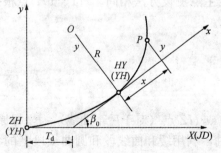

图 9.17　HY 或 YH 的切线方向

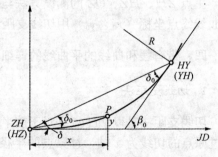

图 9.18　偏角法

式中的 x、y 为 P 点的直角坐标，可由曲线参数方程式（9.22）求得，由此求得

$$\delta = \tan^{-1}\frac{y}{x} \tag{9.26}$$

在实测中，因偏角 δ 较小，一般取

$$\delta \approx \tan\delta = \frac{y}{x} \tag{9.27}$$

将曲线参数方程式（9.22）中的 x、y 代入上式，得（取第一项）

$$\delta = \frac{l^2}{6Rl_s} \tag{9.28}$$

在上式中，当 $l = l_s$ 时得 HY 点或 YH 点的偏角值 δ_0，称之为缓和曲线的总偏角，即

$$\delta_0 = \frac{l_s}{6R} \tag{9.29}$$

由于 $\beta_0 = \dfrac{l_s}{2R}$，所以可得

$$\delta_0 = \frac{1}{3}\beta_0 \tag{9.30}$$

由式（9.28）和式（9.29），并顾及式（9.30），可得

$$\delta = \left(\frac{l}{l_s}\right)^2 \delta_0 = \frac{1}{3}\left(\frac{l}{l_s}\right)^2 \beta_0 \tag{9.31}$$

在按式（9.28）或式（9.31）计算出缓和曲线上各点的偏角值后，采用与偏法测设圆曲线同样的步骤进行缓和曲线的测设。由于缓和曲线上弦长 $c = l - \dfrac{l^5}{90R^2 l_s^2}$，近似地等于相应的弧长，因而在测设时弦长一般就取弧长值。

（2）圆曲线段上各点的测设

对于圆曲线段上各点的测设，应将仪器按置于 HY 或 YH 点上进行，这时只要定出 HY 或 YH 点的切线方向，就可按前面所讲的无缓和曲线的圆曲线的测设方法进行。关键是计算 b_0，如图 9.18 所示，显然有

$$b_0 = \beta_0 - \delta_0 = \beta_0 - \frac{1}{3}\beta_0 = \frac{2}{3}\beta_0 \tag{9.32}$$

求得 b_0 后，将仪器安置于 HY 点上，瞄准 ZH 点，将水平度盘读数配置为 b_0（当曲线右转时应配置为 $360° - b_0$），旋转照准部，使水平度盘的读数为 $00°00'00''$，倒镜，此时视线方向即为 HY 点的切线方向，然后按前述偏角法测设圆曲线段上各点。

在公路工程测量中，直角坐标法与偏角法常结合使用，使曲线测设简便、迅速、精确。

首先设定一个直角坐标系，一般以 ZH 或 HZ 点为坐标原点，以其切线方向为 x 轴，并且正向朝向交点 JD，自 x 轴正向顺时针旋转 $90°$ 为 y 轴正向。这时曲线上任一点 P 的坐标（x_P, y_P）仍可按式（9.26）和式（9.27）计算，但当曲线位于 x 轴正向左侧时 y_P 应为负值。

具体测设步骤如下。

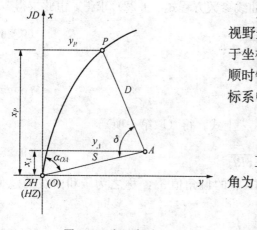

图 9.19　极坐标法

如图 9.19 所示，在待测设曲线附近选择一视野开阔、便于安置仪器的点 A，将仪器安置于坐标原点 O 上，测定实地距离 S 和 x 轴正向顺时针至 A 点的角度 α_{OA}（即直线 OA 在设定坐标系中的方位角），则 A 点的坐标为

$$\left.\begin{array}{l} x_A = S \cdot \cos\alpha_{OA} \\ y_A = S \cdot \sin\alpha_{OA} \end{array}\right\} \tag{9.33}$$

直线 AO 和 AP 在该设定的坐标系中的方位角为

$$\left.\begin{array}{l} \alpha_{AO} = \alpha_{OA} \pm 180° \\ \alpha_{AP} = \tan^{-1}\dfrac{y_P - y_A}{x_P - x_A} \end{array}\right\} \tag{9.34}$$

则

$$\begin{array}{l} \delta = \alpha_{AP} - \alpha_{AO} \\ D_{AP} = \sqrt{(x_P - x_A)^2 + (y_P - y_A)^2} \end{array} \tag{9.35}$$

在按上述算式计算出曲线上各点测设角度和距离后，将仪器安置在 A 点，后视坐标原点，并将水平度盘配制为 $0°00'00''$，然后转动照准部，拨水平角 δ，便得到 A 点至 P 点的方向线。沿此方向线测定距离 D_{AP}，即得待测点 P 的地面位置。按此方法便可将曲线上各点的位置测定。

偏角法有校核，适用于山区，但其缺点是误差积累，故测设时要注意经常检核。支距法较简单，误差不积累，缺点是安置仪器次数多，曲线点相互独立，故测设中的错误不易发现，它仅适用于平坦地区及支距 y 较小的曲线。长弦偏角法测设精度高、速度快，任何地区均适用。极坐标法除可按上述方法测设外，还可按前述不带缓和曲线的圆曲线详细测设中的极坐标法进行。

▪ 巩固训练：用全站仪放样道路中线 ▪

一、训练目标

能够正确计算路线中桩坐标；能用全站仪放样道路中线。

二、训练内容

1）计算路线中桩坐标。

2）用全站仪坐标放样的作业模式完成一段路线的中线里程桩测设。

三、训练条件

1）借领全站仪 1 套、单棱镜及支架 1 套、花杆 3 根、钢尺 1 盒、木桩、竹片桩、小钉。

2）沿道路中线有一定数量的控制点。

四、训练步骤

1）熟悉坐标计算公式，计算统一坐标系下路线中桩坐标。

2）将全站仪安置在放样点附近的控制点上，检查并设置检查气象改正参数和棱镜常数。

3）输入测站点和后视点的坐标值；全站仪自动计算并显示后视方位角值。

4）照准后视点完成定向工作。

5）输入放样中桩坐标值，指挥棱镜对中杆移动到放样点位置打桩。

思考与练习

1. 何谓里程桩？如何设置？

2. 公路中线测量的主要任务是什么？

3. 中线测量的转点与水准测量的转点有何不同？

4. 何谓路线的右角、转角？它们之间有何关系？

5. 怎样推算圆曲线的主点里程？圆曲线主点位置是如何测定的？

6. 何谓缓和曲线？设置缓和曲线有何作用？

7. 简述有缓和曲线段的平曲线上主点桩的测设方法和步骤。

8. 在道路中线测量中，已知交点的里程桩号为 K3＋318.46，测得转角 $\alpha_{左}$ ＝15°28′，圆曲线半径 R＝600m，若用切线支距法并按整桩号法设桩，试计算各桩坐标，并说明测设方法。

9. 在道路中线测量中，已知交点的里程桩子为 K6＋126.78，测得转角 $\alpha_{左}$ ＝18°30′，圆曲线半径 R＝500m，若采用偏角法按整桩号法设桩，试计算各桩的偏角及弦长（要求前半曲线由曲线起点测设，后半曲线由曲线终点测设），并说明测设步骤。

10. 在道路中线测量中，设某交点 JD 的桩号为 K4＋182.32，测得右偏角 $\alpha_{右}$ ＝38°32′，设计圆曲线半径 R＝300m，设交点与圆曲线起点的坐标为 ZY（6468.729，4988.747），JD（6542.880、5017.582），计算用极坐标法测设圆曲线细部点的测设数据。

项目 *10*

路线纵、横断面测量

教学目标

1. 能用水准仪、全站仪进行路线纵断面测量，并进行相应内业工作。

2. 能用水准仪、全站仪进行路线横断面测量，并进行相应内业工作。

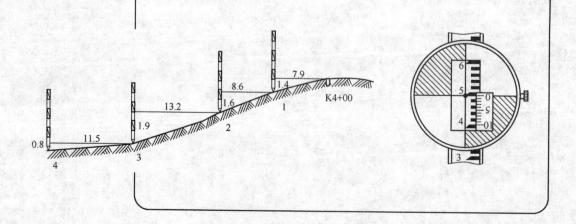

任务 10.1　路线纵断面的测量

▓ 工作任务：路线纵断面的测量 ▓

一、任务描述

路线纵断面测量是沿路线测定中线上各里程桩的地面高程，也称为路线水准测量。本任务要求学会路线纵断面测量，根据各里程桩的地面高程和相关设计资料绘制路线纵断面图，为路线纵断面设计提供基础资料。

二、工作场景

选取高程变化较明显的路线，4～6 人一组，分工协作，进行中线上各里程桩的地面高程测量。测量结束后每组上交测量成果并绘制出纵断面图。

三、任务目标

通过路线纵断面测量任务的完成，总结测量过程中出现的各种问题，并分析原因，深化对水准测量实际应用的理解。通过整个过程的训练，学会路线纵断面的实施与计算。

▓ 实践操作 ▓

一、每组所需仪器工具

1) 由仪器室借领：水准仪 1 套，水准尺 1 对，记录板 1 个。
2) 自备：记录表、计算器、铅笔、草稿纸等。

纵断面测量按照"从整体到局部、先控制后碎部"的原则进行，分为基平测量（控制）和中平测量（碎部）。其中，基平测量是沿路线方向设置水准点，测量其高程，作为中平测量及施工测量的依据，而中平测量是根据基平测量测设的水准点的高程来测定中桩地面高程。具体测量步骤如下。

二、基平测量

进行基平测量时观测路线应与国家控制点联系，以获取水准点的绝对高程，并尽可能构成附合水准路线。

水准点高程的测定可以采用水准测量的方法，水准测量的等级与技术指标根据《公路勘测规范》即表 10.1 与表 10.2 选取。具体施测步骤按照前面的水准测量进行。

表 10.1　公路及构造物的水准测量等级

测量项目	等级	水准路线最大长度/km
4000m 以上特长隧道、2000m 以上特大桥	三等	50
高速公路、一级公路、1000～2000m 特大桥、2000～4000m 特长隧道	四等	16
二级及二级以下公路、1000m 以下桥梁、2000m 以下隧道	五等	10

表 10.2　水准测量精度

测量等级	每公里高差中数中误差/mm		往返校差、附合或环线闭合差/mm		检测已测测段高差之差/mm
	偶然中误差	全中误差	平原微丘区	山岭重丘区	
三等	±3	±6	$\pm 12\sqrt{L}$	$\pm 3.5\sqrt{n}$ 或 $\pm 15\sqrt{L}$	$\pm 20\sqrt{L_i}$
四等	±5	±10	$\pm 20\sqrt{L}$	$\pm 6.0\sqrt{n}$ 或 $\pm 25\sqrt{L}$	$\pm 30\sqrt{L_i}$
五等	±8	±16	$\pm 30\sqrt{L}$	$\pm 45\sqrt{L}$	$\pm 40\sqrt{L_i}$

　　注：计算往返校差时，L 为水准点间的路线长度（km）；计算附合或环形闭合差时，L 为附合或环形的路线长度（km）；n 为测站数；L_i 为检测测段长度（km）。

　　若高差不符值在规定的限差范围之内，取平均值作为两水准点间的高差，超限应重测。另外，也可以使用全站仪进行基平测量。三角高程测量一般按全站仪电磁波三角高程测量（四等）规范进行。

三、中平测量

　　中平测量又名中桩抄平，即测量路线中桩的地面高程。中平测量是以基平测量提供的水准点为基础，以相邻两水准点为一测段，从一个水准点出发，逐个施测中桩的地面高程，闭合在下一个水准点上，形成附合水准路线。其允许误差为

$$f_{h允} = \pm 50\sqrt{L} \text{ 或 } \pm 12\sqrt{n} \text{ (mm)} \tag{10.1}$$

式中，L——水准路线长度；

　　　　n——测站数。

　　在一定距离内设置用于传递地面高程的转点，每两转点间所观测的中桩称为中间点。由于转点起传递高程作用，观测时应先观测转点，后观测中间点，转点读数至毫米。视线长度一般不应超过 150 米，标尺应立于尺垫、稳固的桩顶或坚石上。中间点的高程通常采用视线高法求得，读数可至厘米，视线长度也可适当放长，标尺立于紧靠桩边的地面上。

　　以图 10.1 为例，已知 BM_1、BM_2 等水准点的高程以及Ⅰ、Ⅱ等测站点和 ZD_1、ZD_2 等转点的位置，进行中平测量，具体步骤如下：

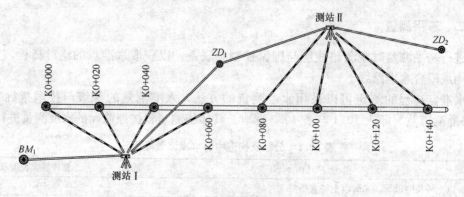

图 10.1　中平测量平面示意图

1）水准点置于Ⅰ，后视水准点 BM_1，前视转点 ZD_1，将读数记入表 10.3 相应后视、前视栏目中。

表 10.3 中平测量记录表

测站	测　点	水准尺读数/m			视线高程/m	测点高程/m	备注
		后视读数	中视读数	前视读数			
Ⅰ	BM_1	2.126			138.340	136.214	
	K0+000		1.23			137.11	
	+020		1.87			136.47	
	+040		0.85			137.49	
	+060		1.74			136.60	
	ZD_1			1.378		136.962	
Ⅱ	ZD_1	1.653			138.615	136.962	$BM_1=136.214$
	+060		1.86			136.76	
	+080		2.35			136.27	
	+100		1.42			137.20	
	ZD_2			2.220		136.395	
…	…	…	…	…	…	…	
…	BM_2						

复核：$f_h=$ 实测高程－已知高程；

$f_{h容}$：高速一级公路不得大于 $\pm30\sqrt{L}$（mm），二级及二级以下公路不得大于 $\pm50\sqrt{L}$（mm），L 为测段水准路线长；

$f_h<f_{h容}$，精度合格；否则应重测。

2）观测 BM_1 与 ZD_1 间的中间点 K0+000、K0+020、K0+040、K0+060，将读数记入中视栏，并计算 K0+000、K0+020、K0+040、K0+060 各点高程。以 K0+000 为例，参照图 10.2，可得

$$视线高程（H）= 后视点高程（BM_1）+ 后视读数（a_后）$$
$$中桩高程（K0+000）= 视线高程（H）- 中视读数（b_中） \tag{10.2}$$
$$转点高程（ZD_1）= 视线高程（H）- 前视读数（b_前）$$

同样，可依次算出 K0+020、K0+040、K0+060 各点高程。

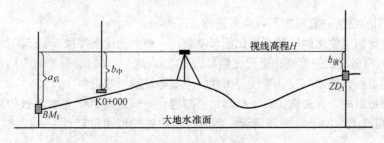

图 10.2 中平测量立面示意图

3）将仪器搬至Ⅱ站，后视转点 ZD_1，前视转点 ZD_2，将读数记入表 10.3 后视、前视栏内，然后观测各中间点 K0+080、K0+100、K0+120、K0+140，将读数记入中视栏，并计算 K0+080、K0+100、K0+120、K0+140 各点高程。

4）按上述方法继续测量，直至附合于水准点 BM_2，并按要求进行复核。另外，中平测量遇到跨越沟谷时可采用沟内沟外分开测或接尺法进行测量。

另外，由于全站仪具有三维坐标测量的功能，在中线测量中可以同时测量中桩高程。

相关知识：纵断面图的绘制及跨河水准和跨沟谷测量

一、纵断面图的绘制

纵断面图是沿道路中线竖向方向的剖面图，主要表示各路段原地面高低起伏、设计纵坡大小和中线位置的挖填方量。图 10.3 为纵断面图的部位样图。

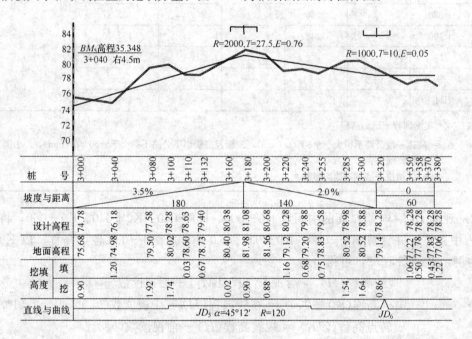

图 10.3　路线纵断面图

纵断面图的绘制一般可按下列步骤进行：

1）按选定的里程比例尺和高程比例尺制表，一般里程比例尺取 1∶5000、1∶2000 或 1∶1000，而高程比例尺则比里程比例尺大 10 倍，取 1∶500、1∶200 或 1∶100。

2）填写里程、地面高程、直线与曲线、土壤地址说明等资料。

3）绘制地面线。首先选定纵坐标起始点高程，一般是以 10m 整数倍数的高程定在 5cm 方格的粗线上，便于绘图和阅读，然后定出中桩的地面位置，——连接，得到地面线。

4）绘制设计线。根据变坡点位置、纵坡坡度及竖曲线半径绘制纵坡和竖曲线。

5）计算设计高程。根据纵坡和两点水平距离计算设计高程。

6）计算各桩挖填尺寸。

7）在图上标注有关资料，如水准点、桥涵、竖曲线等。

二、水准点的设置

1）根据工程需要，应沿路线方向布置永久性水准点和临时性水准点。在路线的起点、终点、桥隧两端以及一些需要长期观测高程的重点工程附近均应设置永久水准点。在一般地区也应每隔 5km 设置一个永久水准点。同时，为了便于引测，还需要沿线布设一定数量的临时水准点。

2）水准点位置应选在稳固醒目的位置，并且以距离中线 50～100m 为宜。水准点的密度应根据工程和地形确定：山岭重丘地区一般每隔0.5～1km 设置一个；平原微丘地区一般每隔 1～2km 设置一个；桥隧等大型构造物附近还应增设水准点。

3）水准点一般以 BM_i 表示，为避免混乱和便于寻找，应逐个编号，并将其距中线上某里程桩的距离、方位以及与周围主要地物的关系等内容记录下来，以供内业使用。

三、跨河水准测量

在进行基平测量时，水准路线经常要跨越江河、湖泊、宽沟等障碍物，当跨越宽度在 100m 以上时，按上述一般测量方法将产生较大的误差，必须采用特定的方法施测，这就是跨河水准测量。

跨河水准测量的具体施测方法很多，它们各自适应于不同的跨越宽度和仪器设备。当跨越宽度大于 300m 时，必须参照《国家水准测量规范》，采用精密水准仪或精密经纬仪，按规定的程序和方法进行。下面介绍一种在跨越宽度小于 300m 时采用 S_3 水准仪进行观测的方法。

1. 水准路线的选择

如图 10.4 所示，基平测量的水准路线延伸到 A 点，遇河流阻挡，河流宽度在 100m～300m，现欲由 A 点跨越河流到对岸 B 点，也就是测量 A、B 两点间高差，并由 A 点高程推算 B 点高程。

为消除或减弱仪器剩余 i 角误差，即水准仪视准轴不平行于水准管轴的误差和地球曲率及大气折光对高差的影响，应在河流两岸适当位置安置水准仪，对 A、B 两点作对称观测。为达到"对称"的目的，测站位置Ⅰ、Ⅱ的选择有下面两点要求：

1）ⅠA 与ⅡB、ⅠB 与ⅡA 的距离要基本相等，并且ⅠA 和ⅡB 应尽可能长些，一般不得小于 10m。

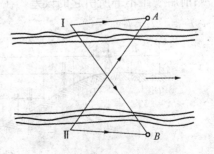

图 10.4　跨河基本水准测量

2）测站Ⅰ和测站Ⅱ距水边的距离及距水面的高度要尽可能相等，同时保证安置水准仪后的视线高度超出水面2m以上。

2. 观测方法

参照图10.4，在 A、B 两点立水准尺。当只有一台 S_3 水准仪时，先在测站Ⅰ安置水准仪，后视 A 尺读数 a_1，前视 B 尺读数两次并取其平均值为 b_1，则测站Ⅰ测得 A、B 两点间高差 $h_1=a_1-b_1$。保持望远镜对光不变，立即将水准仪运到对岸测站Ⅱ安置，后视 A 尺读数两次并取其平均值为 a_2，前视 B 尺读数 b_2，则测站Ⅱ测得 A、B 两点间高差 $h_2=a_2-b_2$。以上过程称为一测回观测，A、B 两点间一测回高差平均值为 $h_1=(h_1+h_1)/2$。

当跨越宽度在200m以上时，应按上述方法观测两个测回，两测回间高差不符值在12mm以内时取两测回高差平均值作为 A、B 两点间的实用高差。

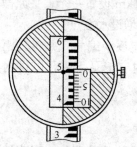

图 10.5　砚牌

跨河水准测量的观测时间最好选在风力微弱、气温变化较小的阴天进行，晴天观测时应在日出后1小时开始至9时半结束，下午自15时起至日落前1小时止。

当河面较宽、水准仪读数有困难时，可将砚牌装在水准尺上，如图10.5所示，由观测者指挥上下移动砚牌，直至砚牌红白分界线与水准仪十字丝横丝重合为止，然后由立尺者直接读取并记录水准尺读数。

四、跨沟谷测量

当路线经过沟谷时，为了减少测站数，以提高施测速度和保证测量精度，一般采用图10.6所示方式施测，即当测到沟谷边沿时，同时前视沟谷两边的转点 ZD_A、ZD_{16}，然后将沟内、外分开施测。施测沟内中桩时转站下沟，仪器置于测站Ⅱ，后视 ZD_A，观测沟谷内两边的中桩及转点 ZD_B；再转站于测站Ⅲ，后视 ZD_B，观测沟底中桩；最后转站过沟，仪器置测站Ⅳ，后视 ZD_{16}，继续向前施测。这样沟内沟外高程传递各自独立，互不影响，但由于沟内各桩测量实际上是以 ZD_A 开始另走一单程水准支线，缺少检核条件，故施测时应倍加注意，并在记录簿上另辟一页记录。为了减少Ⅰ站前后视距不等所引起的误差，在仪器置于Ⅳ站时应尽可能使 $l_3=l_2$，$l_4=l_1$ 或 $(l_2-l_2)+(l_3-l_4)=0$。

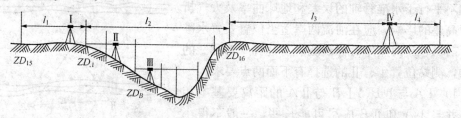

图 10.6　跨沟谷中平测量

任务 10.2　路线横断面的测量

工作任务：路线横断面的测量

一、任务描述

路线横断面测量是测定各中桩处垂直于路线方向上的地面起伏情况，然后绘制成横断面图，供路基、边坡、特殊构造物的设计、土石方计算和施工放样使用。本任务中，我们要通过路线横断面测量确定横断面方向，测定该方向上中线两侧地面坡度变化点的距离和高差，根据测得的数据和相关资料绘制横断面图。

二、工作场景

选取典型路线，4～5 人一组，分工协作，进行中线两侧地面坡度变化点的距离和高差测量。测量结束后每组上交测量成果，并绘制出横断面图。

三、任务目标

通过路线横断面测量任务的完成，总结测量过程中出现的各种问题，并分析原因，深化对水准测量与距离测量的实际应用的理解。通过整个过程的训练，学会路线横断面的测量与计算。

实践操作

一、每组所需仪器工具

1）由仪器室借领：花杆 3 根，钢尺 1 盒，方向架 1 个。
2）自备：记录表、绘图纸、草稿纸、计算器等。

二、横断面的测量

横断面测量中的距离和高差一般精确到 0.1m 即可满足工程要求。常用标杆皮尺法、水准仪皮尺法、经纬仪视距法和全站仪法测量横断面。对于高速公路、一级公路，一般采用水准仪皮尺法、经纬仪视距法和全站仪法，二级及二级以下可采用标杆皮尺法。同时，检测限差应符合表 10.4 的要求。

表 10.4　横断面检测限差

公路等级	距离/m	高程/m
高速公路、一级公路	$\pm(0.1+L/100)$	$\pm(0.1+h/100+L/200)$
二级及二级以下公路	$\pm(0.1+L/50)$	$\pm(0.1+h/50+L/100)$

注：表中 L 为测点至中桩点的水平距离；h 为测点与中桩点的高差。

1. 标杆皮尺法

如图 10.7 所示，选取变坡点 1、2、3、4，并使用一根标杆和一卷皮尺测定横断面方向上的两相邻变坡点的水平距离和高差。

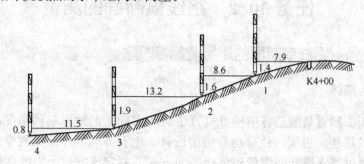

图 10.7 标杆皮尺法

将标杆立于 1 点，皮尺靠中桩地面拉平，量出桩点至 1 点的水平距离，而由皮尺截于标杆的红白格数（标杆每格为 0.2m）即可算出两点的高差。同样，可测得其他相邻点的高差和平距，并记入表 10.5。

表 10.5 标杆法横断面测量记录

左 侧			里程桩号	右 侧		
$\dfrac{-0.6}{11.0}$	$\dfrac{-1.8}{8.5}$	$\dfrac{-1.6}{6.0}$	K4+000	$\dfrac{+1.0}{4.8}$	$\dfrac{+1.4}{12.5}$	$\dfrac{-0.8}{8.6}$
…			K3+980	…		
…			…	…		
…			K3+800	…		

2. 水准仪皮尺法

如图 10.7 所示，水准仪安置后，以中桩点为后视，以横断面方向的变坡点为前视，立尺读数，并分别算出高差；由皮尺可测定各变坡点至中桩的水平距离，并将所测数据填入表 10.6。

表 10.6 水准仪皮尺法横断面测量记录

桩号	各变坡点至中桩点距离/m		后视读数/m	前视读数/m	各变坡点至中桩点高差/m
		0.00	1.68		
	左侧	6.8		1.53	0.15
		9.1		1.09	0.59
K1+000		11.2		0.81	0.87
		12.7		1.84	−0.16
		20.0		2.35	−0.67
	右侧	12.2		0.44	1.24
		20.0		0.14	1.54
…	……		…	…	…

测量时水准尺读数精确到厘米，水平距离精确到分米，安置一次仪器就可以测量各个断面。这种方法测量精度较高，但只适用于断面较宽的平坦地区。

3. 经纬仪视距法

　　经纬仪视距法是将经纬仪安置在中桩，用视距法测出横断面方向各变坡点至中桩的水平距离和高差的方法，适用于地形复杂、山坡较陡的地段。

4. 全站仪法

　　全站仪法的操作与经纬仪类似，它使用光电测距的方法测量地形特征点与中桩的高差和平距。

三、横断面图的绘制

　　横断面图一般使用 1 ∶ 200 或 1 ∶ 100 的比例尺，在厘米方格纸上边测边绘，具体方法如下：

　　以一条纵向粗线为中线，以纵线、横线交点为中桩位置，向左右两侧绘制。先标注中桩桩号，再根据水平距离和高差将变坡点标出，然后依次连接，得到横断面地面线。一幅图可绘制多个横断面图，并且按自下而上、由左至右的顺序排列。

■ 相关知识：横断面方向的标定

　　公路中线是由直线段和曲线段构成的，而直线段和曲线段上的横断面标定方法是不同的。

一、直线段上横断面方向的测定

　　直线段横断面方向与路线中线垂直，一般采用方向架测定（图 10.8）。如图 10.9所示，将方向架置于待测横断面方向的桩点上，方向架上有两个相互垂直的固定片，用其中一个瞄准该直线段上任一中桩，另一个固定片所指方向即为该点横断面方向。

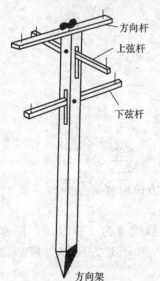

图 10.8　方向架

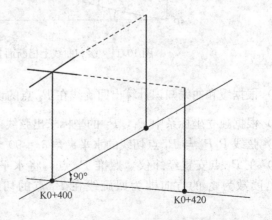

图 10.9　方向架测定横断面方向

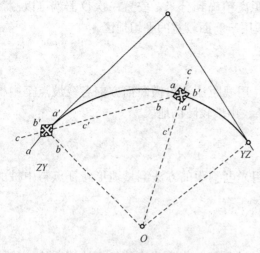

图 10.10　圆曲线段上横断面方向的测定

二、圆曲线段上横断面方向的测定

圆曲线上一点的横断面方向必定沿着该点的半径方向,测定时一般采用求心方向架。如图 10.10 所示,欲测定圆曲线上某桩点 P_i 的横断面方向,其步骤如下:

1)将求心方向架置于 ZY(或 YZ)点,用固定片 aa' 瞄准交点,aa' 即为切线方向,则另一固定片 bb' 所指方向即为 ZY(或 YZ)点的横断面方向。

2)保持方向架不动,转动活动片 cc',瞄准 i 点并将其固定,然后将方向架搬至 i 点。

3)用固定片 bb' 瞄准 ZY(或 YZ)点,则活动片 cc' 所指方向即为 P_i 点的横断面方向。

三、缓和曲线段上横断面方向的测定

如图 10.11 所示,P_1,P_2 为缓和曲线上的两点,现在要测设 P_1 的横断面方向,步骤如下:

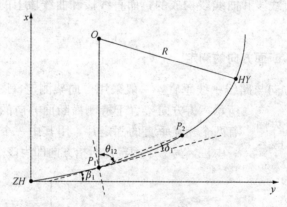

图 10.11　缓和曲线上横断面方向的测定

1)根据缓和曲线知识计算出回旋线在 P_1 点的切线角 $\beta_1 = \dfrac{l_1^2}{RL_s}\dfrac{90}{\pi}$。

2)根据独立坐标系中 P_1,P_2 的坐标求出弦线 P_1P_2 的方位角 θ_{12}。

3)弦线 P_1P_2 与 P_1 点切线的水平夹角 $\delta_1 = 90° - \beta_1 - \theta_{12}$。

4)在 P_1 点安置经纬仪,照准 P_2 点,将水平度盘读数设置为 $0°00'00''$,则水平度盘读数为 δ_1 的方向即为回旋线在 P_1 点的切线方向,$90 + \delta_1$ 方向即为横断面方向。

▓ 巩固训练：路线纵断面测量 ▓

一、训练目标

能够进行路线纵断面测量（项目 9 的后续工作）。

二、训练内容

1）基平测量，沿路线中线布设水准点。

2）中平测量，测量路线中线各中桩的地面高程。

三、训练条件

1）借领水准仪 2 套、水准尺 2 对。

2）准备水准测量手簿、厘米格纸、绘图工具。

四、训练步骤

1）按训练内容分为基平组和中平组两个作业小组。

2）指导教师率基平组现场选定水准点位置。

3）基平组按教材所述基平测量方法测定水准点高程。

4）中平组按教材所述中平测量方法测定各中桩地面高程。

5）分别在基平测量和中平测量的记录表中记录、计算。

6）展绘路线纵断面图的地面线。

思考与练习

1. 路线纵断面测量的任务是什么？它包括哪些内容？

2. 基平测量的主要任务是什么？

3. 中平测量与一般水准测量有何不同？中平测量的中视读数与前视读数有何区别？

4. 横断面测量的任务是什么？

5. 横断面测量的施测方法有哪几种？各适用于什么情况？

6. 某道路基平测量水准路线为 $BM_A - BM_1 - BM_2 - BM_3 - BM_B$，$H_A = 204.286 \text{m}$，$H_B = 208.579 \text{m}$，$l_{A1} = 1.6 \text{km}$，$h_{A1} = 5.331 \text{m}$，$l_{12} = 2.1 \text{km}$，$h_{12} = +1.813 \text{m}$，$l_{23} = 1.7 \text{km}$，$h_{23} = -4.244 \text{m}$，$l_{3B} = 2.0 \text{km}$，$h_{3B} = +1.430 \text{m}$，$f_{h容} = \pm 30\sqrt{L}$，试计算 1、2、3 点的高程。

7. 试计算表 10.7 中的中平测量成果。

表 10.7　中平测量记录表

测　点	水准尺读数			视线高程	高程	备　注
	后视	中视	前视			
BM_1	1.485				895.846	已知高程
转点 1	2.416		2.113			

测　点	水准尺读数			视线高程	高程	备　注
	后视	中视	前视			
0+000		1.85				
转点 2	2.520		1.035			
0+100		2.11				
0+165		2.59				
转点 3	2.913		2.183			
0+200		1.74				
0+260		1.60				
转点 4 0+300			2.145			

8. 根据表 10.8 记录的数据绘制横断面图。

表 10.8　横断面测量记录表

左　侧				桩　号	右　侧			
$\dfrac{0.0}{9.0}$	$\dfrac{+1.0}{1.0}$	$\dfrac{0.0}{1.0}$	$\dfrac{-2.0}{3.0}$	+060	$\dfrac{0}{1.0}$	$\dfrac{+2.0}{4.0}$	$\dfrac{+1.0}{4.0}$	$\dfrac{+2.0}{6.0}$
$\dfrac{-1.4}{2.8}$	$\dfrac{-2.1}{3.4}$	$\dfrac{-1.6}{6.9}$	$\dfrac{-1.0}{1.6}$	+040	$\dfrac{+1.0}{4.0}$	$\dfrac{+1.2}{6.0}$	$\dfrac{+1.4}{5.0}$	$\dfrac{+1.8}{7.0}$
$\dfrac{-1.2}{5.2}$	$\dfrac{-0.9}{4.8}$	$\dfrac{-0.7}{3.8}$	$\dfrac{-0.4}{2.0}$	+020	$\dfrac{0.0}{5.8}$	$\dfrac{+1.0}{1.3}$	$\dfrac{+1.4}{4.0}$	$\dfrac{+1.6}{3.9}$
$\dfrac{-0.4}{5.0}$	$\dfrac{-0.8}{4.0}$	$\dfrac{-0.6}{3.0}$	$\dfrac{-0.2}{3.0}$	K0+000	$\dfrac{+1.7}{5.0}$	$\dfrac{+2.0}{4.0}$	$\dfrac{0.0}{1.0}$	$\dfrac{+1.8}{4.6}$

道路施工测量

教学目标

1. 会进行点的平面位置的放样。

2. 会进行道路施工测量。

3. 能组织实施控制点的复测与加密。

4. 能进行路基、路面施工放样。

5. 能在施工中准确控制高程。

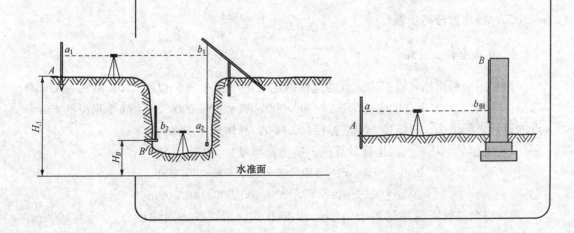

任务 11.1 点的平面位置的测设

工作任务：测设点的平面位置

一、任务描述

点的平面位置的测设是将图纸中设计路线的点位准确放到地面上，给施工提供依据，是道路施工测量的关键环节。本任务中，要求掌握地面点平面位置的放样方法，包括直角坐标法、极坐标法、角度交会法、距离交会法等方法，还要学会校核和精度检查。

二、工作场景

首先布设一定数量的控制点，4～6人一组，分工协作，分别使用直角坐标法、极坐标法、角度交会法和距离交会法进行拟定点的放样。测量结束后上交测量成果及实习报告。

三、任务目标

通过点的平面位置的测设，学习运用地面点的几种放样方法，总结测设过程中的问题，并分析原因。要求能够综合考虑控制网的形式、控制点的分布情况、地形情况、现场条件以及测设精度的要求来确定合适的测设方法。

实践操作

一、每组所需仪器工具

1）由仪器室借领：全站仪1套（或经纬仪1套），花杆3根，钢尺1盒，木桩及小钉，斧子1把。

2）自备：记录表、计算器、铅笔、草稿纸等。

二、操作方法与步骤

1. 直角坐标法放样

即利用坐标网格，根据坐标点的坐标确定点的平面位置。以图 11.1 为例，$ABCD$ 为坐标格网点，设 A 点的坐标为 $x_A = 500.000$，$y_A = 400.000$，P 为需要测设的点，P 点的设计坐标值为 $x_P = 530.000$，$y_P = 440.000$，具体放样步骤为：

1）根据 A、P 两点的坐标计算纵、横坐标增量。

$$\Delta x_{AP} = x_P - x_A = 530.000 - 500.000 = 30.000\text{m}$$

$$\Delta y_{AP} = y_P - y_A = 440.000 - 400.000 = 40.000\text{m}$$

2）将全站仪或经纬仪置于 A 点，瞄准 B 点，沿视线方向测设 $\Delta y_{AP} = 40.000\text{m}$，

定出 P' 点。

3）将全站仪或经纬仪置于 P' 点，瞄准 B 点，向左测设 $90°$ 角，得 PP' 点方向线。

4）沿 PP' 方向线测设 $\Delta x_{AP} = 30.000\text{m}$，即得 P 点在地面上的位置。

2. 极坐标法放样

即在建立的极坐标系中通过放样点的极半径和极角来确定其平面位置的方法。以图 11.2 为例，AB 为已知点，其坐标分别为 (x_A, y_A)，(x_B, y_B)，P 为放样点，其设计坐标为 (x_P, y_P)，具体放样步骤为：

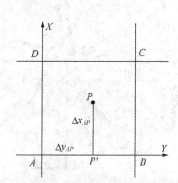
图 11.1 直角坐标法

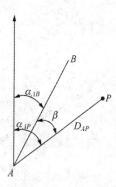
图 11.2 极坐标法

1）利用坐标反算公式计算 P 点的极半径 D_{AP} 和极角 β。

$$\alpha_{AB} = \arctan \frac{y_B - y_A}{x_B - x_A} \tag{11.1}$$

$$\alpha_{AP} = \arctan \frac{y_P - y_A}{x_P - x_A} \tag{11.2}$$

$$\beta = \alpha_{AB} - \alpha_{AP}$$

$$D_{AP} = \sqrt{(y_P - y_A)^2 + (x_P - x_A)^2} \tag{11.3}$$

式中，α_{AB}——AB 方向的坐标方位角；

α_A——AP 方向的坐标方位角；

β——AP 方向与 AB 方向所成的水平角；

D_{AP}——P 点到 A 点的水平距离。

2）将仪器安置在 A 点，瞄准 B 点，测出角 β，并在此方向上测量出水平距离 D_{AP}，即得点 P 的平面位置。

3. 角度交会法放样

即在地面上通过测设两个或三个已知的角度，根据各角提供的视线交出点的平面位置的一种方法。以图 11.3（a）为例，A、B、C 点直角坐标为已知，P 点为待测点，其设计坐标也为已知，具体放样步骤为：

1）根据 A、B、C、P 点的坐标，同样利用坐标反算公式算出 α_{AB}、α_{BA}、α_{BC}、α_{CB} 以及 α_{AP}、α_{BP}、α_{CP}，分别计算出测设数据 α_1、β_1、α_2、β_2。

2）分别在 A、B、C 上安置经纬仪，测设出水平角 α_1、β_1、α_2、β_2，定出三个方向。

3）分别在三个方向线上与 P 点的概略位置前后订设骑马桩，在骑马桩上钉钉拉线，三线交点就是 P 点的位置。由于存在误差，通常三线不交于一点，而是形成一个三角形，但是当误差三角形边长在允许精度以内时可取误差三角形内切圆圆心作为 P 点的位置 [图 11.3（b）]。

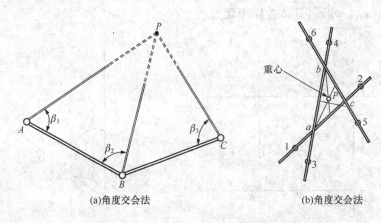

(a)角度交会法   (b)角度交会法

图 11.3 角度交会法

4. 距离交会法放样

即根据测设出的两个已知水平距离交会出点的平面位置的方法。以如图 11.4 为例，设 A、B 点直角坐标为已知，P 为待测点，其设计坐标也为已知，具体放样步骤为：

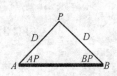

图 11.4 距离交会法

1）根据 A、B、P 各点的已知坐标计算出测设距离 D_{AP}、D_{BP}。

2）分别将两把钢尺的零点对准 A、B 两点，并使另一端两尺的读数分别为 D_{AP}、D_{BP}，然后同时拉紧并摆动钢尺画弧线，两弧线的交点即为 P 点。

▰ 相关知识：放样点的平面位置时的注意事项 ▰

1）核实放样点的位置是否正确。

2）检查测量仪器性能是否正常、参数设置是否正确。

3）放样数据应在实习前事先算好，并检核无误后方可放样。

4）放样过程中每一步均须检核，未经检核不得进行下一步的操作。

5）测设点位的方法有多种，可根据实际选用放样方法完成测设工作。

任务 11.2　路线施工测量

■ 工作任务：路线施工测量 ■

一、任务描述

路线施工测量是按照道路施工图设计及给定的控制点将道路中线测设到地面上，以供施工使用。本任务中，要求会进行施工控制点的复核；恢复路线中线；竖曲线放样；路基施工测量放样；路面施工测量放样。

二、工作场景

选取准备好控制桩的路线，4～6 人一组，分工协作，进行中桩的引测和边桩的放样，然后根据已知边坡的形状进行边坡放样。

三、任务目标

通过任务的完成，深化对实际施工测量工作的理解。通过整个情景过程的训练，学会实施与组织路线施工测量。

■ 实践操作 ■

一、每组所需仪器工具

1）由仪器室借领：全站仪 1 套（或经纬仪 1 套），花杆 3 根，钢尺 1 盒，水准仪 1 套，水准尺 1 对，斧子 1 把，木桩及小钉。

2）自备：记录表、计算器、铅笔、记号笔、草稿纸等。

二、操作方法与步骤

1. 控制点的复测与加密

对设计单位为施工单位提供的导线点数据和位置进行复测与加密。另外，根据需要还可能要增设一定数量的水准点。

2. 恢复中线测量

恢复中线测量指施工前对中线进行一次复核，并将被破坏或丢失的桩恢复。

3. 竖曲线放样

计算各点高程，然后按高程放样的方法放样。如图 11.5 所示竖曲线其高程计算的步骤如下：

1）两相邻纵坡坡度分别为 i_1，i_2，则竖曲线转角 $\alpha = \arctan i_1 - \arctan i_2$，由于 α 角

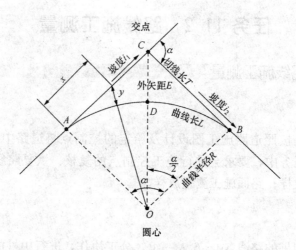

图 11.5　竖曲线

度较小，可以近似得 $\alpha = i_1 - i_2$（rad）。

2）竖曲线半径 R 较大，而转角 α 又较小，竖曲线测设元素可以按下列公式近似求得，即

切线长

$$T = \frac{1}{2}R|i_1 - i_2|$$ （11.4）

曲线长

$$L = R|i_1 - i_2|$$ （11.5）

外距

$$E = \frac{T^2}{2R}$$ （11.6）

3）α 较小，可认为 y 坐标轴与半径方向一致，y 值即是曲线上点与切线上的对应点的高程差，可得 $(R+y)^2 = R^2 + x^2$，即 $2R \cdot y = x^2 - y^2$。而 y^2 值非常小，可略去不计，故有 $2R \cdot y = x^2$，即 $y = \frac{x^2}{2R}$。

4）竖曲线上任一点 P 的高程 $H_P = H' \pm y$，当竖曲线为凸形曲线时 y 为负，当竖曲线为凹形曲线时 y 为正。

4. 路基施工放样测量

主要分下列几项工作：

1）中桩处挖填高度标定。根据已知高程进行放样，前面已经介绍。

2）路基边桩放样，即将地面上每个横断面的设计路基边坡线与地面相交的点测设并标定出来，一般采用图解法或者解析法。

① 图解法：直接在路基设计的横断面图上量出中心桩至边桩的距离，然后现场量取距离，定出边桩位置。此法仅用于挖填不大的地区。

② 解析法：先计算出路基中心桩至边桩的距离，然后到实地沿横断面方向量出距离，定出边桩的位置。对于平原和山区来说，其计算和测设方法是不同的，现分述如下。

（1）平原地区路基边桩测设

填方路基，路堤边桩至中心桩的距离为

$$D = \frac{B}{2} + m \cdot h$$

挖方路基，路堑边桩至中心桩的距离为

$$D = \frac{B}{2} + s + m \cdot h$$

上两式中，B——设计宽度；

m——边坡率，$1:m$ 为边坡坡度；

h——填方高度；

s——路堑边沟顶宽。

（2）山区地段路基边桩测设

填方路基，路堤边桩至中心桩的距离为

$$斜坡下侧 D_{下} = \frac{B}{2} + m(h_{中} + h_{下})$$

$$斜坡上侧 D_{上} = \frac{B}{2} + m(h_{中} - h_{上})$$

挖方路基，路堑边桩至中心桩的距离为

$$斜坡下侧 D_{下} = \frac{B}{2} + s + m(h_{中} - h_{下})$$

$$斜坡上侧 D_{上} = \frac{B}{2} + s + m(h_{中} + h_{上})$$

3）边坡放样。路堤放样可用长木桩、竹竿等标记填土高度，然后用细线拉起，形成路堤外轮廓形状。填土较高时可分层填土，同时逐层挂线，进行边坡放样(图 11.6)。路堑放样一般采用两边桩外侧钉设坡度样板的方法（图 11.7）。

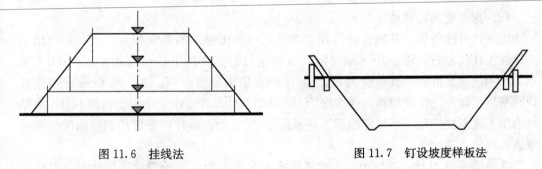

图 11.6　挂线法　　　　　　　　　图 11.7　钉设坡度样板法

5. 路面施工测量放样

路面各层施工测量工作包含中、边桩放样和高程放样，实践中常采用全站仪法进行中、边桩放样。当已知设计标高时，还可按已知进行高程放样，这里不再叙述。

6. 高程放样

高程放样主要采用水准测量的方法，有时也采用钢尺直接量取垂直距离或三角高程测量的方法。

高程放样时首先需要在测区内布设一定密度的水准点（临时水准点），作为放样的起算点，然后根据设计高程在实地标定出放样点的高程位置。高程位置的标定方法可根据工程要求及现场条件确定，土石方工程一般用木桩标定放样高程的位置，可在木桩侧面划水平线或标定在桩顶上；混凝土及砌筑工程一般用红漆做记号，标定在它们的面壁或模板上。

（1）一般的高程放样

一般情况下放样高程位置均低于水准仪视线高，且不超出水准尺的工作长度。如

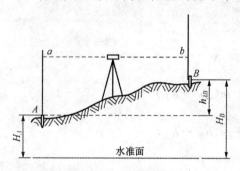

图 11.8所示，A 为已知点，其高程为 H_A，欲在 B 点定出高程为 H_B 的位置，具体放样过程为：先在 B 点打一长木桩，将水准仪安置在 A、B 之间，在 A 点立水准尺，后视 A 尺并读数 a，计算 B 处水准尺应有的前视读数 b 为

$$b = (H_A + a) - H_B \qquad (11.7)$$

靠 B 点木桩侧面竖立水准尺，上下移

图 11.8 高程放样

动水准尺，当水准仪在尺上的读数恰好为 b 时在木桩侧面紧靠尺底画一横线，此横线即为设计高程 H_B 的位置。也可在 B 点桩顶竖立水准尺并读取读数 b'，再用钢卷尺自桩顶向下量 $b-b'$，即得高程为 H_B 的位置。

为了提高放样精度，放样前应仔细检校水准仪和水准尺；放样时尽可能使前后视距相等；放样后可按水准测量的方法观测已知点与放样点之间的实际高差，并以此对放样点进行检核和必要的归化改正。

（2）深基坑的高程放样

当基坑开挖较深，基底设计高程与基坑边已知水准点的高程相差较大，并超出水准尺的工作长度时，可采用水准仪配合悬挂钢尺的方法向下传递高程。如图 11.9 所示，A 为已知水准点，其高程为 H_A，欲在 B 点定出高程为 H_B 的位置（H_B 应根据放样时基坑实际开挖深度选择，通常取 H_B 比基底设计高程高出一个定值，如 1m），在基坑边用支架悬挂钢尺，钢尺零端朝下并悬挂 10kg 重物，放样时最好用两台水准仪同时观测，具体方法如下：

在 A 点立水准尺，基坑顶的水准仪后视 A 尺并读数 a_1，前视钢尺读数 b_1，基坑底的水准仪后视钢尺读数 a_2，然后计算 B 处水准尺应有的前视读数为

$$b_2 = H_A + \alpha_1 - (b_1 - \alpha_2) - H_B \qquad (11.8)$$

上下移动 B 处的水准尺，直到水准仪在尺上的读数恰好为 b_2 时标定点位。为了控制基坑开挖深度，一般需要在基坑四周定出若干个高程均为 H_B 的点位。如果 H_B 比基底设计高程高出一个定值 ΔH，施工人员就可用长度为 ΔH 的木条方便地检查基底标高是否达到了设计值，在基础砌筑时还可用于控制基础顶面标高。

（3）高墩台的高程放样

当桥梁墩台高出地面较多时，放样高程位置往往高于水准仪的视线高，这时可采

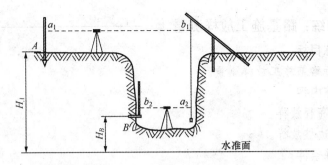

图 11.9　深基坑的高程放样

用钢尺直接量取垂距或"倒尺"的方法。

如图 11.10 所示，A 为已知点，其高程为 H_A，欲在 B 点墩身或墩身模板上定出高程为 H_B 的位置。欲定放样点的高程 H_B 高于仪器视线高程，先在基础顶面或墩身（模板）适当位置选择一点，用水准测量的方法测定其高程值，然后以该点作为起算点，用悬挂钢尺直接量取垂距来标定放样点的高程位置。

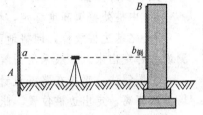

图 11.10　高墩台的高程放样

当 B 处放样点高程 H_B 的位置高于水准仪视线高，但不超出水准尺工作长度时，可用倒尺法放样：在已知高程点 A 与墩身之间安置水准仪，在 A 点立水准尺，后视 A 尺并读数 a，在 B 处靠墩身倒立水准尺，放样点高程 H_B 对应的水准尺读数 $b_倒$ 为

$$b_倒 = H_B - (H_A + a) \tag{11.9}$$

靠 B 点墩身竖立水准尺，上下移动水准尺，当水准仪在尺上的读数恰好为 $b_倒$ 时沿水准尺尺底（零端）划一横线，即为高程为 H_B 的位置。

相关知识：控制点和水准点的复测与加密的要求

一、控制点复测与加密的要求

1）采用导线测量或小三角测量的方法，用全站仪或其他满足测量精度的仪器。
2）导线起讫点与设计单位测定结果相比较，测量精度应满足设计要求。
3）必须和相邻施工段的导线点闭合。
4）导线点坐标复测计算完后要重新整理出导线点成果表。
5）对有碍施工的导线点，应设护桩加以固定。

二、水准点复测与加密的要求

1）水准点复测结果与设计单位测定结果相比较，测量精度应满足设计要求。
2）必须和相邻施工段的水准点闭合。
3）在人工构造物附近（如桥涵、隧道等）和高填深挖地段宜增设临时水准点。
4）如发现个别水准点受施工影响时，应将其移至影响范围之外。

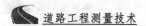

巩固训练：路基施工放样测量

一、训练目标

能够进行路基施工放样测量。

二、训练内容

1）路基高程放样。

2）路基边桩放样。

三、训练条件

1）借领水准仪 1 套、水准尺 1 对、全站仪 1 套、单棱镜及支架 1 套、花杆 3 根、钢尺 1 盒、木桩、竹片桩、小钉、竹竿等。

2）在训练场所有路线中线（在项目 9、项目 10 的基础上进行）。

四、训练步骤

1）中桩处挖填高度标定，根据已知高程进行放样。

2）路基边桩放样，即将地面上每个横断面的设计路基边坡线与地面相交的点测设并标定出来。一般采用图解法或者解析法：

①图解法。直接在路基设计的横断面图上量出中心桩至边桩的距离，然后现场量取距离，定出边桩位置。此法仅用于挖填不大的地区。

②解析法。先计算出路基中心桩至边桩的距离，然后到实地沿横断面方向量出距离，定出边桩的位置。计算和测设方法可参照教材相应内容。

3）边坡放样。路堤放样可用长木桩、竹竿等标记填土高度，然后用细线拉起，形成路堤外轮廓形状。填土较高时，可分层填土，同时逐层挂线进行边坡放样。路堑放样一般采用两边桩外侧钉设坡度样板的方法。

思考与练习

1. 道路施工测量有哪些主要内容？

2. 已知点的平面位置测设有哪些常用方法？

3. 在坡度变化点 1+670 处设置 $R=5000\text{m}$ 的竖曲线，已知 $i_1=-1.114\%$，$i_2=+0.154\%$，1+670 处高程为 48.60m，试求各测设元素及起点、终点的桩号和起终点坡道的高程。

4. 已知控制点的坐标为 A（1000.000，1000.000），B（1108.356，1063.233），欲确定 Q（1025.465，938.315）的平面位置，试计算用极坐标法放样 Q 点（仪器安置于 A 点）的测设数据。

桥涵、隧道施工测量

教学目标

1. 能布设桥涵施工控制网。
2. 会进行桥涵施工测量的计算、放样、校核。
3. 能布设隧道施工控制网。
4. 会进行隧道施工测量的计算、放样、校核。

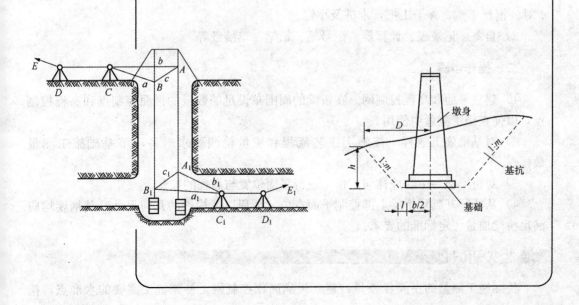

任务 12.1 桥梁涵洞施工测量

■ 工作任务：桥梁涵洞的施工测量 ■

一、任务描述

某公路跨越河流宽度约 150m，拟建桥梁设计的结构形式为 6×30m 预应力钢筋混凝土简支梁直线桥，请制订桥梁轴线、标高测量实施方案，用学过的方法测设墩台中心，进行墩台纵横轴线测设。

二、工作场景

按 4～6 人一组，分工协作，在拟建桥梁现场用全站仪完成桥梁轴线、墩台中心、标高测量的工作任务。

三、任务目标

通过桥梁轴线、墩台中心、标高测量任务的完成，总结测量过程中出现的各种问题，从测量方案制订、人员的配合、仪器操作、观测读数、记录计算等方面分析原因，深化对桥梁施工测量过程的认识。通过整个过程的训练，学会桥梁施工测量的实施与相关计算。

■ 实践操作 ■

一、每组所需仪器工具

1）由仪器室借领：全站仪 1 套（或经纬仪 1 套），水准仪 1 套，花杆 3 根，水准尺 1 对，钢尺 1 盒，斧子 1 把，木桩及小钉。

2）自备：记录表、计算器、记号笔、铅笔、草稿纸等。

二、操作步骤

1）建立平面和高程控制网。在桥梁的周围布设足够数量的平面控制点和高程控制点，以便在施工测量中使用。

2）对基础施工放样。按施工工艺流程和质量检测要求对各环节基础施工测量放样。

3）对桥梁墩台中心放样与定位，进行平面位置与高程的控制。

4）从桥梁基础到桥梁上部控制平面点位、高程以及构件的几何尺寸，其精度均应满足桥梁质量评定标准的要求。

■ 相关知识 ■

桥涵施工测量的主要任务是：建立桥涵高程控制网，补充施工需要的水准点，精确地测定墩台中心位置，桥轴线测量，构造物各细部构造的定位和放样以及桥台和墩台的竣工测量。

桥涵施工测量的主要内容有：对于可利用线路中线点直接测设的一般特大桥、大桥及中小桥，施工前应对桥址中线进行复测，之后对桥址中线点进行调整，据此进行墩台中心定位。对于水中不能直接测设的桥梁或水面较宽且有高墩、大跨、深水基础或基础施工难度较大，梁部结构类型复杂的特大桥和大桥，需要建立施工平面控制网，据此精确确定桥轴线长度、进行墩台中心定位。桥梁施工阶段为高程放样，还要建立高程控制。此外，墩台纵横轴线的测设、墩台细部放样等也是桥梁施工测量的重要工作。

建立桥梁施工控制网的目的是按规定的精度测定桥梁轴线长度，并据此进行桥墩、桥台的定位。因此，桥梁施工前必须对设计建立的平面和高程控制网进行复核，检查其精度是否能保证桥轴线长度测定和墩台中心放样的必要精度，以及便于施工放样。必要时还应加密控制点或重新布网。

一、桥梁平面控制网

如图 12.1 所示，桥梁平面控制网一般用三角网。图 12.1（a）为双三角形，适用于一般桥梁的施工放样；图 12.1（b）为大地四边形，适用于一般中、大型桥梁的施工测量；图 12.1（c）为桥轴线两侧各布设一个大地四边形，适用特大桥的施工放样。图中双线为基线；AB 为桥轴线，桥轴线在两岸的控制桩 A、B 间的距离称为桥轴线长度，它是控制桥梁定位的主要依据。对于桥梁较长的，控制网应向两岸方向延伸。桥梁三角网的布设应满足三角测量规范规定的技术要求。同时，三角点应选在土质坚硬的高地、不易受施工干扰、通视条件良好的地方。基线不应少于两条，依据地形可布设于河流两岸，尽可能与桥轴线正交。桥轴线应与基线一端连接，成为三角网的一条边。基线长度一般不小于桥轴线的 0.7 倍，困难地段不得小于 0.5 倍。桥轴线长度可用测距仪直接测量，桥梁平面控制网也采用 GPS 测量技术布设。也可以只测三角形的边长，以测边网求算控制点的坐标。桥梁平面控制网的精度必须符合桥梁设计和施工规范的技术规定。

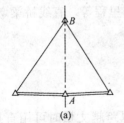
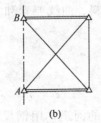
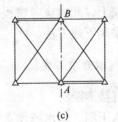

(a)　　　　　　(b)　　　　　　(c)

图 12.1　桥梁施工控制网

二、高程控制网

桥位的高程控制的基本水准点一般在线路基平测量时建立，一般在桥址的两岸各

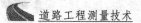

设置两个水准基点；当桥长在200m以上时，每岸至少埋设三个水准基点，同岸三个水准点中的两个应埋设在施工范围之外，以免受到破坏。水准基点应与国家（或城市）水准点联测。

在施工阶段，为了将高程传递到桥台与桥墩上去和满足各施工阶段引测的需要，还需建立施工高程控制点。高程控制点一般用水准测量施测，测量精度必须符合相关规范规定的技术要求。例如，《公路桥涵施工技术规范》规定：2000m以上的特大桥一般为三等，1000～2000m的桥梁为四等，1000m以下的桥梁为五等。对于需进行变形观测的桥梁高程控制网，应用精密方法联测。不论是水准基点还是施工水准点，都应根据其稳定性和使用情况定期检测。

当跨河距离较长时，可采用全站仪三角高程测量或下述跨河水准测量。

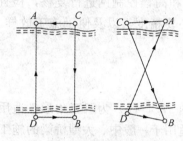

图12.2 跨河水准测量的
测站和立尺点布置

如图12.2所示，A、B为立尺点，C、D为测站点，要求AD与BC长度基本相等，AC与BD长度基本相等、且不小于10m，构成对称图形。用两台水准仪同时作对向观测，在C站先测本岸A点尺上读数，得a_1，然后测对岸D点尺上读数2～4次，取其平均值得b_1，高差为$h_1 = a_1 - b_1$。同时，在D站先测本岸B点尺上读数，得b_2，然后测对岸A点尺上读数2～4次，取其平均值得b_2，高差为$h_2 = a_2 - b_2$。取h_1和h_2的平均值，即完成一个测回。一般进行4个测回。

由于过河水准测量的视线长，远尺读数困难，可以在水准尺上安装一个能沿尺面上下移动的觇板，如图10.5所示，观测员指挥扶尺员上下移动觇板，使觇板中横线被水准仪横丝平分，扶尺员根据觇板中心孔在水准尺上读数。

三、桥梁墩台中心定位

桥梁墩台定位测量是桥梁施工测量中关键性的工作。它是根据桥轴线控制点的里程和墩台中心的设计里程，以桥轴线控制点和平面控制点为依据，准确地测设出墩台中心位置和纵横轴线，以固定墩台位置和方向。若为曲线桥梁，其墩台中心不一定位于线路中线上，此时应考虑设计资料、曲线要素和主点里程等。直线桥梁墩台中心定位一般可采用下述方法。

1. 直线墩台中心定位

（1）直接测距法

在河床干涸、浅水或水面较窄的河道，用钢尺可以跨越丈量时可用直接丈量法。如图12.3所示，根据桥轴线控制点A、B和各墩、台中心的里程即可求得其间距离。然后使用检定过的钢尺，考虑尺长、温度、倾斜三项改正，沿桥轴方向从一端测至另一端，依次测设出各墩台的中心位置，最后与A、B控制点闭合，进行检核。经检核合格后，用大木桩加钉小铁钉标定于地上，定出各墩、台中心位置。也可采用全站仪施放墩、台中心位置。

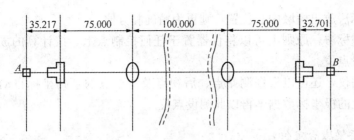

图 12.3　直接测距法（单位：m）

（2）角度交会法

当桥墩所在位置的河水较深，无法直接丈量，且不易安置反射棱镜时，可根据建立的三角网，在三个三角点上（其中一个为桥轴线控制点）安置经纬仪，进行三个方向交会，定出桥墩中心位置。

如图 12.4 所示，A、B、C、D 为施工控制网中的控制点，其中 A、B 是桥轴线上的控制点，P_i 点为待测设的桥墩中心点。A、B、C、D、P_i 点的坐标已知，采用坐标反算方法解出 α_{CA}、α_{Ci}、α_{DA}、α_{Di}，计算出测设交会角 α_i 和 β_i。

施测时，如图 12.5 所示，在 C、A、D 三点各安置一台经纬仪，A 站的仪器瞄准 B 点，定出桥轴线方向，C、D 两站的仪器均后视 A 点，并分别测设 α_i、β_i，以正倒镜分中法定出交会方向线。由于测量误差的影响，从 C、A、D 三站拨角定出的三条方向线不交会于一点而构成误差三角形。若误差三角形在桥轴线方向的边长在容许范围（墩底为 2.5cm，墩顶为 1.5cm）内，取由 C、D 两点的方向线的交点 i' 在桥轴线上的投影 i 作为桥墩的中心位置。

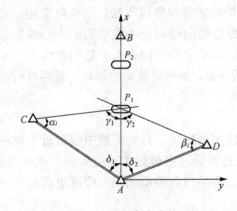

图 12.4　角度交会法

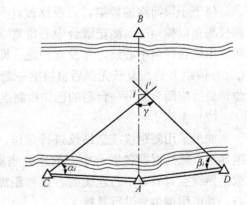

图 12.5　交会误差三角形

角度交会的精度与交会角 γ 的大小有关，故在选择基线和布网时应给予注意。

在桥墩施工过程中，随着桥墩混凝土浇筑高度增加，其中心位置的放样需反复进行，而且必须准确和快速。因此，在第一次测定 i 后，将 C_i、D_i 方向线延长到对岸，并桩定设立瞄准标志，而后的放样只要瞄准对岸的标志，即可恢复交会点 i。

（3）极坐标及直角坐标法

在使用经纬仪加测距仪（或使用全站仪），并在被测设点位上可以安置棱镜的条件

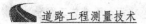

下，若用坐标法放出桥墩中心位置，则更为精确和方便。

对于极坐标法，原则上可以将仪器置于任何控制点上，按计算的放样数据——角度和距离测设点位。

对于全站仪，还可以根据测站点、后视点及待放点的直角坐标自动计算出待放点相对于测站点的极坐标数据，再以此测设点位。

2. 曲线桥梁墩台定位

在山岭地区，路线设弯道较多，桥位要随路线而定，需要架设曲线桥。在现代化的高速公路上，为了使路线顺畅，也需要修建曲线桥，在设计时往往根据具体条件采用不同的处理方法：一是预制安装的简支梁（板）桥梁，线形虽然是曲线，但各孔的梁或板仍采用直线，将各孔的梁或板连接起来实际为折线，各墩的中心即为折线的交点；二是为了美观、协调和线形的顺畅，根据路线的需要设计成弯拱、弯板或弯梁桥，就地浇筑弯梁（板）以及预制安装弯梁（板）等，立交桥中的匝道多采用此种形式。

由于跨径、曲线半径、缓和曲线的不同和设置超高、加宽等因素的变化，曲线桥的布置也不尽相同，因此在测量之前必须详细了解设计文件及有关图表资料，并复核设计图中有关数据，然后进行现场的测量工作。

曲线桥梁墩台中心放样的方法主要有偏角法、支距法、坐标法、交会法和综合法等；对位于干旱河沟的曲线桥，一般采用偏角法、支距法和坐标法；对部分或全部位于水中、不能直接丈量的曲线桥墩台，则可采用交会法和综合法进行定位。

曲线桥墩台中线的测量方法现介绍如下。

（1）偏角法

位于干旱河沟的桥梁，可根据设计平面图按精密导线测设方法，用钢尺量距、经纬仪测角以偏角法来测定墩台中心位置，并根据各墩的横向中心线与梁的中心线的偏角定出墩台横向中心线，并设立护桩，即对设计图纸中给定的有关参数和墩台中心距 L、外偏距 E 进行复核无误后自桥梁一端的台后开始，按顺序逐墩台测角、量距进行定位，最后应闭合至另一台后的已知控制点上。

（2）坐标法

如果采用测距仪或全站仪进行定位，可以使用坐标法，首先沿桥中线附近布设一组导线，然后根据各墩台中心的理论坐标与邻近的导线点坐标差（应为同一坐标系）求出导线点与墩台中心连线的方位和距离。置镜该导线点拨角测距，即可定出墩台中心，并可用偏角法进行复核。

（3）交会法

凡属曲线大桥和有水不能直接丈量的桥墩、台，均应布设控制三角网，用前方交会法控制墩位。对三角网的要求、测设和计算如前所述。

（4）综合法

1）一部分为直线，一部分为曲线，曲线在岸上或浅滩上，如图 12.6（a）所示。测量时由基线 A、B、C 三角点上交会河中两墩，施测的详细方法见前部分内容。对岸曲线上的桥台可自曲线起点（也即三角点 D）用精密导线直接丈量法测定，本岸桥台用直接丈量法或由辅助点 A'、B' 交会亦可。

2）一部分为直线，一部分为曲线，曲线起点（或终点）在河中，如图 12.6（b）所示。在直线延长线上设 D 点，由三角网 $BACD$ 中测算 AD 长度，AD 减去 A 至曲线起点距离得 t_1，再计算 F 台在切线上的投影 x 及支距 y，由 D 点在直线上丈量 t_1-x，得点 H，量支距 y 得 F 台。同样，用支距法定出 E 墩，或置镜于 F 点，用偏角法定出 E 墩。

3）桥梁全部在曲线上，如图 12.6（c）所示。

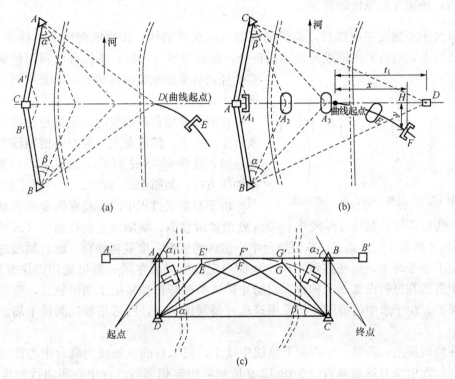

图 12.6　曲线桥墩台放样图

这时应先在室内按比例绘制出全桥在曲线上的平面位置图，拟定 AB 辅助切线。AB 最好切于某一墩中心，以减少部分计算。选择的 A、B（或 A'、B'）点要能通视各墩，便于交会。算出曲线起点至 A 点距离，曲线终点至 B 点距离，偏角 α_1、α_2，AB 长度，AB 至各墩垂足 E'、F'、G'、…之间的距离，$E'E$、$F'F$、$G'G$、…各墩的切线支距，然后进行现场实测，由起点和终点引出 A、B 两点，设置基线 AD、BC，从三角网 $ABCD$ 中测算 AB 长，量出 α_1、α_2 角值。如此时测算值与图上算得值不符，应检查错误，改正后重测。只有当这些数值无误后方能计算由 C、D 三角点至 E'、F'、G'、…点之交会角 α_i、β_i，以交会出各墩垂足，再从垂足用支距法引出桥墩中心。如支距过长，可算出桥墩中心坐标，由 C、D 点直接交会。桥台位于岸上，用偏角法或切线支距法测设均可。

一般路线设计中常用的有圆曲线和缓和曲线，它们的曲线要素有较为固定的计算公式。

在设计文件已给定墩、台定位有关数据时，只需重新复核，无误即可按其进行放样定位。但数据通常并不能满足施工的需要，应按路线测设资料、曲线有关要素求出各墩台中心为顶点的直线，再用偏角进行定位。

对于坐标值的计算，一般在直角坐标系中的应用较为普遍、简便。可以先建立以墩台中心为原点、切线及法线方向为坐标轴的局部坐标系，在局部坐标系中确立待放点局部坐标值，再利用墩台中心的路线坐标值将局部坐标值转换至路线坐标中。

四、桥梁墩台纵横轴线测设

墩台中心测设定位以后，尚需测设墩台的纵横轴线，作为墩台细部放样的依据。在直线桥上，墩台的纵轴线与桥轴线重合，而且各墩台一致，所以可以利用桥轴线两端的控制桩来标志纵轴线的方向，而不再另行测设标志桩。

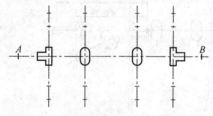

图 12.7　直线桥梁的纵、横轴线

在测设桥墩台横轴线时，应将经纬仪安置在墩台中心点上，然后盘左、盘右以桥轴线方向作为后视，旋转 90°（或 270°），取其平均位置作为横轴线方向，如图 12.7 所示。

由于在施工过程中需要经常恢复纵横轴线的位置，所以需要在基坑开挖线外 1～2m 处设置墩台纵、横轴线方向控制桩（即护桩），如图 12.8 所示，它是施工中恢复墩台中心位置的依据，应妥善保存。墩台轴线的护桩每侧应不少于两个，以便在墩台修出地面一定高度以后在同一侧仍能用以恢复轴线。施工中常常在每侧设置三个护桩，以防止护桩被破坏；如果施工期限较长，应以固桩方法保护。位于水中的桥墩，如采用筑岛或围堰施工时，则可把轴线测设于岛上或围堰上。

在曲线桥上，若墩台中心位于路线中线上，则墩台的纵轴线为墩台中心曲线的切线方向，而横轴与纵轴垂直。如图 12.9 所示，假定相邻墩、台中心间曲线长度为 l，曲线半径为 R，则

$$\frac{\alpha}{2} = \frac{180°}{\pi} \cdot \frac{l}{2R} \tag{12.1}$$

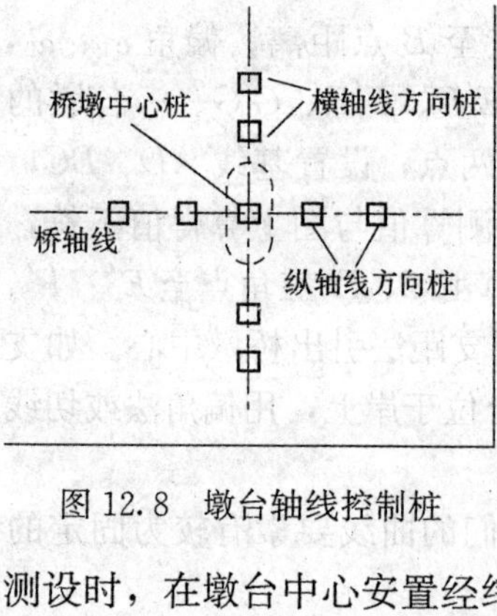

图 12.8　墩台轴线控制桩

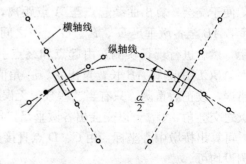

图 12.9　曲线墩台轴线控制桩

测设时，在墩台中心安置经纬仪。自相邻的墩台中心方向测设角 $\alpha/2$，即得纵轴线

方向，自纵轴线方向再测设 90°角，即得横轴线方向。若墩台中心位于路线中线外侧时，首先按上述方法测没中线上的切线方向和横轴线方向，然后根据设计资料给出的墩台中心外移值将测设的切线方向平移，即得墩台中心纵轴线方向。

对于曲线桥，由于路线中线是曲线，而所用的梁板是直的，因此路线中线与梁的中线不能完全一致，如图 12.10 所示，梁在曲线上的布置是使各跨梁的中线连接起来，成为与路中线相符合的折线，这条折线成为桥梁的工作线，墩、台中心一般就位于这条折线转折角的顶点上。放样曲线桥的墩、台中心，就是测设这些顶点的位置。在桥梁设计中，梁中心线的两端并不位于路线中线上，而是向曲线外侧偏移一段距离 E，这段距离 E 称为偏距；相邻两跨梁中心线的交角 α 称为偏角；每段折线的长度 L 称为桥梁中心距。这些数据在桥梁设计图纸上已经标定出来，可直接查用。

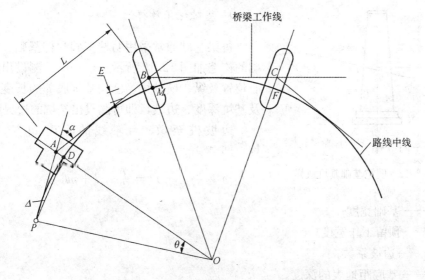

图 12.10　预制安装曲线桥梁桥墩纵横轴线

曲线桥根据施工工艺可设计成预制板装配曲线桥或者现浇曲线桥。对于前者，桥墩台中心与路线中心线不重合，桥墩台中心与路中线有一个偏距 E，如图 12.10 所示；对于后者，如图 12.11 所示，桥墩台中心与路线中线重合，在放样时要注意。

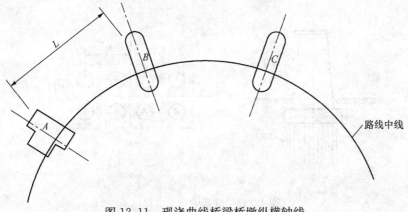

图 12.11　现浇曲线桥梁桥墩纵横轴线

对于预制板装配曲线桥放样时，可根据墩台标准跨径计算墩台横轴线与路中线的交点坐标，放出交点后再沿横轴线方向量取偏距 E，得墩台中心位置，或者直接计算墩台中心的坐标，直接放样墩台中心位置；对于现浇曲线桥，因为路中线与桥墩台中心重合，可以计算墩台中心的坐标，根据坐标放样墩台中心位置。

五、墩台施工放样

桥梁墩台主要由基础、墩台身、台帽或盖梁三部分组成，它的细部放样是在实地标定好墩位中心和桥墩纵、横轴线的基础上，根据施工的需要，按照施工图自上而下分阶段地将桥墩各部位尺寸放样到施工作业面上。

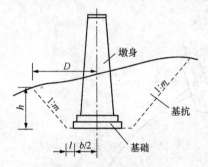

图 12.12　明挖基础基坑放样

1. 基础施工放样

桥梁基础通常采用明挖基础和桩基础。明挖基础的构造如图 12.12 所示。根据已经测设出的墩中心位置及纵、横轴线，已知基坑底部的长度和宽度及基坑深度、边坡，即可测设出基坑的边界线。

边坡桩至墩、台轴线的距离 D 按下式计算，即

$$D = \frac{b}{2} + l + mh \qquad (12.2)$$

式中，b——基础宽度；

l——预留工作宽度；

m——边坡系数；

h——基底距地表的深度。

桩基础可分为单桩和群桩，单桩的中心位置放样方法同墩台中心定位。群桩的构造如图 12.13 (a) 所示，为在基础下部打入一组基桩，再在桩上浇筑钢筋混凝土承台，使桩和承台连成一体，然后在承台以上浇筑墩身。基桩位置的放样如图 12.13 (b) 所示，它以墩台纵横轴线为坐标轴，按设计位置用直角坐标法逐桩测设桩位。

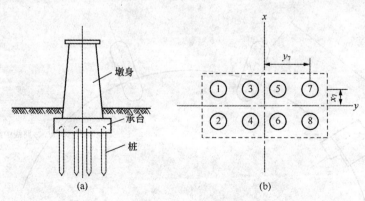

图 12.13　桩基础施工放样

2．桥墩细部放样

基础完工后，应根据岸上水准基点检查基础顶面的高程。细部放样主要依据桥墩纵横轴线或轴线上的护桩逐层投测桥墩中心和轴线，再根据轴线设立模板浇筑混凝土。

圆头墩身的放样如图 12.14 所示。设墩身某断面长度为 a、宽度为 b、圆头半径为 r，可以墩中心 O 点为准，根据纵横轴线及相关尺寸用直角坐标法放出 I、K、P、Q 点和圆心 J 点。然后以 J 点为圆心，以半径 r 可放出圆弧上各点。同法放样出桥墩的另一端。

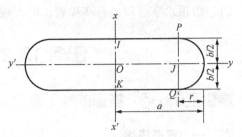

图 12.14　圆头墩身的放样

3．台帽与盖梁放样

墩台施工完成后，再投测出墩中心及纵横轴线，据此安装台帽或盖梁模板、设置锚栓孔、绑扎钢筋骨架等。在浇注台帽或盖梁前，必须对桥墩的中线、高程、拱座斜面及各部分尺寸进行复核，并准确地放出台帽或盖梁的中心线及拱座预留孔（拱桥）。灌注台帽或盖梁至顶部时应埋入中心标及水准点各 1～2 个，中心标埋在桥中线上，并与墩台中心呈对称位置。台帽或盖梁顶面水准点应从岸上的水准点测定其高程，作为安装桥梁上部结构的依据。高程传递可采用悬挂钢尺的办法。

六、桥梁竣工测量

墩台竣工测量的目的是：测定建成后墩台的实际情况，并检查是否符合设计要求以及为架梁提供依据；为运营期间的桥梁监测提供基本资料。对于隐蔽工程，如桥梁墩台的基础等，在竣工后无法测绘，必须在施工过程中随时测绘和记录，作为竣工资料的一部分。

墩台施工完成后、架梁前应做如下测量工作。

1．测定墩台中心、纵横轴线及跨距

墩台中心及其纵横轴线应根据环境条件、仪器设备选用相应的方法测定。

对于跨距量，如果跨距较短，可用钢尺直接丈量；如果跨距较长，可用光电测距仪或全站仪直接测定，亦可先定测墩台中心的坐标，然后按坐标反算间接求得。定测或求算的跨距与设计跨距之差超过 2cm 时，应根据墩台设计允许偏差逐墩调整跨距。

2．丈量墩台各部尺寸

墩台各部尺寸的丈量是以墩台纵横轴线为依据，丈量顶帽的长和宽；按设计尺寸放样支座轴线及梁端轮廓线，并弹出墨线，供支座安装和架梁使用。

3．测定墩帽和支承垫石的高程

水准测量时，为保持前后视距相等，应隔墩设站测定高程。显然，为了测出所有

墩的高程，必须进行往返观测，且往返测设站在不同的墩顶。

如果运营期间要对墩台进行变形观测，则应对两岸水准点及各墩顶的水准标以不低于二等水准测量的精度联测。

桥梁竣工后应测定桥中线、纵横坡度等，并根据测量结果按规定编绘墩台中心距表、墩顶水准点和垫石高程表、墩台竣工平面图、桥梁竣工平面图等。

任务 12.2　隧道施工测量

工作任务：隧道的施工测量

一、任务描述

某公路隧道为直线隧道，设计长度为 $L=1136.29$m，要求完成隧道轴线、高程测量实施方案，并判定设计方案能否满足贯通的精度要求。

二、工作场景

按 4~6 人一组，分工协作，在拟建公路隧道现场用全站仪完成隧道轴线、高程测量的工作任务。

三、任务目标

通过隧道轴线、高程测量任务的完成，总结测量过程中出现的各种问题，从测量方案制订、人员的配合、仪器操作、观测读数、记录计算等方面分析原因，深化对公路隧道施工测量过程的认识。通过整个过程的训练，学会公路隧道测量的实施与相关计算。

实践操作

一、每组所需仪器工具

1）由仪器室借领：全站仪 1 套（或经纬仪 1 套），水准仪 1 套，花杆 3 根，水准尺 1 对，斧子 1 把，木桩及小钉。

2）自备：记录表、计算器、记号笔、铅笔、草稿纸等。

二、操作步骤

隧道施工测量的主要工作包括在地面上建立平面和高程控制网的地面控制测量、建立地面地下统一坐标系统的联系测量、地下控制测量和隧道施工测量。

1）设计控制测量方案，进行地面平面控制测量和地面高程控制测量。按照规定布设控制点，并进行地面控制测量。

2）进行地下平面控制导线和地下高程控制测量。一般要先敷设精度较低的施工导线，然后敷设精度较高的基本控制导线，采取逐级控制和校核。施工导线随开挖面推进布设，用以放样、指导开挖。每隔 50m 设置一个洞内高程控制点。地下高程控制测量都是支水准路线，必须往返观测、进行检核。

3）竖井联系测量。将地面控制网中的坐标、方向及高程经由竖井传递到地下，保证各相向开挖面能正确贯通。

4）隧洞中线、高程和坡度的测设，开挖断面的测设。

▌相关知识 ▐

测量工作的作用是：在地下标定出地下工程建筑物的设计中心线和高程，为开挖、衬砌和施工指定方向和位置，保证各开挖面的掘进中施工中线在平面和高程上按设计的要求正确贯通，开挖不超过规定的界线，同时保证所有建筑物在贯通前能正确地修建、设备能正确安装，为设计和管理部门提供竣工测量资料等。

一、地面控制测量

地面控制测量包括平面控制测量和高程控制测量。一般要求在每个洞口应测设不少于 3 个平面控制点和两个高程控制点。直线隧道上两端洞口应各设一个中线控制桩，以两控制桩连线作为隧道的中线。平面控制多应尽可能包括隧道洞口的中线控制点，以利于提高隧道贯通精度。在进行高程控制测量时要联测各洞口水准点的高程，以便引测进洞，保证隧道在高程方向正确贯通。

1. 地面平面控制测量

地面平面控制测量的主要任务是测定各洞口控制点的相对位置，以便根据洞口控制点按设计方向进行开挖，并能以规定精度正确贯通。地面平面控制测量的方法有中线法、三角测量法、导线测量法和 GPS 测量法。

（1）中线法

对于较短的直线隧道一般采用中线法，其优点是中线长度误差对贯通影响甚小。如图 12.15 所示，A、B 为两洞口中线控制点，但互不通视。中线法就是在 AB 方向间按一定距离将 1、2 等点在地表面标定出来，作为洞内引测方向的依据。

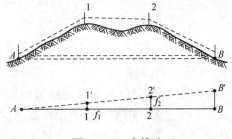

图 12.15 中线法

安置经纬仪于 A 点，按 AB 的概略方位角定出 $1'$ 点然后迁站至 $1'$ 点，以正倒镜分中法延长直线，定出 $2'$。按同法逐点延长直线至 B' 点，在延长直线的同时测定 $A1'$、$1'2'$、$2'B'$ 的距离和 BB' 的长度。可按下式求得 2 点的偏距 f_2 为

$$f_2 = \frac{A2}{AB'} + B'B \qquad (12.3)$$

在 $2'$ 点按近似垂直 $2'B'$ 方向量取 f_2，定出 2 点。安置仪器于 2 点，同理延长直线 $B2$ 至 1 点，再从 1 点延长至 A 点。若不知 A 点重合，再进行第二次趋近，直至 1、2 两点位于 AB 直线上为止。最后用光电测距仪分段测量 AB 间的距离，其测距相对误差

$K \leqslant 1/5000$。

（2）三角测量法

在隧道较长、且地形复杂的山岭地区可采用此方法。如图12.16所示，隧洞三角网一般布设成沿隧道路线方向延伸的单三角锁，最好尽量沿洞口连线方向布设成直伸型三角锁，以减小边长误差对横向贯通的影响。三角锁必须测量高精度的基线，

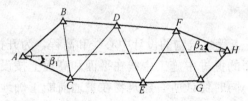

图 12.16　隧道小三角控制网

测角精度要求也较高，一般测角精度为$\pm 2''$，起始边的相对误差不应低于$1/300\,000$。若用高精度的测距仪多测几条基线，用测角锁计算比较简便。根据各控制点坐标可推算开挖方向的进洞关系角度β_1、β_2。如在A点后视C点，拨角β_1，即得进洞的中线方向。

（3）导线测量法

用光电测距导线既方便又灵活，已成为对地形复杂、量距困难的隧道进行地面平面控制的主要方法。对于直线隧道，为减少导线测距误差对隧道横向贯通的影响，应尽量将导线沿隧道中线敷设；对于曲线隧道，应使导线沿两端洞口连线方向布设成直伸型。为了增加校核条件，提高导线测量的精度，应适当增加闭合环个数，以减少闭合环中的导线点数。图12.17为我国已建成的长达14.295km的大瑶山隧道，其地面控制网就采用了由5个闭合环组成的导线网。

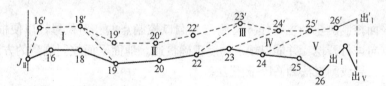

图 12.17　大瑶山隧道导线网

（4）GPS测量法

利用GPS定位技术建立隧道地面控制网，工作量小、精度高，可以全天候观测，适用于建立大、中型隧道地面控制网。布设GPS网时，一般只需在洞口处布点。对于直线隧道，洞口点选在线路中线上，另外再布设两个定向点。除要求洞口点与定向点通视外，定向点之间不要求通视。对于曲线隧道，还应把曲线上的主要控制点包括在网中。图12.18为一GPS控制网布网方案，图中两点间连线为独立基线，网中每个点至少有两条独立基线相连，其可靠性较好。

2．地面高程控制测量

高程控制测量的任务是按规定的精度测定洞口附近水准点的高程，作为高程引测进洞的依据。每一洞口埋设的水准点应不少于2个，两个水准点的位置以能安置一次仪器即可联测为宜。水准线路应选择连接各洞口较平坦和最短的路线，且形成闭合环或敷设两条互相独立的水准路线，以达到测站少、观测快、精度高的要求。测量时由

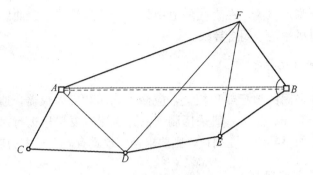

图 12.18　隧道 GPS 控制网方案

已知的水准点从一端洞口向另一端洞口观测。水准测量的等级取决于两洞口间水准路线的长度。对于中、短隧道，通常用三、四等水准测量。

二、地下控制测量

隧道地下平面控制一般采用导线测量，其目的是以规定的精度建立与地面控制测量统一的地下坐标系统，根据地下导线点坐标，放样出隧道中线及其衬砌的位置，指导隧道开挖的方向，保证隧道贯通符合设计和规范要求。

1. 地下导线布设

地下导线的起始点通常设在由地面控制测量测定隧道洞口的控制点上。其特点是：为随隧道开挖进程向前延伸的支导线，沿坑道内敷设导线点选择余地小。

为了很好地控制贯通误差，应先敷设精度较低的施工导线，然后敷设精度较高的基本控制导线，采取逐级控制和校核。施工导线随开挖面推进布设，用以放样指导开挖，边长一般为 25～50m。对于长隧道，为了检查隧道方向是否与设计相符合，当隧道掘进一段后选择部分施工导线点布设边长一般为 50～100m、精度较高的基本导线，以检查开挖方向的精度。对于特长隧道，掘进大于 2km 时，可选部分基本导线点敷设主要导线，其边长一般为 150～300m，用测距仪测边，并加测陀螺边，以提高方位的精度。因此，导线布设时应考虑到点位、精度和贯通精度要求。隧道施工中，导线点大多埋设在洞顶板，测角、量距与地面大不相同。地下控制导线布设方案如图 12.19所示，其中 A、B、C、…为主导线，a、b、c、…为基本导线，1、2、3、…为施工导线。隧道施工中导线点大多埋设在洞顶板，测角、量距与地面大不相同。

由于地下导线布设成支导线，而且测一个新点后中间要间断一段时间，所以当导线继续向前

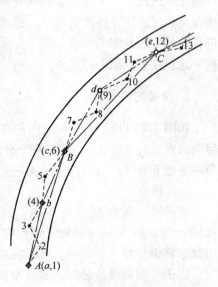

图 12.19　隧道地下平面控制网

测量时须先进行原测点检测。在直线隧道中只进行角度检核，在曲线隧道中还须检核边长。在有条件时尽量构成闭合导线。

2. 地下导线测量的外业

导线点要选在坚固的地板或顶板上，应便于观测和安置仪器，通视较好，边长大致相等，且不小于20m。测角一般采用测回法，观测时要严格进行对中，瞄准目标或垂球线上的标志。如果导线点在洞顶，则要求经纬仪具有向上对中的功能。

3. 地下导线测量的内业

导线测量的计算与地面相同，只是地下导线随隧道掘进而敷设，在贯通前难以闭合，也难以附合到已知点上，是一种支导线的形式。因此，根据误差分析可知，测角误差对导线点位的影响随测站数的增加而增大，故应尽量减少测站数；量边的系统误差对隧道纵向误差影响较大，测角误差对隧道横向误差影响较大。

4. 地下高程控制测量

当隧道坡度小于8°时采用水准测量比较方便；当坡度大于8°，可采用三角高程测量。随着隧道的掘进，可每隔50m在地面上设置一个洞内高程控制点，也可埋设在洞顶或洞壁上，亦可将导线点作为高程控制点，但都力求稳固和便于观测。地下高程控制测量都是支水准路线，必须往返观测进行检核，若有条件尽量闭合或附合，测量方法与地面基本相同。

三、竖井联系测量

在隧道施工中，常常在洞口间以竖井增加掘进作业面，从而缩短贯通段的长度，提高工程进度。为了保证各相向开挖面能正确贯通，必须将地面控制网中的坐标、方向及高程经由竖井传递到地下，这些传递工作称为竖井联系测量。其中，坐标和方向的传递称为竖井定向测量。定向方法有一井、两井、平（斜）峒定向和陀螺经纬仪定向，这里主要介绍一井定向。

1. 竖井定向测量

如图12.20所示，一井定向是在井筒内挂两条吊垂线，在地面根据近井控制点测定两吊垂线的坐标x、y及其连线的方位角，在井下根据投影点的坐标及其连线的方位角确定地下导线点的起算坐标及方位角。一井定向分为投点和连接测量。

（1）投点

通常采用重荷稳定投点法。投点重锤重量与钢丝直径随井深而异（如井深<100m时，锤重30～50kg，钢丝直径0.7mm）。投点时先在钢丝上挂以较轻的垂球，用绞车将钢丝导入竖井中，然后在井底换上作业重锤，并将它放入油桶中，使其稳定。由于井筒内气流影响，致使重锤线发生偏移或摆动，当摆幅<0.4mm即认为是稳定的。

（2）连接测量

如图 12.20 所示，A、B 为井中悬挂的两极重锤线，C、C_1 为井上、井下定向连接点，从而形成了以 AB 为公共边的两个联系三角形 ABC 与 $A_1B_1C_1$。D 点坐标和方位角 $DE\alpha$ 为已知。经纬仪安置在 C 点，较精确地观测连接角 ω、φ 和三角形 ABC 的内角 γ，用钢尺准确丈量 a、b、c，用正弦定律计算 α、β，根据 C 点坐标和 CD 方位角算得 A、B 的坐标和 AB 方位角。在井下经纬安置于 C_1 点，较精确地测量连接角 ω_1、φ_1 和井下三角形 ABC_1 内角 γ_1，丈量边长 a_1、b_1、c_1，按正弦定理可求得 α_1、β_1。在井下根据 B 点坐标和 AB 方位角便可推算 C_1、D_1 点的坐标及 D_1、E_1 的方位角。

为了提高定向精度，在点的设置和观测时两重锤之间的距离尽可能大，两重锤连线所对的 γ、γ_1 应尽可能小，最大应不超过 $3°$，a/c、a_1/c_1 的比值不超过 1.5。丈量 a、b、c 时，应用检定过的钢尺，施加标准拉力，在垂线稳定时丈量 6 次，读数估读 0.5mm，每次校差不应大于 2mm，取平均值作为最后结果。水平角用 DJ_2 经纬仪观测 3～4 个测回。

用陀螺经纬仪作竖井定向时，如图 12.20 所示，陀螺经纬仪安置在 C 点，测定 C、B 的真方位角并丈量其距离 DCB。在井下仪器安置于 C_1 点，测定 BC_1 真方位角和距离，根据连接点 B 的坐标推算井下坐标。值得注意的是，陀螺经纬仪测的是真方位角，若地面的控制网为坐标方位角，应换算为真方位角。

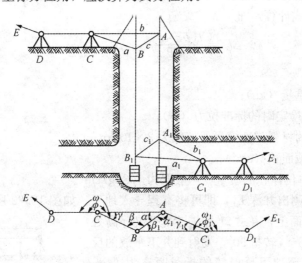

图 12.20　竖井定向测量

2. 竖井高程传递

通过竖井传递高程（也称导入高程）的目的是将地面上水准点的高程传递到井下水准点上，建立井下高程控制，使地面和井下的高程系统统一。

在传递高程时，应同时用两台水分准仪、两根水准尺和一把钢尺进行观测，其布置如图 12.21 所示。将钢尺悬挂在架子上，其零端放入竖井中，并在该端挂一重锤（一般为 10kg）。一台水准仪安置在地面上，另一台水准仪安置在隧道中。地面上水准

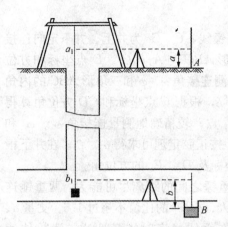

图 12.21 钢尺传递高程

仪在起始水准点 A 的水准尺上读取数为 a，而在钢尺上读取数为 a_1；地下水准仪在钢尺上的读数为 b_1，在水准点 B 的水准尺上的读数为 b。a_1 及 b_1 必须在同一时刻观测，且观测时应量取地面及地下的温度。

在计算时对钢尺要加入尺长、温度、垂直和自重四项改正。用钢尺垂直悬挂传递高程与检定钢尺时钢尺的状态不同，因此还要加入垂曲改正和由于钢尺自重而产生的伸长改正值。

这时地下水准点 B 的高程可用下列公式计算，即

$$H_B = H_A + a - [(a_1 - b_1) + \Delta l_t + \Delta l_d + \Delta l_c + \Delta l_s] - b \tag{12.4}$$

式中，Δl_t——温度改正数；

Δl_d——尺长改正数；

Δl_c——垂曲改正数；

Δl_s——钢尺自重伸长值。

Δl_c、Δl_s 按下式计算，即

$$\Delta l_c = \frac{l(p - p_0)}{EF}, \quad \Delta l_s = \frac{\gamma l^2}{2E}$$

式中，$l = a_1 - b_1$；

P——重锤重量（kg）；

P_0——钢尺检定时的标准拉力（N）；

E——钢尺的材料弹性模量，一般为 $2 \times 10^6 \text{kg/cm}^2$；

F——钢尺截面积（cm^2）；

γ——钢尺单位体积的质量，一般取为 7.85g/cm^3。

用光电测距仪测出井深 L_1，即可将高程导入地下。如图 12.22 所示，将测距仪安置在井口一侧的地面上，在井口上方与测距仪等高处安置直角棱镜，将光线转折 $90°$，发射到井下平放的反射镜，测出测距仪至地下反射镜的折线距离为 $L_1 + L_2$；在井口安置反射镜，测出距离 L_2，再分别测出井口和井下的反射镜与水准点 A、B 的高差 h_1、h_2，即可求得 B 点得高程。

四、隧道掘进中的测量工作

1. 隧洞中线的测设

如图 12.23 所示，根据洞口控制点 A（或 H）的坐标和与其他控制点连线（如 C、F）的方向反算隧道

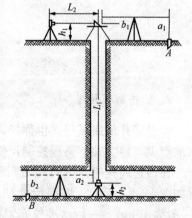

图 12.22 测距仪传递高程

开挖方向的进洞数据 β_1 或 β_2。置经纬仪于 A（或 H），测设 β_1 或 β_2，标定进洞的中线方向，并把该方向标定在地面上，同时过 A（或 H）点在中线及垂直方向埋设护桩，以便施工中检查和恢复洞口点位置。

隧道施工时通常用中线确定掘进方向。先用经纬仪根据洞内已敷设的导线点设置中线点。如图 12.23 所示，P_3、P_4 为已敷设导线点，i 为待定中线点，已知 P_3、P_4 的实测坐标、i 点的设计坐标和隧道中线的设计方位角，即可推算出放样中线点所需的数据 β_4、β_i 和 L_i。置经纬仪于 P_4 点，测设 β_4 角和 L_i，便可标定 i。在 P_i 点埋设标志并安置仪器，后视 P_4 点，拨角 β_i 角即得中线方向。随着开挖面向前推进，便需要将中线点向前延伸，埋设新的中线点，如图中 $i+1$ 点。由此构成施工控制点，各施工控制点间的距离不宜超过 50m。

为了方便施工，常规做法是在近工作面处采用串线法指导开挖方向。先用正倒镜分中法延长直线，在洞顶设置三个临时中线点，点间距不宜小于 5m，如图 12.24 所示。定向时一人在 E 点指挥另一人在作业面上用红油漆标出中线位置。因用肉眼定向，E 点到作业面的距离不宜超过 30m。随着开挖面的不断向前推进，地下导线应按前述方法进行检查、复核，及时修正开挖方向。

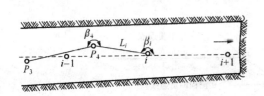

图 12.23　隧道中线测设

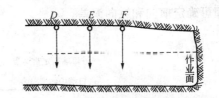

图 12.24　串线法定中线

2. 隧洞高程和坡度的测设

水准测量常用倒尺法传递高程，如图 12.25 所示。高差计算式仍为 $h_{AB}=a-b$，但倒尺读数应作为负值参与计算。

在隧道开挖过程中，常用腰线法控制隧道的坡度和高程。作业时在两侧洞壁每隔 5～10m 测设出高于洞底设计高程约 1m 的腰线点，腰线点设置一般采用视线高法。如图 12.26 所示，水准仪后视水准点 P_5，读取后视读数 a，得仪器高。根据腰线点 A、B 的设计高程可分别求出 A、B 点与视线间的高差 Δh_1、Δh_2，据此可在边墙上定出 A、B 两点，A、B 两点的连线即为腰线。

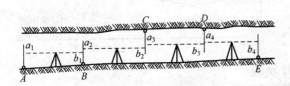

图 12.25　地下高程测设

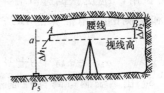

图 12.26　腰线测设

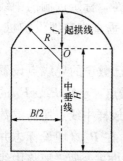

图 12.27 隧洞
断面测设

3. 开挖断面的测设

隧洞断面的形式如图 12.27 所示，设计图纸上给出断面宽度 B、拱高 f、拱弧半径 R 以及设计起拱线的高度 H 等数据。测设时，首先用串线法（或在中线桩上安置经纬仪）在工作面上定出断面中垂线，根据腰线定出起拱线位置，然后根据设计图纸采用支距法测设断面轮廓。

特别强调，为了保证施工安全，在隧道掘进过程中还应设置变形观测点，以便监测围岩的位移变化。腰桩、洞壁和洞顶的水准点可作为变形观测点。

五、贯通测量与误差调整

1. 测定贯通误差的方法

1）采用中线法测量的隧道贯通以后，应从相向测量的两个方向分别延伸中线，并测定出贯通点，如图 12.28 所示的 P、P' 点。根据两实际贯通点 P、P' 间的位置关系即可确定横向和纵向误差。

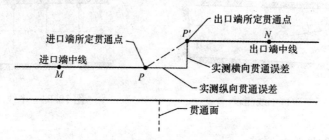

图 12.28 中线法测量的隧道贯通误差测量方法

2）采用导线作洞内控制的隧道，应在贯通面中线附近钉一临时桩点，由两端导线分别测量和计算该点坐标，且将其坐标闭合差分别投影至贯通面及其相垂直的方向上，即为横向和纵向贯通误差。另外，在该点上置镜，实测该点与相邻导线点间的水平角，如图 12.29 所示的 β 角，则其方位角贯通误差 f_a 按下式计算，即

$$f_a = \alpha'_{BC} - \alpha_{BC} \tag{12.5}$$

其中，α_{BC} 为由出口端导线推算的 BC 边的坐标方位角，α'_{BC} 为根据进口端导线坐标方位角 α_{AB} 和实测的 β 角推算的 BC 边的坐标方位角，且

$$\alpha'_{BC} = \alpha_{AB} + \beta \pm 180°$$

3）由两端洞口高程控制点向洞内分别测量出贯通面处同一临时点的高程，其高程差即为高程贯通误差。

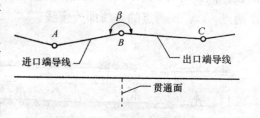

图 12.29 导线法测量的隧道贯通
误差测量方法

2. 贯通误差的调整

隧道贯通以后，中线和高程的实际贯通误差应在未衬砌地段即调线地段调整。调线地段的开挖和衬砌均应以调整后的中线和高程进行放样。

(1) 直线地段贯通误差的调整

如图 12.30 所示，A、B 为贯通面两侧的中线点，将其相连，构成折线中线。因调线 A、B 两点分别产生 β_1、β_2 的转折角。如果转折角小于 $5'$，可视为直线线路；转折角在 $5' \sim 25'$ 时应按顶点内移量（表 12.1）确定线路及相应衬砌位置；转折角大于 $25'$ 时则应加设半径为 4000m 的圆曲线。

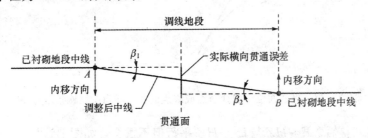

图 12.30　中线法测量的直线隧道贯通误差调整示意图

表 12.1　顶点内移量

转折角/(′)	5	10	15	20	25
内移量/(mm)	1	4	10	17	26

(2) 曲线地段贯通误差的调整

当调线地段全部位于圆曲线上时，应根据实测的贯通误差由两端曲线向贯通面按长度比例调整中线，如图 12.31 所示。

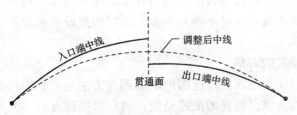

图 12.31　中线法测量的曲线隧道贯通误差调整示意图

当贯通面在曲线的始点或终点附近，从曲线延伸出来的直线与直线段既不平行又不重合时，应使

$$S_{CC'} \approx \frac{S_{E,E'} - S_{HZ,HZ'}}{S_{E,HZ}} \cdot R \tag{12.6}$$

分两步调整中线：第一步是调整圆曲线的长度，使两直线平行；第二步是调整曲线的始终点，使两直线重合。

如图 12.32 (a) 所示，由隧道一端经过 E 点测设至曲线终点 HZ 点，另一端由 C

点也测设到曲线终点，为 HZ' 点。HZ 与 HZ' 不重合，再自 HZ' 点延伸直线到 E'。$E \sim HZ$ 与 $E' \sim HZ'$ 既不平行也不重合。为了使二者平行，需调整圆曲线的长度。调整的圆曲线长度 $S_{CC'}$ 与两直线 $E \sim HZ$、$E' \sim HZ'$ 的夹角 δ 和圆曲线半径 R 有关，且圆曲线长度的调整是加长还是缩短应视具体情况而定。

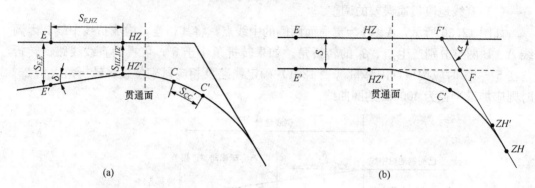

图 12.32　贯通面位于曲线起点或终点的曲线隧道中线调整示意图

经过上述调整后，$E \sim HZ$ 与 $E' \sim HZ'$ 平行但不重合，如图 12.32（b）所示。为了使其重合，将曲线起点 ZH 点沿始端切线调整到 ZH'，其移动量 $S_{ZH,ZH'}$ 为

$$S_{ZH,ZH'} = S_{FF'} = \frac{S}{\sin\alpha} \tag{12.7}$$

式中，S——延伸直线与直线段平行后的间距，量至 mm；

　　　α——曲线总转向角（含 δ）。

上述贯通误差调整方法主要是针对中线形式控制的隧道。以导线形式控制的隧道，测得的贯通误差如果在规定的限差以内，先将方位角贯通误差分配在未衬砌地段的导线角上，然后计算贯通点坐标闭合差，并按边长比例将其分配在调线地段的导线上。如果实际的贯通误差很小，也可将两端洞口控制点间的整个洞内导线按坐标平差，以消除贯通误差，但方向贯通误差不参与平差。未衬砌地段中线放样均以调整后的导线坐标为准。

（3）高程贯通误差的调整

实测的高程贯通误差在其允许范围内时其调整方法是：首先将由两端测得的贯通点的高程取平均，作为该点高程的最或是值；然后根据该点的实测高程与其最或上值之差值计算出相应水准路线的闭合差；最后在未衬砌地段分别将闭合差按其路线长度的比例调整到相应的高程点上。未衬砌地段高程放样均以调整后的高程为准。

六、隧道竣工测量

隧道竣工测量的目的是检查线路中线和洞内主要结构物的位置是否符合设计要求和提供竣工资料，并为运营阶段的养护维修和设备安装提供测量控制点。

1. 隧道线路中线复测

隧道线路中线复测实际上是对线路中线的一次全面恢复。对于采用中线形式控制的隧道，先检测竣工时仍保存的中线点，然后根据已检测的中线点恢复丢失的中线点。对于采用导线形式控制的隧道，先检测竣工时仍保存的导线点，检测可靠后即可据此测设中线点；在丢失导线点地段先在原导线点间加设新点，再按原测量精度施测并进行局部平差计算，最后根据平差后的导线点测设中线点。

中线恢复时一般不允许按洞口控制点采取重新串线或重新测设曲线的方法恢复，特别是对较长的隧道，采取这种方法可能造成较大的中线偏差，甚至侵入限界。

2. 永久中线点的设立

中线复测后，直线地段每 200～250m 设立一个永久中线点，曲线地段应在主点设立永久中线点，圆曲线地段按通视条件加设。隧道竣工时洞内仍保存的中线点其间距和埋石均符合永久中线点的要求时不再埋设新点。永久中线点设立后，应在隧道的边墙上绘出标志，注明中线点的名称和里程。

3. 永久高程点的设立

洞内高程点应在复测的基础上每千米设立一个，小于 1km 的隧道至少设立一个或两端洞口附近各设一个。永久高程点设立后，也要按规定在边墙上予以标定，必要时在记录本上绘出点之记示意图，注明里程及位置，以便日后寻找。永久高程点设立后，应与网端洞口附近的高程控制点构成附合路线进行测量，平差后确定各点的高程。

4. 净空测绘

隧道竣工后，在直线地段每 50m、曲线地段每 20m 以及其他需要加测断面处均应测绘隧道的实际净空断面。隧道净空断面测绘的依据是线路中线高程。隧道净空断面测绘所需的临时中线点应在中线复测时设出，断面测绘可采用支距法或摄影测量的方法。

5. 竣工资料编绘

隧道竣工测量结束后，根据测量成果编绘相关的图表，作为竣工资料。竣工图表主要包括永久中线点和永久高程点的成果表和示意图、净空断面测量资料和断面图、注明连续里程和施工里程的中桩表、断链表、坡度表等。

▨ 巩固训练：桥梁墩台中心定位 ▧

一、训练目标

能够进行桥梁墩台中心定位。

二、训练内容

1）布设桥梁平面控制网。

2）桥梁墩台中心定位。

三、训练条件

1) 借领全站仪 1 套、单棱镜及支架 1 套、花杆 3 根、钢尺 1 盒、木桩、小钉等。

2) 在训练场所有一定数量的控制点。

3) 给定一桥梁墩台中心坐标。

四、训练步骤

1) 在桥梁周围布设平面控制网，布设成小三角网或闭合导线，测量并计算出控制点的坐标。

2) 确定桥梁墩台中心位置。采用角度交会法、极坐标法或直角坐标法等方法计算放样参数并测设桥梁墩台中心位置。

3) 对放样的桥梁墩台中心位置用不同方法进行校核。

4) 在墩台纵、横轴线上设方向控制桩。每个方向上的控制桩不少于两个。在测设墩台纵轴线时，应将全站仪（或经纬仪）安置在墩台中心点上，用盘左、盘右以桥轴线方向作为后视，然后旋转 90°（或 270°），取其平均位置作为轴线方向。

思考与练习

1. 桥梁控制测量的任务是什么？

2. 桥梁控制测量的主要内容是什么？

3. 桥梁高程控制测量的任务是什么？

4. 如何进行桥梁高程控制？

5. 如何进行跨河水准测量？

6. 桥位中线测量的目的是什么？

7. 桥梁墩台定位的方法有哪些？如何进行墩台定位？

8. 隧道施工测量的主要工作内容是什么？其中隧道施工测量的关键工作是什么？

9. 为什么要进行隧道地面和地下的联系测量？

10. 某桥梁设计的结构形式为 6×30m 预应力钢筋混凝土简支梁曲线桥，路线半径为 300m，请制订桥梁平面控制、高程控制测量实施方案，并用角度交会法测设墩台中心，并进行墩台纵横轴线测设。

11. 隧道贯通误差应该如何测定和调整？

12. 某隧道长度约 1000m，请制订地面控制、地下控制和竖井联系测量工作方案。

主要参考文献

李仕东 . 2008. 工程测量 [M] . 北京：人民交通出版社 .

李征航，黄劲松 . 2005. GPS 测量与数据处理 [M] . 武汉：武汉大学出版社 .

廖中霞 . 2010. 公路工程施工测量 [M] . 北京：人民交通出版社 .

聂让 . 1997. 全站仪与高等级公路测量 [M] . 北京：人民交通出版社 .

覃辉，马德富，熊友谊 . 2007. 测量学 [M] . 北京：中国建筑工业出版社 .

孙恒，张保成 . 2010. 工程测量实训指导 [M] . 武汉：武汉理工大学出版社 .

张保成 . 2002. 工程测量 [M] . 北京：人民交通出版社 .

中华人民共和国行业标准 . 2004. 公路工程技术标准（JTG B10—2003）[S] . 北京：人民交通出版社 .

中华人民共和国国家标准 . 2007. 工程测量规范（GB 50026—2007）[S] . 北京：中国计划出版社 .

中华人民共和国行业标准 . 2007. 公路勘测规范（JTG C10—2007）[S] . 北京：人民交通出版社 .

钟孝顺，聂让 . 1991. 测量学 [M] . 北京：人民交通出版社 .